全国期货从业人员资格考试用书

期货及衍生品基础

【第二版】

中国期货业协会◎编

Fundamental Futures and Other Derivatives

中国财经出版传媒集团
中国财政经济出版社

图书在版编目（CIP）数据

期货及衍生品基础/中国期货业协会编. —2 版. —北京：中国财政经济出版社，2018. 1

全国期货从业人员资格考试用书

ISBN 978 - 7 - 5095 - 7954 - 1

Ⅰ. ①期… Ⅱ. ①中… Ⅲ. ①期货交易 - 资格考试 - 自学参考资料 Ⅳ. ①F830. 93

中国版本图书馆 CIP 数据核字（2017）第 316818 号

责任编辑：贾延平等　　　　责任校对：徐艳丽

封面设计：田　晗

中国财政经济出版社 出版

URL：http：//www. cfeph. cn

E - mail：cfeph @ cfeph. cn

社址：北京市海淀区阜成路甲 28 号　邮政编码：100142

营销中心电话：010 - 88191537　北京财经书店电话：64033436　84041336

固安华明印业有限公司印刷　各地新华书店经销

787 × 1092 毫米　16 开　21. 5 印张　325 000 字

2018 年 1 月第 2 版　2021 年 6 月河北第 17 次印刷

定价：42. 00 元

ISBN 978 - 7 - 5095 - 7954 - 1

（图书出现印装问题，本社负责调换）

本社质量投诉电话：010 - 88190744

打击盗版举报热线：010 - 88191661　QQ：2242791300

前 言

1999年，《期货业从业人员资格管理办法》颁布实施，作为行业人才准入的一项制度——期货从业人员资格考试开始举办。为配合期货从业人员资格考试，2001年中国期货业协会组织各方专家学者编写了《期货市场教程》。该教程推出后，先后经历八次修改，在普及期货基础知识、辅导参考人员应试、推动期货市场人才队伍建设、提高从业人员及市场参与者素质方面发挥了积极的作用。

近年来，在党中央、国务院“稳步发展期货市场”政策指引下，我国期货市场在市场规模、产品创新、法规制度和国际影响力等方面取得了很大成就，与中国经济发展和金融改革日益紧密地联系在一起。截至2017年末，我国共上市56个期货品种、2个商品期货期权品种，覆盖农产品、金属、贵金属、能源、化工和金融等各个领域。期货市场已经成为我国市场经济的重要组成部分，其服务实体经济的功能日益发挥，为国民经济健康发展和平稳运行提供了有效的风险管理场所和手段。

市场和行业的发展对人才及其知识结构和知识储备的更新提出了更高的要求。为了更好地满足行业需求、服务行业发展，中国期货业协会组织多年来参与期货教材编写和考试命题的有关专家，在吸取前八版《期货市场教程》经验的基础上，秉承原教材“知识性与可操作性相结合，理论性和实践性相结合，系统性与针对性相结合”的宗旨，突出了实践与应用，增加了其他衍生品相关内容，并将书名改为《期货及衍生品基础》，对期货及其他衍生品所涉及的基本概念、基本理论和基本框架进行了较为全面的梳理和修订。新版教材共分为十章，以期货及衍生品市场成熟理论为主要内容，结合中国市场实践，介绍了期货、远期、互换和期权市场的基本概念、组织架构、品种合约、交易制度、交易流程、交易策略和价格分析等知识。全书力争做到内容务实，语言简练，概念明确，名词统一，案例丰富，难易适当，以便使本教材更加符合期货从业人员基本资格考试的要求。

在听取了各方不同意见和建议的基础上，《期货及衍生品基础（第二版）》吸收了期货交易市场的一些最新研究成果。在此，我们对所有在本书编写和出版过程中付出辛勤劳动的相关人员表示衷心感谢。由于编写时间紧迫，书中错误和疏漏在所难免，恳请业内人士和读者批评指正。

中国期货业协会

2017 年 12 月

目　录

Contents

第一章
期货及衍生品概述

第一节　期货及衍生品市场的形成与发展

一　期货及相关衍生品

（一）期货（Futures）

什么是期货？期货与现货相对应，并由现货衍生而来。期货不是货，通常是指以某种大宗商品或金融资产为标的可交易的标准化远期合同——期货合约。期货合约是期货交易所统一制定的、规定在将来某一特定的时间和地点交割一定数量标的物的标准化合约。期货合约中的标的物既可以是实物商品，也可以是金融产品或相关产品。标的物为实物商品的期货合约称作商品期货，标的物为金融产品的期货合约称作金融期货。根据期货合约标的物的不同，期货合约分成商品期货合约和金融期货合约及其他期货合约。

（二）远期（Forwards/Forward Contract）

远期，也称为远期合同或远期合约。远期合约是指交易双方约定在未来的某一确定时间，以确定的价格买卖一定数量的某种标的资产的合约。远期交易最早是作为一种锁定未来价格的工具，交易双方需要确定交易的标的物、有效期和交割时的执行价格等内容，双方都必须履行协议。一般说来，双方协议确定合约的各项条款，其合约条款是为买卖双方量身定制的，满足了买卖双方的特殊要求，一般通过场外交易市场（OTC）达成。常见的远期交易包括商品远期交易、远期利率协议（FRA）、外汇远期交易以及无本金交割外汇远期交易（NDF）等。

（三）互换（Swaps）

互换是指两个或两个以上当事人按照商定条件，在约定时间内交换一系列现金流的合约。远期合约可以看成仅交换一次现金流的互换。在大多数情况下，由于互换双方会约定在未来多次交换现金流，因此互换可以看作是一系列远期的组合。由于其标的物以及计算现金流的方式很多，互换的种类也就很多，其中最常见也最重要的是利率互换和货币互换，此外还有商品互换、股权类互换、远期互换等等。

（四）期权（Options）

期权是一种买卖选择权，即买方能够在未来的特定时间或者一段时间内按照事先约定的价格买入或者卖出某种标的物的权利。期权是给予买方（或持有者）购买或出售标的资产的权利，可以在规定的时间内根据市场状况选择买或者不买、卖或者不卖，既可以行使该权利，也可以放弃该权利。而期权的卖出者则负有相应的义务，即当期权买方行使权利时，期权卖方必须按照指定的价格买入或者卖出。期权在交易所交易的是标准化的合约，也有在场外交易市场（OTC）交易的，它是由交易双方协商确定合同的要素，满足交易双方的特殊需求而签订的非标准化合约。按照标的资产划分，常见的期权包括利率期权、外汇期权、股权类期权和商品期权等。

二 现代期货市场的形成

（一）期货市场的萌芽

一般认为，期货交易最早萌芽于欧洲。早在古希腊和古罗马时期，欧洲就出现了集中的交易场所和大宗易货交易，形成了既定时间在固定场所开展的交易活动。在此基础上，产生了远期交易的雏形。在农产品收获以前，商人先向农民预购农产品，待收获以后再进行交付，这就是比较原始的远期交易。中国的远期交易同样源远流长，春秋时期中国商人的鼻祖陶朱公范蠡就曾开展远期交易。

随着交通运输条件的改善和现代城市的兴起，远期交易逐步发展成为集中的市场交易。公元 1215 年，英国大宪章正式规定允许外国商人到英国参加季节性的交易会，商人可以随时把货物运进或运出英国，极大地促进了英国的国际贸易。在交易过程中，出现了商人提前购买在途货物的做法。具体过程是：交易双方先签订一份买卖合同，列明货物的品种、数量、价格等内容，并预交一笔订金，待货物运到时再交收全部货款和货物了结合约。在实际操作过程中，买卖双方为了转移价格波动所带来的风险、获得更大的收益，往往在货物运到之前将合同转售，这就使合约具备了流动性。后来，来自荷兰、法国、意大利和西班牙等国的商人又组成公会，对会员合同的买卖提供公证和担保。

期货交易萌芽于远期交易。交易方式的长期演进，尤其是远期现货交易的集中化和组织化，为期货交易的产生和期货市场的形成奠定了基础。

（二）现代期货交易的形成

规范的现代期货市场在十九世纪中期产生于美国芝加哥。十九世纪三四十年代，芝加哥作为连接美国中西部产粮区与东部消费市场的枢纽，已经发展成为全美最大的谷物集散中心。随着经济的发展，农产品交易量越来越大，同时由于农产品生产的季节性、交通不便和仓储能力不足，农产品的供求矛盾日益突出。具体表现是：收获季节农场主将谷物运到芝加哥，短期内谷物集中上市与落后的仓储运输能力之间的矛盾造成供大于求，价格一跌再跌，使生产者蒙受巨大损失。到了来年春季，又出现谷物供不应求和价格飞涨的现象，使消费者深受其苦，粮食加工商也因原料短缺而困难重重。在这种情况下，储运经销商应运而生。储运经销商在交通要道设立商行，修建仓库，在收获季节向农场主收购谷物，来年春季再运到芝加哥出售。储运经销商的出现，缓解了季节性的供求矛盾和价格的剧烈波动，稳定了粮食生产。但是，储运经销商仍面临着谷物过冬期间价格波动的风险。为了规避风险，储运经销商在购进谷物后就前往芝加哥，与那里的谷物经销商和加工商签订来年交货的远期合同。

随着谷物远期现货交易的不断发展，1848 年 82 位粮食商人在芝加哥发起组建了世界上第一家较为规范的期货交易所——芝加哥期货交易所（Chicago Board of Trade，CBOT）。当初的芝加哥期货交易所并非是一个市场，只是一家为促进芝加哥工商业发展而自发形成的商会组织。交易所成立之初，采用远期合同交易的方式。交易的参与者主要是生产商、经销商和加工商，其特点是实买实卖，交易者通过交易所寻找交易对手，在交易所缔结远期合同，待合同到期，双方进行实物交割，以商品货币交换了结交易。当时的交易所主要起稳定产销、规避季节性价格波动风险的作用。

但是这种远期交易方式在随后的交易过程中遇到了一系列困难，如商品品质、等级、价格、交货时间、交货地点等都是根据双方的具体情况一对一达成的，当双方情况或市场价格发生变化，需要转让已签订的合同，则非常困难。另外，远期交易最终能否履约主要依赖对方的信誉，而对对方信誉状况做全面细致的调查，费时费力，成本较高，难以进行，使交易中的风险增大。

针对上述情况，芝加哥期货交易所于 1865 年推出了标准化合约，同时实行了保证金制度，向签约双方收取不超过合约价值 10% 的保证金，作为履约保证。这是具有历史意义的制度创新，促成了真正意义上的期货交易的诞生。随后，在 1882 年，交易所允许以对冲方式免除履约责任，这更加促进了投机者的加入，使期货市场流动性加大。1883 年，成立了结算协会，向芝加哥期货交易所的会员提供对冲工具。但结算协会当时还算不上规范严密的组织，直到1925年芝加哥期货交易所结算公司（BOTCC）成立以后，芝加哥期货交易所所有交易都要进入结算公司结算，现代意义上的结算机构形成。

随着这些交易规则和制度的不断健全和完善，交易方式和市场形态发生了质的飞跃。标准化合约、保证金制度、对冲机制和统一结算的实施，标志着现代期货市场的确立。

三 国内外期货市场发展趋势

（一）国际期货市场的发展历程

经过长期的发展，国际期货市场大致经历了由商品期货到金融期货、交易品种不断增加、交易规模不断扩大的过程。

1. 商品期货

商品期货是指标的物为实物商品的期货合约。商品期货历史悠久，种类繁多，主要包括农产品期货、金属期货和能源化工期货等（见图1－1）。

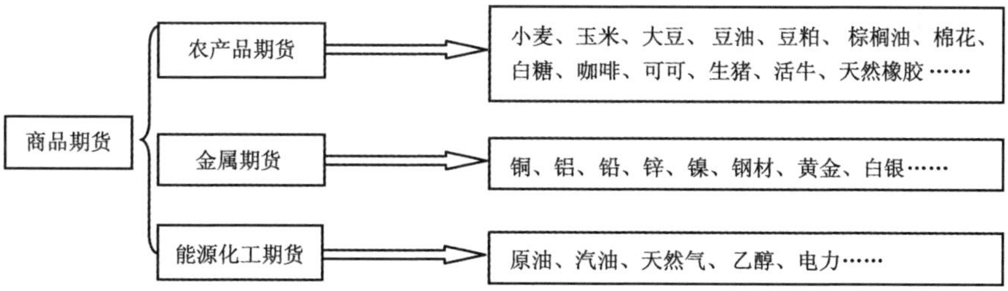

图1－1 商品期货的种类

（1）农产品期货。1848年芝加哥期货交易所的诞生以及1865年标准化合约推出后，随着现货生产和流通的扩大，不断有新的期货品种推出。除小麦、玉米、大豆等谷物外，从19世纪后期到20世纪初，棉花、咖啡、可可等经济作物，黄油、鸡蛋、活牛、猪腩等畜禽产品，木材、天然橡胶等林产品期货也陆续上市。

（2）金属期货。最早的金属期货交易诞生于英国。1876 年成立的伦敦金属交易所（LME），开金属期货交易之先河，主要从事铜和锡的期货交易。1899 年伦敦金属交易所将每天上下午进行两轮交易的做法引入到铜、锡交易中。目前，伦敦金属交易所已推出了铜、铝、铅、锌、镍和铝合金、白银等金属品种。伦敦金属交易所自创建以来一直交易活跃，至今其价格依然是国际有色金属市场的“晴雨表”。

美国金属期货的出现晚于英国。19 世纪后期到 20 世纪初，随着美国开始建立现代工业生产体系，期货合约的种类也从农产品扩大到金属、制成品和加工品等。隶属于芝加哥商业交易所集团的纽约商品交易所（COMEX）成立于 1933 年，由经营皮革、生丝、橡胶和金属的交易所合并而成，交易品种有黄金、白银、铜、铝等，其中 1974 年推出的黄金期货合约，在 20 世纪七八十年代的国际期货市场上有一定影响。

（3）能源化工期货。20 世纪 70 年代初发生的石油危机给世界石油市场带来巨大冲击，油价的剧烈波动直接导致了能源期货的产生。目前，纽约商业交易所（NYMEX）和位于伦敦的洲际交易所（ICE）是世界上最具影响力的能源期货交易所，上市品种有原油、汽油、取暖油、乙醇等。

2. 金融期货

随着第二次世界大战后布雷顿森林体系解体，20 世纪 70 年代初国际经济形势发生急剧变化，固定汇率制被浮动汇率制取代，利率管制等金融管制政策逐渐取消。汇率、利率频繁剧烈波动，促使人们向期货市场寻求避险工具，金融期货应运而生。1972 年 5 月，芝加哥商业交易所（CME）设立了国际货币市场分部（IMM），首次推出包括英镑、加元、西德马克、法国法郎、日元和瑞士法郎等在内的外汇期货合约。1975 年 10 月，芝加哥期货交易所上市的国民抵押协会债券（GNMA）期货合约是世界上第一个利率期货合约。1977 年 8 月，美国长期国债期货合约在芝加哥期货交易所上市，是国际期货市场上交易量较大的金融期货合约。1982 年 2 月，美国堪萨斯期货交易所（KCBT）开发了价值线综合指数期货合约，股票价格指数也成为期货交易的对象。中国香港在 1995 年开始个股期货的试点，个股期货登上历史舞台。金融期货的出现，使期货市场发生了翻天覆地的变化，彻底改变了期货市场的格局。目前，金融期货已经在国际期货市场上占据了主导地位，对世界经济产生了深远影响（见图 1－2）。

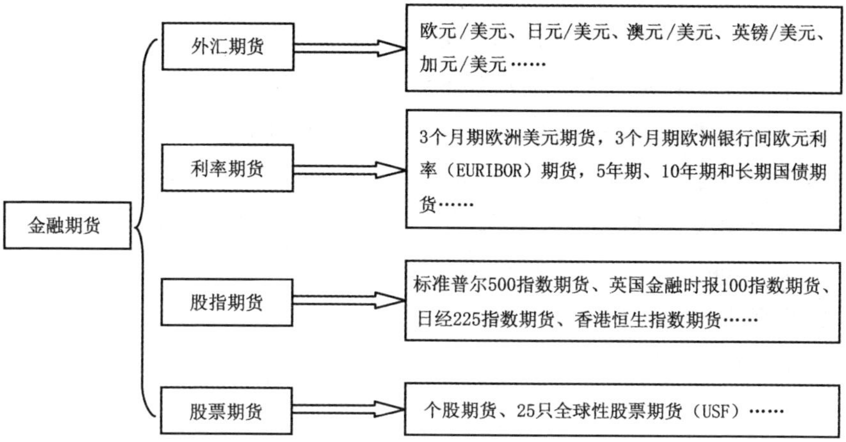

图 1－2　金融期货的种类

（二）国际期货市场的发展趋势

期货市场的发展和世界经济的发展紧密联系在一起。从 20 世纪 70 年代初布雷顿森林体系解体开始，世界经济呈现出货币化、金融化、自由化、一体化的发展趋势。特别是 20 世纪最后十几年以来，全球化进程加速发展，全球市场逐步形成。在这一进程中，国际期货市场起到了重要作用。目前，国际期货市场的发展呈现出以下特点。

1. 交易中心日益集中

目前全球大约有百余家期货交易所，但称得上国际期货交易中心的，主要集中在芝加哥、纽约、伦敦、法兰克福等地。20 世纪 90 年代以来，新加坡、中国香港、德国、法国、巴西等国家和地区的期货市场发展较快，具备了一定的国际影响力。中国的商品期货市场发展迅猛，自 2010 年起已经成为全球交易量最大的商品期货市场。

2. 交易所由会员制向公司制发展

近年来，公司制改革和公开发行上市成为全球交易所发展的一个新方向。1993 年，瑞典斯德哥尔摩证券交易所改制成为全球第一家股份制的交易所。中国香港证券交易所和期货交易所也成为改制上市的成功范例。2000 年 3 月，香港联合交易所与香港期货交易所完成股份化改造，并与香港中央结算有限公司合并，成立香港交易及结算所有限公司（Hong Kong Exchanges and Clearing Limited，HKEx），于 2000 年 6 月以引入形式在香港交易所上市。2000 年，芝加哥商业交易所成为美国第一家公司制交易所，并在 2002 年成功上市。纽约—泛欧交易所集团（NYSE Euronext）成为一家完全合并的交易所集团，于 2007 年 4 月 4 日在纽交所和欧交所同时挂牌上市。

出现这一趋势的根本原因是竞争加剧：一是交易所内部竞争加剧；二是场内交易与场外交易竞争加剧；三是交易所之间竞争加剧。而会员制体制造成交易所的决策效率较低，不能适应激烈竞争的需要，改制上市则可以免去会员投票的复杂程序，提高交易所运行效率；同时，改制上市也能给交易所会员带来利益。

3. 交易所兼并重组趋势明显

各交易所纷纷以合并的方式扩大自身规模并提升市场影响力。期货市场是一个通过现代化通信手段联结起来的公开市场，因此，市场规模越集中，市场流动性越大，形成的价格越公平、权威。2007 年芝加哥商业交易所（CME）与芝加哥期货交易所（CBOT）合并组成芝加哥商业交易所集团，2008 年纽约商业交易所（NYMEX）和纽约商品交易所（COMEX）又加入进来，形成了基本统一的芝加哥期货市场。目前，芝加哥商业交易所集团已经成为全球最具影响力的衍生品交易所集团之一。在世界其他地区，英国、德国、巴西等国的交易所也纷纷进行重组，甚至出现了跨大洲兼并的案例：2006 年 6 月纽约证券交易所集团和总部位于巴黎的泛欧交易所达成总价约 100 亿美元的合并协议，组成全球第一家横跨大西洋的纽交所—泛欧交易所集团；2012 年，香港交易及结算所有限公司（HKEx）以 13.88 亿英镑的价格收购英国伦敦金属交易所（LME）；成立于2000年的美国洲际交易所（ICE）于2001年在伦敦收购国际石油交易所（IPE）后，于2007年与纽约期货交易所合并，随后在2010年又与气候交易所合并，并在2013年11月，完成对纽交所—泛欧交易所集团（NYSE - Euronext）的收购。洲际交易所异军突起，成为全球最大的金融和商品期货的交易所和结算中心集团之一。

交易所合并的原因主要有：一是经济全球化的影响；二是交易所之间的竞争更为激烈；三是场外交易发展迅速，对交易所构成威胁。

4. 金融期货发展后来居上

近20年来，金融期货品种的交易量已远超商品期货，上市品种呈现金融化趋势。这种趋势可以从两个方面加以说明：其一，从美国近20年期货交易统计数字中可以看出，商品期货交易量占总交易量的份额呈下降趋势，而金融期货交易量占总交易量的份额则呈明显上升趋势。美国期货的主导产品逐渐从农产品转变为利率品种，进入20世纪90年代，股票指数期货和个股期货又得到迅速发展。其二，从全球期货交易的统计数字中同样可以看出金融期货品种的绝对优势。

5. 交易所竞争加剧，服务质量不断提高

随着国际期货市场一体化进程的加快，各国交易所积极开拓国际市场，交易所之间的竞争有所加剧。一方面，各国交易所积极吸引外国投资者参与本国期货交易；另一方面，各国交易所纷纷上市以外国金融工具为标的的期货合约。具体措施有：各交易所在国外设立分支机构，积极吸纳外国会员；开设夜盘交易延长交易时间，便于外国客户参与。

交易所的综合服务包括控制风险的能力、交易成本的降低、结算系统的效率、电子交易系统的服务质量、交易品种的开发、技术服务的创新、为场内交易员提供方便高效的交易场所等等。各交易所纷纷在提高服务质量上做文章，以吸引更多的投资者参与。

（三）我国期货市场的发展历程

1. 我国期货市场产生的背景

我国期货市场的产生起因于20世纪80年代的改革开放，新的经济

体制要求国家更多地依靠市场这只“无形的手”来调节经济。改革是沿着两条主线展开的，即价格改革和企业改革。价格改革最早从农产品开始。国家实行价格双轨制后，出现了农产品价格大升大降、农业生产大起大落、买难卖难问题此消彼长、政府用于农产品补贴的财政负担日益加重等一系列难题。其中有两点引起有关领导和专家学者重视：一是现货价格失真，二是市场本身缺乏保值机制。这两点最终又归结到市场体系不完善、不配套。在 80 年代中后期，一批学者提出了建立农产品期货市场的设想。

为了解决价格波动这一难题，使资源能得到更加合理的使用，中央和国务院领导先后做出重要指示，决定研究期货交易。1988 年 3 月七届人大第一次会议上的《政府工作报告》指出：“加快商业体制改革，积极发展各类批发市场贸易，探索期货交易。”从而确定了在中国开展期货市场研究的课题。1988 年初，国务院发展研究中心、国家体改委、商业部等部门根据中央领导的指示，组织力量开始进行期货市场研究，并成立了期货市场研究小组，系统地研究国外期货市场的现状和历史，组织人员对国外期货市场进行考察，开始有关期货市场的研究设计工作。

2. 初创阶段（1990～1993 年）

1990 年 10 月 12 日，经国务院批准，郑州粮食批发市场以现货交易为基础，引入期货交易机制，作为我国第一个商品期货市场开始起步。1991 年 6 月 10 日，深圳有色金属交易所宣告成立，并于 1992 年 1 月 18 日正式开业。同年 5 月 28 日，上海金属交易所开业。1992 年 9 月，我国第一家期货经纪公司——广东万通期货经纪公司成立。随后，中国国际期货公司成立。

到 1993 年，由于人们在认识上存在偏差，尤其是受部门和地方利益驱动，在缺乏统一管理的情况下，各地各部门纷纷创办各种各样的期货交易所。到 1993 年下半年，全国各类期货交易所达 50 多家，期货经纪机构数百家。由于对期货市场的功能、风险认识不足，法规监管严重滞后，期货市场一度陷入了一种无序状态，酿成多次期货市场风险事件，直接影响到期货市场的功能发挥。

3. 治理整顿阶段（1993～2000年）

1993年11月，国务院发布《关于制止期货市场盲目发展的通知》，提出了“规范起步、加强立法、一切经过试验和从严控制”的原则，标志着第一轮治理整顿的开始。在治理整顿中，首当其冲的是对期货交易所的清理，15家交易所作为试点被保留下来。1998年8月，国务院发布《关于进一步整顿和规范期货市场的通知》，开始了第二轮治理整顿。1999年期货交易所数量再次精简合并为3家，分别是郑州商品交易所、大连商品交易所和上海期货交易所，期货品种也由35个降至12个。同时，对期货代理机构进行清理整顿。1995年底，330家期货经纪公司经重新审核获得“期货经纪业务许可证”，期货代理机构的数量大大减少。1999年，期货经纪公司最低注册资本金提高到3 000万元人民币（见表1－1）。

表1－1　　中国期货交易所和期货品种的治理整顿

	第一次清理整顿	第二次清理整顿	
期货交易所	由清理整顿前的50多家缩减为15家，对期货交易所进行会员制改造	由15家精简合并为3家	上海期货交易所（SHFE）
			大连商品交易所（DCE）
			郑州商品交易所（CZCE）
期货品种	期货品种削减为35个	期货品种削减为12个	SHFE：铜、铝、胶合板、天然橡胶、籼米
			DCE：大豆、豆粕、啤酒大麦
			CZCE：小麦、绿豆、红小豆、花生仁

为了规范期货市场行为，国务院及有关政府部门先后颁布了一系列法规，对期货市场的监管力度不断加强。1999年6月，国务院颁布《期货交易管理暂行条例》，与之配套的《期货交易所管理办法》《期货经纪公司管理办法》《期货经纪公司高级管理人员任职资格管理办法》和《期货业从业人员资格管理办法》相继发布实施①。2000年12月，中国期货业协会成立，标志着中国期货行业自律管理组织的诞生，从而将新的自律机制引入监管体系。

① 上述期货法律法规相继进行了修改。

4. 规范发展阶段（2000～2010年）

进入21世纪，“稳步发展”成为中国期货市场的主题。在这一阶段，中国期货市场走向法制化和规范化，监管体制和法规体系不断完善，新的期货品种不断推出，期货交易量实现恢复性增长后连创新高，积累了服务产业及国民经济发展的初步经验，具备了在更高层次服务国民经济发展的能力。

期间中国期货保证金监控中心[①]于2006年5月成立，作为期货保证金安全存管机构，监控中心为有效降低保证金被挪用的风险、保证期货交易资金安全以及维护投资者利益发挥了重要作用。

5. 全面发展阶段（2010年至今）

2010年以来，以金融期货和场内期权交易的推出为标志，从商品期货到金融期货、从期货到期权、从场内交易到场外交易、从境内市场到境外市场，国内期货及衍生品市场进入全面发展阶段。

2010年4月，中国金融期货交易所推出股指期货交易，标志着国内期货市场进入了商品期货、金融期货共同发展的新阶段。

在期货公司业务方面，2011年推出期货投资咨询业务，2012年推出资产管理业务和风险管理业务，由期货公司设立风险管理公司提供风险管理服务和相关衍生品场外交易服务。同时，境外期货经纪业务开始试点。以“期货＋保险”和场外期权业务为代表，期货市场服务实体经济功能得到有效发挥。

2014年，《中国证券期货市场场外衍生品交易主协议（2014年版）》及补充协议、《中国证券期货市场场外衍生品交易权益类衍生品定义文件（2014年版）》正式发布，为国内场外衍生品市场发展奠定了基础。

2015年2月9日，上海证券交易所推出上证50ETF期权交易。2017年，大连商品交易所和郑州商品交易所分别于3月31日和4月19日推出豆粕和白糖期货期权交易，国内场内期权交易平稳起步。

---

① 2015年4月15日更名为中国期货市场监控中心。

（四）国内外远期、互换和期权市场的发展

经过长期的发展，国际衍生品市场形成了远期、期货、互换、期权、资产支持证券和信用衍生工具六大类产品相互补充的完整架构，衍生品市场交易品种不断增加，交易规模不断扩大，已成为金融市场不可或缺的一部分。其中，远期、互换和期权在大宗商品交易和金融衍生品交易中发挥着越来越重要的作用。

1. 远期市场

欧洲的远期交易萌芽于古希腊和古罗马时期，而现代化远期合约最早作为一种套期保值的工具兴起于20世纪80年代。第一个外汇远期市场于19世纪70年代诞生于维也纳，而真正兴起却是在布雷顿森林体系结束后，各国汇率风险加剧，外汇远期合约于1973年应运而生。截止到2014年6月，其名义本金金额已居远期市场第二位，居于第一位的是于1983年诞生于伦敦银行间同业拆借市场的远期利率协议。目前，远期利率协议和远期外汇协议占到远期市场名义本金金额的90%以上，商品远期协议市场规模相对狭小。然而，这并不意味着远期将在商品领域被期货替代，相反，远期的连续交易、单次大量交易、可选择交易伙伴等特质使得某些商品远期仍十分活跃。例如，Brent、WTI石油远期与期货同样成功，是重要的石油参考价格；远期运费协议（FFA）在海运市场仍旧发挥着重要的避险作用。

我国的远期交易要追溯到春秋时期，但是现代化的远期协议合约却是20世纪末才开始起步的。1997年中国银行开始进行远期结售汇试点，2003年四大国有商业银行全面展开远期结售汇业务。在亚洲金融危机后，离岸市场出现了人民币无本金交割远期（NDF）。由于我国资本管制，境内人民币远期市场迟迟得不到发展，直到2005年人民币汇率机制改革之后，中国人民银行才正式建立人民币远期市场。而人民币远期利率协议直到2007年才正式推出。

此外，受2008年金融危机影响，世界各国纷纷将场外业务纳入场内结算，实行中央对手结算体系，中国也适时建立上海清算所，为场外市场提供结算服务。目前，上海清算所已推出了外汇远期、人民币远期

运费协议等远期合约。

2. 互换市场

互换市场的起源可以追溯到20世纪70年代末，当时的货币交易商为了逃避英国的外汇管制而开发了货币互换。1981年IBM与世界银行之间在伦敦签署的利率互换协议是世界上第一份利率互换协议，并于1982年引入美国。从那以后，互换市场发展迅速，成为增长速度最快的金融产品市场之一，其中利率互换已成为所有互换交易乃至所有金融衍生品中最为活跃、交易量最大、影响最深远的品种之一。

早期的互换交易中，金融机构扮演着经纪人角色，为客户寻找交易对手并赚取佣金。但是短期内匹配对手相当困难，因此，许多国际金融机构引入了做市商制度，作为交易双方的对手方，为互换市场提供了充足的流动性。与此同时，互换的标准化也稳步推进。1985年国际互换商协会（International Swaps Dealers Association，简称ISDA）成立于1993年更名为国际互换与衍生品协会（International Swaps and Derivatives Association，ISDA），并制定了互换交易的行业标准、协议范本和定义文件等。国际互换商协会（ISDA）制定的ISDA主协议已成为全球金融机构签订互换及其他多种OTC衍生产品的范本。ISDA主协议具有特殊的三项制度基础，即单一协议、瑕疵资产与终止净额结算，包括协议主文、附件和交易确认书三部分，有效维系了国际金融衍生产品市场的平稳发展，并为越来越多国家或地区的立法机关所认可。

我国互换市场起步较晚，2005年11月25日，中国人民银行在银行间外汇市场与包括4家国有银行在内的10家商业银行首次进行了美元与人民币1年期货币掉期（中国人民银行一般称货币互换为货币掉期）业务操作，宣告中国人民银行与商业银行之间的货币掉期业务正式展开。自此，货币互换参与机构不断增加，业务不断丰富，2007年商业银行之间可以两两进行交易，2011年允许外汇指定银行对客户开展人民币外汇货币掉期业务，2012年汇丰银行在外汇市场上达成了首笔无本金交换人民币外汇货币掉期业务，现阶段银行间远期外汇市场已开展了美元、欧元、日元、港币、英镑、澳元兑人民币6个货币对的货币掉期业务。利率互换则是伴随着我国利率市场化逐渐兴起的，2004年中国人民银行扩大金融机构贷款利率浮动区间，2006 年开展了利率互换试点，国家开发银行与光大银行进行了第一笔利率互换交易。经过两年试点，2008 年人民币利率互换交易开始正式全面推进，并且自 2010 年之后，利率互换市场发展尤为迅速，成交量不断增加。

此外，股票互换也获得了较大突破，2013 年 1 月，中国证监会批准光大证券以场外交易形式开展金融衍生品交易。

3. 期权市场

期权萌芽于古希腊和古罗马时期，在 17 世纪 30 年代的“荷兰郁金香”时期出现了最早的期权交易。到 18 世纪和 19 世纪，美国和欧洲的农产品期权交易已相当流行，但均为场外交易，直到 1973 年芝加哥期权交易所（Chicago Board Options Exchange，CBOE）建立后，第一张标准化期权合约出现。1982 年芝加哥期货交易所推出了以长期国债期货为标的物的期权交易，1983 年芝加哥商品交易所推出了 S&P500 股价指数期权。随着指数期权的成功，1984 ~ 1986 年，芝加哥期货交易所陆续推出了大豆、玉米、小麦等品种的期货期权。美国期权交易的示范作用带动了世界各国期权市场的发展。目前，全球有影响的期权市场有韩国期货交易所（KOFEX）、CBOE、欧洲交易所、纽约泛欧交易所等。

伴随着场内标准化期权的繁荣，场外期权也获得了长足发展。20 世纪 90 年代之后，场外奇异期权日益增多，既保证了交易者的个性化需求，同时也满足了开发者的利润空间。场外期权越来越有竞争力，反过来迫使一些交易所开始推出非标准化的期权交易，如灵活期权；另外，促使交易所合作日益加强，购并浪潮不断涌现，如纽约泛欧交易所收购了群岛交易所（ARCA），纳斯达克 OXM 集团收购了费城股票交易所（PHLX）。

中国银行在外汇期权的创新方面走在前列，2002 年 12 月 12 日，中国银行上海分行在中国人民银行的批准下，宣布推出个人外汇期权交易“两得宝”，打响了中国期权交易的第一枪。初期的外汇期权业务交易的品种为普通欧式期权，客户只能办理买入外汇看涨或看跌期权业务；2011 年 11 月外汇管理局规定客户可以同时买入或卖出期权形成外汇看跌期权风险逆转期权组合和外汇看涨风险逆转期权组合。

另外，我国场内期权也获得了突破性进展，2015年2月9日，上证50ETF期权正式在上海证券交易所挂牌上市，掀开了中国衍生品市场产品创新的新的一页。随着股票期权和股指期权、商品期权的陆续推出，将形成远期、互换、期货、期权完整的衍生品体系，为广大投资者提供良好的资产组合工具。

第二节 期货及衍生品的主要特征

一 期货交易的基本特征

期货交易是在现货交易、远期交易的基础上发展起来的。在市场经济发展过程中，商流与物流的分离呈扩大的趋势，期货交易是两者分离的极端形式。期货交易是在交易所内或者通过交易所的交易系统进行的标准化远期合同（期货合约）的买卖交易。期货交易的基本特征可以归纳为以下几个方面。

（一）合约标准化

期货合约是由交易所统一制定的标准化合约。在合约中，标的物的数量、规格、交割时间和地点等都是既定的。这种标准化合约给期货交易带来极大的便利，交易双方不需要事先对交易的具体条款进行协商，从而节约了交易成本，提高了交易效率和市场流动性。

（二）场内集中竞价交易

期货交易实行场内交易，所有买卖指令必须在交易所内进行集中竞价成交。只有交易所的会员方能进场交易，其他交易者只能委托交易所会员，由其代理进行期货交易。

(三) 保证金交易

期货交易实行保证金制度。交易者在买卖期货合约时按合约价值的一定比率缴纳保证金(一般为5%~15%)作为履约保证,即可进行数倍于保证金的交易。这种以小博大的保证金交易,也被称为“杠杆交易”。期货交易的这一特征使期货交易具有高收益和高风险的特点。保证金比率越低,杠杆效应就越大,高收益和高风险的特点就越明显。

(四) 双向交易

期货交易采用双向交易方式。交易者既可以买入建仓,即通过买入期货合约开始交易;也可以卖出建仓,即通过卖出期货合约开始交易。前者也称为“买空”,后者也称为“卖空”。双向交易给予投资者双向的投资机会,也就是在期货价格上升时,可通过低买高卖来获利;在期货价格下降时,可通过高卖低买来获利。

(五) 对冲了结

交易者在期货市场建仓后,大多并不是通过交割(即交收现货)来结束交易,而是通过对冲了结。买入建仓后,可以通过卖出同一期货合约来解除履约责任;卖出建仓后,可以通过买入同一期货合约来解除履约责任。对冲了结使投资者不必通过交割来结束期货交易,从而提高了期货市场的流动性。

(六) 当日无负债结算

期货交易实行当日无负债结算,也称为逐日盯市(Marking - to - Market)。结算部门在每日交易结束后,按当日结算价对交易者结算所有合约的盈亏、交易保证金及手续费、税金等费用,对应收应付的款项实行净额一次划转,相应增加或减少保证金。如果交易者的保证金余额低于规定的标准,则须追加保证金,从而做到“当日无负债”。当日无负债结算制度可以有效防范风险,保障期货市场的正常运转。

二 期货与远期、期权、互换的联系和区别

远期、期货、期权、互换是衍生产品市场上四大类产品，它们之间存在着一定的联系，也有很多不同。现实中，远期与期货、期货与期权、期货与互换之间的联系和区别往往容易混淆，因此有必要对上述三对衍生产品进行比较。

（一）期货与远期

1. 期货与远期的联系

远期交易是指买卖双方签订远期合同，规定在未来某一时间进行实物商品交收的一种交易方式。现货交易组织的是现有商品的流通，远期交易进行的是未来生产出的、尚未出现在市场上的商品的流通。从这个意义上来说，远期交易在本质上属于现货交易，是现货交易在时间上的延伸。

期货交易与远期交易有许多相似之处，其中最突出的一点是两者均为买卖双方约定于未来某一特定时间以约定价格买入或卖出一定数量的商品。远期交易是期货交易的雏形，期货交易是在远期交易的基础上发展起来的。

2. 期货交易与远期交易的区别

（1）交易对象不同。期货交易的对象是交易所统一制定的标准化期货合约，可以说期货不是货，而是一种合同，是一种可以反复交易的标准化合约，在期货交易中（除实物交割外）并不涉及具体的实物商品买卖，因此适合期货交易的品种是有限的。远期交易的对象是交易双方私下协商达成的非标准化合同，所涉及的商品没有任何限制。远期合同交易代表两个交易主体的意愿，交易双方通过一对一的谈判，就交易条件达成一致意见而签订远期合同。

（2）功能作用不同。期货交易的主要功能是规避风险和发现价格。期货交易是众多的买主和卖主根据期货市场的规则，通过公开、公平、

公正、集中竞价的方式进行的期货合约的买卖，易于形成一种真实而权威的期货价格，指导企业的生产经营活动，同时又为套期保值者提供了回避、转移价格波动风险的机会。远期交易尽管在一定程度上也能起到调节供求关系、减少价格波动的作用，但由于远期合同的流动性不足，所以限制了其价格的权威性和分散风险的作用。

(3) 履约方式不同。期货交易有实物交割与对冲平仓两种履约方式，其中绝大多数期货合约都是通过对冲平仓的方式了结的。远期交易履约方式主要采用实物交收方式，虽然也可采用背书转让方式，但最终的履约方式是实物交收。

(4) 信用风险不同。在期货交易中，以保证金制度为基础，实行当日无负债结算制度，每日进行结算，信用风险较小。远期交易从交易达成到最终完成实物交割有相当长的一段时间，此间市场会发生各种变化，各种不利于履约的行为都有可能出现。如买方资金不足，不能如期付款；卖方生产不足，不能保证供应；市场价格趋涨，卖方不愿按原定价格交货；市场价格趋跌，买方不愿按原定价格付款等这些都会使远期交易不能最终完成，加之远期合同不易转让，所以，远期交易具有较高的信用风险。

(5) 保证金制度不同。期货交易有特定的保证金制度，按照成交合约价值的一定比例向买卖双方收取保证金，通常是合约价值的5%～15%。而远期交易是否收取或收取多少保证金由交易双方商定。

(二) 期货与期权

1. 期货与期权之间的联系

期货合约和场内期权合约均是场内交易的标准化合约，均可以进行双向操作，均通过结算所统一结算。场内期权中又以期货期权与期货的联系最为密切，期货期权交易的是未来买卖一定数量期货合约的权利，因此，期货期权是期权和期货合约的有机结合。

期货交易是期货期权交易的基础。期货市场越发达，期权市场也就越成熟，而期权市场的繁荣和发展也为交易者提供了更多的可选择工具，扩大和丰富了期货市场的交易内容。

2. 期货与期权的区别

（1）交易对象不同。期货交易的是可转让的标准化合约，合约的标的物是实物商品或者金融工具，而期权交易的则是未来买卖某种资产的权利，其标的物的范围更广，期权的标的物不仅限于商品和金融工具，还可以是其他衍生品合约。

（2）权利与义务的对称性不同。期货交易双方都要承担期货合约到期交割的义务，如果不愿实际交割，则必须在有效期内对冲。期权的买方在支付权利金后即获得了标的资产买卖选择权，可以选择执行期权，也可以放弃执行，而不必承担义务；而期权的卖方则有义务在买方行使权利时按约定向买方买入或卖出标的资产。

（3）保证金制度不同。在期货交易中，买卖双方都要根据期货合约价值缴纳保证金，作为履约的保证；期权交易中，买方向卖方支付权利金后，获得买卖标的资产的权利，而不必承担义务，其风险是权利金的损失，因此期权买方不需要再缴纳保证金。但对期权卖方来讲，他在收取对方权利金的同时要随时应对买方要求履约，因此，需要缴纳一定的保证金，以保证履行期权合约。

（4）盈亏特点不同。期权买方的收益随市场价格的变化而波动，可能很大，其亏损则只限于购买期权的权利金，而卖方的收益最高不超过出售期权的权利金，其亏损则可能很大。期权交易双方的盈亏曲线是非线性的。期货交易的盈亏是对称的，其盈亏曲线为线性。

（5）了结方式不同。期货交易中，投资者可以通过对冲平仓或实物交割的方式了结仓位，而大多数投资者均选择对冲平仓而非到期交割。期权交易中，投资者了结的方式包括三种：对冲、行使权利或到期放弃权利。在标的资产向有利方向变化时，有的美式期权提前执行更为有利，而欧式期权则更多的是对冲了结。在标的资产向不利方向变化时，期权买方可以持有到期放弃权利。

（三）期货与互换

1. 期货与互换之间的联系

期货交易是在远期交易基础上发展起来的，是对远期交易进行合约标准化、交易场所由场外移到场内等一系列交易机制进行的变革；互换交易是交易双方按照商定条件，在约定时间内交换一系列现金流的交易，是一系列远期交易的组合，在远期交易的数量上有了突破。因此，可以说远期合约是期货和互换的基础，期货和互换是对远期合约在不同方面创新后的衍生工具。远期协议可以被用来给期货定价，也可以被用来给互换定价。利率互换是互换市场的一大品种，互换利率是市场重要的参考利率，而互换利率与短期利率期货利率联系密切。实践中还常用期货给互换进行套期保值。

2. 期货与互换的区别

（1）标准化程度不同。期货交易的对象是交易所统一制定的标准化期货合约，期货合约的商品品种、数量、质量、等级、交货时间、交货地点等条款都是既定的，是标准化的，唯一的变量是价格，交易双方不用再为合约条款进行逐一商谈。而互换交易的对象则是交易双方私下协商达成的非标准化合同，合同的标的物及其数量、质量、等级等均由交易双方自行协商决定，是个性化的，不同互换在标的物的数量、质量上均有差异。ISDA 成立以来做了很多推进互换协议标准化的工作，当前，国际互换市场的标准化程度也在不断提高。但是，互换毕竟是 OTC 产品，标准化程度不能与期货同日而语。

（2）成交方式不同。期货交易是在交易所组织的有形的公开市场内通过电子交易系统撮合成交，价格具有公开性、权威性，而互换交易一般无固定的交易场所和交易时间，可以在银行间市场或者柜台市场的交易商之间进行，也可以与最终客户直接交易，主要通过人工询价的方式撮合成交。

（3）合约双方关系不同。互换协议是交易双方直接签订，是一对一的，互换的违约风险主要取决于对手的信用，因此，在签约前，交易双方都会对对方的信用和实力等方面做充分的了解。而期货交易则不同，合约的履行不取决于交易对手，而取决于期货结算机构在期货交易中充当中央对手的角色，成为所有买方的卖方、所有卖方的买方，因此，交易者无须关心交易对手是谁、信用如何，只需与交易所完成交易即可，市场信息成本很低。

第三节 期货及衍生品的功能和作用

期货市场自产生以来，之所以不断发展壮大并成为现代市场体系中不可或缺的重要组成部分，源于期货市场难以替代的功能和作用。正确认识期货市场的功能作用，可以进一步加深对期货市场的理解。

一 规避风险的功能

（一）规避风险的实现过程

期货市场规避风险的功能是通过套期保值实现的。套期保值是指在期货市场上买进或卖出与现货数量相等但交易方向相反的期货合约，在未来某一时间通过卖出或买进期货合约进行对冲平仓，从而在期货市场和现货市场之间建立一种盈亏冲抵的机制（可能是用期货市场的盈利来弥补现货市场亏损，也可能是用现货市场盈利来弥补期货市场亏损），最终实现期货市场和现货市场盈亏大致相抵。

以大豆期货交易为例，来说明大豆种植者如何通过期货市场规避价格风险。在我国东北，大豆每年 4 月份开始播种，到 10 月份收获，有半年多的生长期。大豆价格受市场供求变化影响，经常发生波动，价格下跌给生产者带来损失的可能性是客观存在的。如果大豆生产者预计在收获期大豆价格可能会下降，为了规避价格风险，他可以在播种时就在期货市场卖出交割月份在 11 月份的与预计大豆产量相近的大豆期货合约。如果大豆价格在 10 月份时果然出现下跌，尽管他在现货市场上以低价格出售承担了一定的损失，但他可以在期货市场上将原来卖出的合约进行对冲平仓来获得相应收益，期货市场的收益可以弥补现货市场的亏损。如果生产者判断错误，10 月份现货价格不仅未跌反而上涨，那么对生产者来说，套期保值的结果是用现货市场上的盈利去弥补期货市场上的亏损。这样大豆种植者的风险就被转移出去了，风险规避的目的就实现了。

（二）在期货市场上通过套期保值规避风险的原理

期货市场是如何通过套期保值来实现规避风险的功能呢？其主要的基本原理在于：对于同一种商品来说，在现货市场和期货市场同时存在的情况下，在同一时空内会受到相同的经济因素的影响和制约，因而一般情况下两个市场的价格变动趋势相同，并且随着期货合约临近交割，现货价格与期货价格趋于一致。套期保值就是利用两个市场的这种关系，在期货市场上采取与现货市场上交易方向相反的交易（如现货市场卖出的同时在期货市场买进，或者相反），在两个市场上建立一种相互冲抵的机制，无论价格怎样变动，都能取得在一个市场亏损的同时在另一个市场盈利的结果。最终，亏损额与盈利额大致相等，两相冲抵，从而将价格变动的风险大部分转移出去。

（三）投机者的参与是套期保值实现的条件

生产经营者通过套期保值来规避风险，但套期保值并不是消灭风险，只是将其转移，转移出去的风险需要有相应的承担者，期货投机者正是期货市场的风险承担者。从客观上看，投机者的存在对生产经营者参与套期保值提供了很大便利。因为，套期保值者在期货市场进行交易时，必须有相应的交易者作为对手方，交易方可成功。如果没有投机者的参与，而完全依赖其他套期保值者的参与来保证每笔交易的达成，那么成交的可能性是微乎其微的。例如，当商品生产者想在期货市场卖出期货合约进行保值时，客观上必须有一个或多个其他交易者恰巧在同一时间希望在期货市场上买入期货合约进行保值，并且交易数量、交割月份等细节应完全匹配。可以想象，在只有套期保值者参与的期货市场上，流动性是非常差的，反过来也会影响套期保值者参与的积极性。因此，从这个角度看，投机者虽然在主观上是出于获取投机利润的目的而参与期货交易，但在客观上却为套期保值的实现创造了条件。投机者在获取投机利润的同时也承担了相应的价格波动的风险，是期货市场的风险承担者。

二 价格发现的功能

价格发现的功能是指期货市场能够预期未来现货价格的变动，发现未来的现货价格。期货价格可以作为未来某一时期现货价格变动趋势的“晴雨表”。价格发现不是期货市场所特有的，只是期货市场比其他市场具有更高的价格发现效率。这是基于期货市场的特征决定的。

相关研究表明，信息不完全和不对称会导致价格扭曲和市场失灵，而期货市场是一个近乎完全竞争的高度组织化和规范化的市场，聚集了众多的买方和卖方，采取集中公开竞价的方式，各类信息高度聚集并迅速传播。因此，价格机制更为成熟和完善，能够形成真实反映供求关系的期货价格。

（一）价格发现的原因

期货交易之所以具有发现价格的功能，主要是因为：

期货交易的参与者众多，除了会员以外，还有他们所代表的众多的商品生产者、销售者、加工者、进出口商以及投机者等。这些成千上万的买家和卖家聚集在一起进行竞争，可以代表供求双方的力量，有助于公平价格的形成。

期货交易中的交易人士大多熟悉某种商品行情，有丰富的商品知识和广泛的信息渠道以及一套科学的分析、预测方法。他们把各自的信息、经验和方法带到市场上去，结合自己的生产成本、预期利润，对商品供需和价格走势进行判断、分析和预测，报出自己的理想价格，与众多对手竞争。这样形成的期货价格实际上反映了大多数人的预测，因而能够比较接近地代表供求变动趋势。

期货交易的透明度高，竞争公开化、公平化，有助于形成公正的价格。期货市场是集中化的交易场所，自由报价，公开竞争，避免了现货交易中一对一的交易方式容易产生的欺诈和垄断行为，因此，期货交易发现的价格具有较高的权威性。

（二）价格发现的特点

通过期货交易形成的价格具有以下特点：

1. 预期性

期货价格具有对未来供求关系及其价格变化趋势进行预期的功能。期货交易者大都熟悉某种现货行情，有丰富的经营知识和广泛的信息渠道以及分析、预测方法，他们结合自己的生产成本、预期利润对现货供求和价格走势进行分析和判断，报出自己的理想价格，与众多的对手竞争，这样形成的期货价格实际上反映了大多数人的预期，因而能够反映供求变动趋势。

2. 连续性

期货价格是连续不断地反映供求关系及其变化趋势的一种价格。这是因为期货交易是一种买卖期货合约的交易，而不是实物商品交易。实物交易一旦达成一个价格之后，如果买入实物的一方不再卖出该商品或不马上卖出该商品，新的商品交易就不会再产生或不会马上产生，从而就不可能有一个连续不断的价格。而期货交易则不然，它是买卖期货合约的交易，实物交割的比例非常小，交易者买卖期货合约的本意大多不是为了实物交割，而是利用期货合约做套期保值交易或投机交易，因而，在买进或卖出后，必须再卖出或买进相同数量的期货。同时，由于期货合约是标准化的，转手极为便利，买卖非常频繁，这样，就能不断地产生期货价格。

3. 公开性

期货价格是集中在交易所内通过公开竞争达成的，依据期货市场的信息披露制度，所有在期货交易所达成的交易及其价格都必须及时向会员报告并公之于众。通过传播媒介，交易者能够及时了解期货市场的交易情况和价格变化，并迅速传递到现货市场。

4. 权威性

正是因为期货价格真实地反映供求及价格变动趋势，具有较强的预期性、连续性和公开性，所以在期货交易发达的国家，期货价格被视为一种权威价格，成为现货交易的重要参考依据，也是国际贸易中研究世界市场行情的依据。

随着期货交易和期货市场的不断发展完善，尤其是随着期货市场国际联网的出现，期货市场的价格发现功能越来越完善，期货价格在更大范围内综合反映更多的供求影响因素，更准确地预测未来价格变化的趋势。也正是由于期货价格的上述特点，使得现货市场参与者纷纷将期货价格作为制定现货价格的最重要参考，采取“期货价格 + 升贴水 + 运费”的方式确定现货价格，这就让期货市场从价格发现中逐渐具备了定价的功能。

三　资产配置的功能

随着全球化程度日益加深以及全球经济不稳定因素增多，国际大宗商品市场波动加大，各国金融市场中参与主体面临的风险增多，因此在后金融危机时代，越来越多的投资者开始重视期货市场，并期望借助期货市场的独特优势为其持有的资产进行优化配置。而金融期货的迅猛发展以及大宗商品交易金融化程度的提高，也为越来越多的机构和个人提供了资产配置的平台，期货市场也相应地具备了资产配置的功能，从而在一定程度上满足了投资者对于规避风险以及个性化、分散化、多元化的资产配置的需求。

（一）资产配置的原因

投资者将期货作为资产配置的组成部分主要基于以下两个原因：首先，借助期货能够为其他资产进行风险对冲。进入 21 世纪以来，全球经济不稳定因素增多，市场波动加大，特别是 2008 年爆发于美国的金融危机更是严重破坏了市场秩序，给投资者带来了严重损失。在这样的背景下，越来越多的投资者开始重视期货市场，并借助套期保值来为持有的资产进行保护。其次，期货市场的杠杆机制、保证金制度使得投资期货更加便捷和灵活，虽然风险较大，但同时也能获取高额的收益。借助商品交易顾问（CTA）等专业投资机构，普通投资者也能够较为安全地参与期货市场。因此，越来越多的投资者开始以直接或间接的方式参与期货投资。

（二）资产配置的原理

首先，期货能够以套期保值的方式为现货资产或投资组合对冲风险，从而起到稳定收益、降低风险的作用。投资者利用期货对投资组合的风险进行对冲，主要利用期货的双向交易机制以及杠杆效应的特性。对冲交易的实质是同时进行两笔方向相反、数量相当的交易，利用期货对投资组合进行保险。具体而言，对持有一定资产组合的投资者，在预期资产价格变化方向与该组合的持仓方向相反，则进行反方向的期货交易对冲。

其次，商品期货是良好的保值工具。经济危机以来，各国为刺激经济纷纷放松银根，造成流动性过剩，通货膨胀压力增大。而期货合约的背后是现货资产，期货价格也会随着投资者的通胀预期而水涨船高。因此，持有商品期货合约能够在一定程度上抵消通货膨胀的影响。特别是贵金属期货，能够以比投资现货低得多的成本来为投资者实现资产保值。

最后，将期货纳入投资组合能够实现更好的风险—收益组合。期货的交易方式更加灵活，能够借助金融工程的方法与其他资产创造出更为灵活的投资组合，从而满足不同风险偏好的投资者的需求。投资者不仅可以利用期货降低组合的风险，同样利用期货增加投资组合的风险度，增强进攻性以获得更高的收益。例如，对于一个持有股票的投资者，当预期股指上涨之时，可以买入期货增强投资组合的 β 系数。当指数上行，则不但组合本身能获取收益，期货多头头寸同样能带来收益；当投资者预期股指下跌之时，可以做空期货降低 β 系数，且期货沽空头寸大于股票头寸，这样在下跌行情也是进攻性的头寸，股票价格下降不但保护了原有组合资产，同时还能获取一定的收益。

四 期货及衍生品市场的作用

期货市场的作用是期货市场基本功能的外在表现，其发挥的程度依赖于社会、经济、政治等外部条件的完善程度。我国正在进行市场经济体制改革，综合来看，期货市场的作用是多元的、综合的，可分为宏观和微观两个层面。

（一）期货市场在宏观经济中的作用

1. 提供分散、转移价格风险的工具，有助于稳定国民经济

期货品种涉及农产品、金属、能源、金融等行业，而这些行业在国民经济中都处于举足轻重的地位。期货市场为这些行业提供了分散、转移价格风险的工具，有利于减缓价格波动对行业发展的不利影响，有助于稳定国民经济。例如，以芝加哥期货交易所（CBOT）为代表的农产品期货市场促进了美国农业生产结构的调整，保证了农产品价格的基本稳定；美国芝加哥商业交易所（CME）和芝加哥期权交易所（CBOE）为国债和股市投资者提供了避险的工具，促进债市和股市的平稳运行。

2. 为政府制定宏观经济政策提供参考依据

为了促进和引导国民经济的快速增长与协调发展，政府需要制定一系列的宏观经济政策。关系国计民生的重要商品物资的供求状况及价格趋势是政府制定宏观经济政策所重点关注的。由于现货市场的价格信息具有短期性的特点，仅反映一个时点的供求状况，以此做参考制定的政策具有滞后性。通过现时的市场价格指导未来的生产或者进行产业结构调整，经常造成下一阶段市场供求失衡，容易产生社会生产盲目扩张或收缩，造成社会资源极大浪费。而期货交易是通过对大量信息进行加工，进而对远期价格进行预测的一种竞争性经济行为。它所形成的未来价格信号能反映多种生产要素在未来一定时期的变化趋势，具有超前性。政府可以依据期货市场的价格信号确定和调整宏观经济政策，引导工商企业调整生产经营规模和方向，使其符合国家宏观经济发展的需要。例如上海期货交易所的铜、铝、锌等期货报价已经为国家和行业所认可，成为资源定价的依据，并在国际上产生了影响，充分体现了期货市场的价格发现功能。

3. 促进本国经济的国际化

随着现代科学技术的发展和社会生产力的提高，许多市场经济国家都在努力寻找突破现货市场的地域分割和相关贸易政策限制的方法，促进本国经济的国际化发展。标准化的期货合约交易，为期货交易成为全球无差别性的交易方式提供了条件。同时，期货交易具有公开、公平、公正的特点，市场透明度高，形成的价格是国际贸易中的基准价格，使期货市场成为各个国家合理配置资源的基础。利用期货市场能够把国际、国内两个市场联系起来，促进本国经济的国际化发展。

4. 有助于市场经济体系的完善

现代市场经济体系是相互关联、有机结合的市场群体，不仅包括消费资料和生产资料等商品市场，也包括劳务、技术、信息、房地产等生产要素市场以及包括证券、期货市场在内的金融市场。其中，期货市场是市场经济发展到一定历史阶段的产物，是市场体系中的高级形式。市场体系在现代的发展和创新主要表现为期货市场的发展和创新。从20世纪70年代的金融期货创新到80年代的期权交易的广泛开展，都表现出期货市场发展和创新的强劲势头。从另一个角度讲，现货市场和期货市场是现代市场体系的两个重要组成部分，建立由现货市场和期货市场共同构成的现代市场体系，能够真正发挥市场机构的全面的基础性调节作用。同时，期货市场的形成和高效、安全运行大大增强了金融市场与商品市场的关联度，提高了市场体系的运行效率，降低了市场交易成本，提高了市场机制优化经济资源配置的能力。因此，期货市场有助于现代化市场经济体系的完善。

（二）期货市场在微观经济中的作用

1. 锁定生产成本，实现预期利润

利用期货市场进行套期保值，可以帮助生产经营者规避现货市场的价格风险，达到锁定生产成本、实现预期利润的目的，避免企业生产活动受到价格波动的干扰，保证生产活动的平稳进行。在美国，大多数农场主通过直接或间接进入期货市场进行套期保值交易。在我国，随着市场经济体制的逐步完善，企业面临的市场风险增大，许多企业开始利用期货市场进行套期保值交易。中粮集团、五矿集团、中纺集团、黑龙江农垦、江西铜业、西部矿业等大型国有企业多年利用期货市场开展套期保值业务，取得了很好的经济效益。

2. 利用期货价格信号，组织安排现货生产

期货市场具有价格发现的功能，对现货商品的未来价格走势有一定的预期性，利用期货市场的价格信号，有助于生产经营者调整相关产品的生产计划，避免生产的盲目性。例如，目前我国大连商品交易所大豆期货价格对东北大豆生产区的生产以及大豆产业都起到重要的指导作用，成为全国大豆市场的主导价格；黑龙江等大豆主产区自 1997 年开始参考大连商品交易所大豆期货价格安排大豆生产，确定大豆种植面积；上海期货交易所的铜、铝、锌等期货价格已经成为有色金属行业的定价基准；郑州商品交易所的白糖、棉花、小麦等期货价格的权威性也日益显现。

3. 期货市场拓展现货销售和采购渠道

现货市场交易存在的最大问题之一，就是合同兑现率不高，信用风险大。原因主要是交易双方单个、分散签约，缺乏履约的约束力，往往是一方违约，不仅给对方造成损失，而且形成债务链。期货交易集中竞价，市场组织化和规范化程度高，进场交易的必须是交易所的正式会员，这些会员都经过严格的信用审查，并缴纳一定的履约保证金，加之交易所也负有履约担保的责任，因而使合约的履行有了切实的保证。在现货市场发展不完善的情况下，持有或需要现货的生产经营者利用期货市场进行实物交割，可以弥补现货市场流通功能的不足。企业通过期货市场销售和采购现货，最大好处是严格履约，资金安全，质量保证，库存降低，节约采购费用。

第二章
期货市场组织结构与投资者

期货市场由期货交易所、期货结算机构、期货中介与服务机构、期货投资者、期货监督管理机构与行业自律机构组成。其中，期货中介与服务机构包括期货公司、介绍经纪商、期货保证金存管银行、交割仓库等。

第一节　期货交易所

一　性质与职能

期货交易所是为期货交易提供场所、设施、相关服务和交易规则的机构。它自身并不参与期货交易。在现代市场经济条件下，期货交易所已成为具有高度系统性和严密性、高度组织化和规范化的交易服务组织。期货交易所致力于创造安全、有序、高效的市场机制，以营造公开、公平、公正和诚信透明的市场环境与维护投资者的合法权益为基本宗旨。期货交易所的职能都围绕上述宗旨展开。

期货交易所通常具有以下 5 个重要职能。

（一）提供交易的场所、设施和服务

期货交易实行场内交易，即所有买卖指令必须在交易所内进行集中竞价成交。因此，期货交易所必须为期货交易提供交易场所、必要的设施、先进的通信设备、现代化的信息传递和显示设备等一整套硬件设施，再辅之以完备、周到的配套服务，以保证集中公开的期货交易能够有序运行。

（二）设计合约、安排合约上市

制定标准化合约、及时安排合约上市是期货交易所的主要职能之一。期货交易所应结合市场需求开发期货品种，精心设计并选择合适的时间安排新的期货合约上市，增强期货市场服务国民经济的功能；同时，科学合理地设计合约的具体条款，满足交易者的投资需求，并安排合约的市场推广。

（三）制定并实施期货市场制度与交易规则

根据国务院颁布的《期货交易管理条例》及中国证监会发布的《期货交易所管理办法》等法规，交易所建立了交易运作和市场管理的规章制度体系。期货交易所通过制定保证金制度、涨跌停板制度、持仓限额制度、大户持仓报告制度、强行平仓制度、当日无负债结算制度、风险准备金制度等一系列制度，从市场的各个环节控制市场风险，保障期货市场的平稳、有序运行。

在上述制度的基础上，交易所进一步强化和细化管理，建立健全统一的期货交易规则，包括交易、风险控制、结算、交割、违约情况管理、信息管理等管理细则，以保证买卖双方交易行为的规范化，保证期货交易顺畅运行。

（四）组织并监督期货交易，监控市场风险

在制定相关期货市场制度与交易规则的基础上，期货交易所组织并

监督期货交易，通过实时监控、违规处理、市场异常情况处理等措施，保障相关期货市场制度和交易规则的有效执行，动态监控市场的风险状况，并及时化解与防范市场风险。

（五）发布市场信息

期货交易所须及时把本交易所内形成的期货价格和相关信息向会员、投资者及公众公布，以保证信息的公开透明。

二 组织结构

期货交易所的组织形式一般分为会员制和公司制两种。无论是会员制还是公司制期货交易所，其职能基本相同，都是为期货合约集中竞价交易提供场所、设施、服务、交易规则的机构。进入交易所场内交易，或者利用交易所交易系统交易，都必须获得会员资格，即只有会员有权在交易所进行交易；期货交易所内均设有各种业务部门；交易所都要接受期货监督管理机构的管理和监督。

（一）会员制期货交易所

会员制期货交易所是由全体会员共同出资组建，缴纳一定的会员资格费作为注册资本，以其全部财产承担有限责任的非营利性法人。

1. 组织架构

会员制期货交易所一般设有会员大会、理事会、专业委员会、经营管理层和业务管理部门。其中，会员大会由会员制期货交易所的全体会员组成，它是会员制期货交易所的最高权力机构。理事会是会员大会的常设机构，对会员大会负责，执行会员大会决议。按照国际惯例，理事会由交易所全体会员通过会员大会选举产生。

理事会可根据需要下设若干专门委员会，一般由理事长提议，经理事会同意设立。一般设置监察、交易、会员资格审查、调解、财务、技术等专门委员会。

总经理是负责期货交易所日常经营管理工作的高级管理人员。

期货交易所根据工作职能需要设置相关业务部门，一般包括交易、交割、研究发展、市场开发、财务等部门。

2. 会员资格的获取

只有取得会员资格才能进入期货交易所场内交易。会员制期货交易所的出资者也是期货交易所的会员，享有直接进场进行期货交易的权利。会员制期货交易所会员资格的获取方式有多种，主要是：以交易所创办发起人的身份加入，接受发起人的资格转让加入，接受期货交易所其他会员的资格转让加入和依据期货交易所的规则加入。

3. 会员的基本权利与义务

交易所会员的基本权利包括：参加会员大会，行使表决权、申诉权；在期货交易所内进行期货交易，使用交易所提供的交易设施、获得期货交易的信息和服务；按规定转让会员资格，联名提议召开临时会员大会等。

会员应当履行的主要义务包括：遵守国家有关法律、法规、规章和政策；遵守期货交易所的章程、业务规则及有关决定；按规定缴纳各种费用；执行会员大会、理事会的决议；接受期货交易所的业务监管等。

（二）公司制期货交易所

公司制期货交易所通常由若干股东共同出资组建，以营利为目的，股份可以按照有关规定转让，其盈利来自从交易所进行的期货交易中收取的各种费用。

1. 组织架构

公司制期货交易所一般下设股东大会、董事会、监事会（或监事）及高级管理人员，他们各负其责，相互制约。

其中，股东大会由全体股东共同组成，是公司制期货交易所的最高权力机构。股东大会就公司的重大事项做出决议。

董事会是公司制期货交易所的常设机构，行使股东大会授予的权力，对股东大会负责，执行股东大会决议。

监事会（或监事）对股东大会负责，对公司财务以及公司董事、经理等高级管理人员履行职责的合法性进行监督，维护公司及股东的合法权益。

总经理是负责期货交易所日常经营管理工作的高级管理人员。他对董事会负责，由董事会聘任或解聘。

公司制期货交易所还设有一些业务部门，和会员制期货交易所基本相同，这里不再赘述。

2. 会员资格

与会员制期货交易所类似，在公司制期货交易所内进行期货交易，使用期货交易所提供的交易设施，必须获得会员资格。

（三）会员制和公司制期货交易所的主要区别

在国际上，会员制和公司制期货交易所的区别一般表现为三个方面。

1. 是否以营利为目标

会员制期货交易所通常不以营利为目标；公司制期货交易所通常以营利为目标，追求交易所利润最大化。

2. 适用法律不同

会员制期货交易所一般适用民法的有关规定；公司制期货交易所首先适用公司法的规定，只有在公司法未作规定的情况下，才适用民法的一般规定。

3. 决策机构不同

会员制期货交易所的权力机构是会员大会，公司制期货交易所的权力机构是股东大会。会员制期货交易所权力机构的常设机构是理事会，公司制期货交易所权力机构的常设机构是董事会。

三　我国境内期货交易所

我国境内现有郑州商品交易所、大连商品交易所、上海期货交易所和中国金融期货交易所四家期货交易所。

（一）我国境内期货交易所的组织形式

按照《期货交易管理条例》的规定，期货交易所可以采取会员制或公司制的组织形式。会员制期货交易所的注册资本划分为均等份额，由会员出资认缴。公司制期货交易所采用股份有限公司的组织形式。在我国境内期货交易所中，上海期货交易所、大连商品交易所和郑州商品交易所是会员制期货交易所；中国金融期货交易所是公司制期货交易所。

《期货交易管理条例》规定，我国期货交易所不以营利为目的，按照其章程的规定实行自律管理。期货交易所以其全部财产承担民事责任。因此，尽管境内期货交易所在组织形式上有公司制和会员制之分，但均不以营利为目的。

（二）我国境内期货交易所的会员管理

在国际上，交易所会员往往有自然人会员与法人会员之分、全权会员与专业会员之分、结算会员与非结算会员之分等。欧美国家会员以自然人为主。

境内期货交易所会员应当是在中华人民共和国境内登记注册的企业法人或者其他经济组织。取得期货交易所会员资格，应当经期货交易所批准。

期货交易所对会员实行总数控制。只有成为交易所的会员，才能取得场内交易席位，在期货交易所进行交易。非会员则须通过期货公司代理交易。

会员制期货交易所会员享有的权利有：参加会员大会，行使选举权、被选举权和表决权；在期货交易所从事规定的交易、结算和交割等业务；使用期货交易所提供的交易设施，获得有关期货交易的信息和服务；按规定转让会员资格；联名提议召开临时会员大会；按照期货交易所章程和交易规则行使申诉权；期货交易所章程规定的其他权利。会员制期货交易所会员应当履行的义务包括：遵守国家有关法律、行政法规、规章和政策；遵守期货交易所的章程、交易规则及其实施细则及有关决定；按规定缴纳各种费用；执行会员大会、理事会的决议；接受期货交易所监督管理。

公司制期货交易所会员享有的权利包括：在期货交易所从事规定的交易、结算和交割等业务；使用期货交易所提供的交易设施，获得有关期货交易的信息和服务；按照交易规则行使申诉权；期货交易所交易规则规定的其他权利。公司制期货交易所会员应当履行的义务包括：遵守国家有关法律、行政法规、规章和政策；遵守期货交易所的章程、交易规则及其实施细则和有关决定；按规定缴纳各种费用；接受期货交易所监督管理。

（三）我国境内期货交易所概况

1. 上海期货交易所（简称上期所）

1998 年 8 月，上海期货交易所由上海金属交易所、上海粮油商品交易所和上海商品交易所合并组建而成，于 1999 年 12 月正式营运。上海期货交易所上市交易的主要品种有铜、铝、锌、铅、螺纹钢、线材、热轧卷板、天然橡胶、黄金、白银、燃料油、石油沥青、锡、镍期货等。

2. 郑州商品交易所（简称郑商所）

郑州商品交易所是在郑州粮食批发市场的基础上发展起来的，成立于 1990 年 10 月 12 日。最初开展即期现货交易，之后开展现货远期交易，1993 年 5 月 28 日正式推出标准化期货合约，实现由现货远期到期货的转变。郑州商品交易所上市交易的主要品种包括棉花、白糖、精对苯二甲酸（PTA）、菜籽油、小麦、早籼稻、甲醇、动力煤、玻璃、油菜籽、菜籽粕、粳稻、晚籼稻、铁合金、棉纱、苹果期货等。除此之外，还在白糖期货合约的基础上，上市了白糖期权。

3. 大连商品交易所（简称大商所）

大连商品交易所成立于1993年2月28日。大连商品交易所上市交易的主要品种有玉米、黄大豆、豆粕、豆油、棕榈油、线型低密度聚乙烯（LLDPE）、聚氯乙烯（PVC）、聚丙烯、焦炭、焦煤、铁矿石、鸡蛋、胶合板、纤维板、玉米淀粉期货等。除此之外，还在豆粕期货合约的基础上，上市了豆粕期货期权。

4. 中国金融期货交易所（简称中金所）

中国金融期货交易所是经国务院同意、中国证监会批准，由上海期货交易所、郑州商品交易所、大连商品交易所、上海证券交易所和深圳证券交易所共同发起设立的金融期货交易所。中国金融期货交易所于2006年9月8日在上海成立，注册资本为5亿元人民币。中国金融期货交易所上市交易的是金融期货品种，目前主要品种是沪深300股指期货、5年期国债期货、10年期国债期货、上证50股指期货和中证500股指期货。

中国期货市场上市品种见表2-1。

表2-1　截至2017年12月31日中国期货市场上市品种

交易所	上市品种
上海期货交易所	铜、铝、锌、铅、镍、锡、黄金、白银、线材、螺纹钢、热轧卷板、燃料油、石油沥青、天然橡胶期货
郑州商品交易所	优质强筋小麦、普通小麦、棉花、白糖、精对苯二甲酸（PTA）、油菜籽、菜籽油、菜籽粕、早籼稻、甲醇、玻璃、动力煤、粳稻、晚籼稻、铁合金、棉纱、苹果期货，白糖期货期权
大连商品交易所	黄大豆1号、黄大豆2号、豆油、豆粕、玉米、玉米淀粉、棕榈油、鸡蛋、胶合板、线型低密度聚乙烯（LLDPE）、聚氯乙烯（PVC）、聚丙烯、焦炭、焦煤、铁矿石、纤维板期货，豆粕期货期权
中国金融期货交易所	沪深300股指期货、5年期国债期货、10年期国债期货、上证50股指期货、中证500股指期货

我国场内衍生品除了可以在上述四家期货交易所进行交易外，还可

以在经国务院及其衍生品监督管理部门批准的场所交易。2015 年 2 月 9 日，上海证券交易所上市了上证 50ETF 期权。

第二节 期货结算机构

一 性质与职能

期货结算机构是负责交易所期货交易的统一结算、保证金管理和结算风险控制的机构。其主要职能包括：担保交易履约、结算交易盈亏和控制市场风险。

（一）担保交易履约

当期货交易成交之后，买卖双方缴纳一定的保证金，结算机构就承担起保证每笔交易按期履约的责任。交易双方并不发生直接关系，只和结算机构发生关系，结算机构成为所有合约卖方的买方和所有合约买方的卖方。如果交易者一方违约，结算机构将先代替其承担履约责任，由此可大大降低交易的信用风险。

也正是由于结算机构代替了原始对手，结算会员及其客户才可以随时对冲合约而不必征得原始对手的同意，使得期货交易的对冲平仓方式得以实施。

（二）结算交易盈亏

结算交易盈亏是指每一交易日结束后，期货结算机构对会员的盈亏进行计算和资金划拨。计算完成后，采用发放结算单或电子传输等方式向会员提供当日盈亏等结算数据，会员以此作为对客户结算的依据。

（三）控制市场风险

结算机构担保履约，往往是通过对会员保证金的结算和动态监控实现的。在此过程中，尽管市场状况一直是不断变化的，但结算机构要求会员保证金一直处于规定的水平之上。当市场价格不利变动导致亏损使会员保证金不能达到规定水平时，结算机构会向会员发出追加保证金的通知。会员收到通知后必须在下一交易日规定时间内将保证金缴齐，否则结算机构有权对其持仓进行强行平仓。结算机构通过对会员保证金的管理、控制而有效控制市场风险，以保证期货市场平稳运行。

二 期货结算机构的形式

根据期货结算机构与期货交易所的关系不同，一般可分为两种形式：

第一，结算机构是某一交易所的内部机构，仅为该交易所提供结算服务。这种形式使得结算机构直接受控于交易所，便于交易所掌握市场参与者的资金情况，可以根据交易者的资金和头寸情况及时控制市场风险。该种结算机构的风险承担能力是有限的。

第二，结算机构是独立的结算公司，可为一家或多家期货交易所提供结算服务。这种形式可保持交易和结算的相对独立性，有针对性地防止某些期货交易所在利益驱动下可能出现的违规行为。因为交易所和结算机构各为独立法人，所以需要付出一定的沟通和协调成本。

目前，我国采取第一种形式。

三 期货结算制度

国际上，结算机构通常采用分级结算制度，即只有结算机构的会员才能直接得到结算机构提供的结算服务，非结算会员只能由结算会员提供结算服务。这种分级结算制度使期货结算大致可分为三个层次。第一个层次是由结算机构对结算会员进行结算，结算会员是交易所会员中资金雄厚、信誉良好的期货公司或金融机构；第二个层次是结算会员与非结算会员或者结算会员与结算会员对其所代理客户之间的结算；第三个层次是非结算会员对非结算会员对其所代理客户的结算。

这种金字塔形的分级结算制度通过建立多层次的会员结构，逐级承担化解期货交易风险的作用，形成多层次的风险控制体系，提高了结算机构整体的抗风险能力。因此，这种分级结算制度有利于建立期货市场风险防范的防火墙。

自 2008 年美国金融危机发生后，交易所为场外衍生品交易提供结算服务，成为发展的新趋势。

四 我国境内期货结算机构与结算制度

我国境内四家期货交易所的结算机构均是交易所的内部机构，因此期货交易所既提供交易服务，也提供结算服务。这意味着我国境内期货交易所除了具有组织和监督期货交易的职能外，还具有下述职能：组织并监督结算和交割，保证合约履行；监督会员的交易行为；监管指定交割仓库。正是从这个意义上，我国境内期货交易所兼具期货结算职能。

我国境内期货结算制度分为全员结算制度和会员分级结算制度两种类型。

（一）全员结算制度

全员结算制度是指期货交易所会员均具有与期货交易所进行结算的资格，期货交易所的会员均既是交易会员，也是结算会员，没有结算会员与非结算会员之分。在全员结算制度下，期货交易所对会员进行结算，会员对其受托的客户结算。郑州商品交易所、大连商品交易所和上海期货交易所实行全员结算制度。

实行全员结算制度的期货交易所会员由期货公司会员和非期货公司会员组成。期货公司会员按照中国证监会批准的业务范围开展相关业务，可以代理客户进行期货交易；非期货公司会员不得从事《期货交易管理条例》规定的期货公司业务。

（二）会员分级结算制度

在会员分级结算制度下，期货交易所将交易所会员区分为结算会员与非结算会员。结算会员与非结算会员是根据会员能否直接与期货交易所进行结算来划分的。结算会员具有与交易所进行结算的资格；非结算会员不具有与期货交易所进行结算的资格。在会员分级结算制度下，期货交易所对结算会员结算，结算会员对非结算会员结算，非结算会员对其受托的客户结算。

1. 中国金融期货交易所的会员分级结算制度

中国金融期货交易所采取会员分级结算制度。

在中国金融期货交易所，按照业务范围，会员分为交易会员、交易结算会员、全面结算会员和特别结算会员四种类型。其中，交易会员不具有与交易所进行结算的资格，它属于非结算会员。交易结算会员、全面结算会员和特别结算会员均属于结算会员。结算会员具有与交易所进行结算的资格。交易结算会员只能为其受托客户办理结算、交割业务。全面结算会员既可以为其受托客户，也可以为与其签订结算协议的交易会员办理结算、交割业务。特别结算会员只能为与其签订结算协议的交易会员办理结算、交割业务。结算会员权限不同，交易所对其资本金、盈利状况、经营合法性等方面的要求不同。结算权限越大，相应的资信要求就越高。

2. 结算担保金制度

根据《期货交易管理条例》，实行会员分级结算制度的期货交易所应当配套建立结算担保金制度。结算会员通过缴纳结算担保金实行风险共担。结算担保金，是指由结算会员依交易所规定缴存的，用于应对结算会员违约风险的共同担保资金。结算担保金由结算会员以自有资金向期货交易所缴纳，属于结算会员所有，用于应对结算会员违约风险。当市场出现重大风险时，所有结算会员都有义务共同承担市场风险，确保市场能够正常运行。结算担保金包括基础结算担保金和变动结算担保金。基础结算担保金，是指结算会员参与交易所结算交割业务必须缴纳的最低结算担保金数额；变动结算担保金是指结算会员结算担保金中超出基础结算担保金的部分，随结算会员业务量的变化而调整。结算担保金应当以现金形式缴纳。

第三节 期货中介与服务机构

本节将重点阐述期货公司这一期货中介机构，之后简要介绍经纪商、保证金存管银行、交割仓库、期货信息资讯机构等其他期货中介与服务机构。

一 期货公司

（一）期货公司的界定

期货公司，是指代理客户进行期货交易并收取交易佣金的中介组织。期货公司作为场外期货交易者与期货交易所之间的桥梁和纽带，其主要职能包括：根据客户指令代理买卖期货合约、办理结算和交割手续；对客户账户进行管理，控制客户交易风险；为客户提供期货市场信息，进行期货交易咨询，充当客户的交易顾问；为客户管理资产，实现财富管理等。

（二）期货公司的性质与特征

期货公司属于非银行金融机构。非银行金融机构是指银行以外的各种经营金融业务的信用机构，主要包括保险公司、期货公司、信用合作社、消费信用机构、信托投资公司（有些国家也称为金融公司）等机构。

与其他金融机构相比，期货公司具有明显的差异性：第一，期货公司是依托从商品、资本、货币市场等衍生出来的市场提供风险管理服务的中介机构。第二，期货公司具有独特的风险特征，客户的保证金风险往往成为期货公司的重要风险源。期货市场实行保证金制度，客户资产面临较大的风险，而期货公司通过当日无负债结算来确保客户履约，一旦出现保证金不足而客户无法履约时，期货公司必须以自有资金弥补保证金的不足，此时客户的风险就成为期货公司的风险。第三，期货公司高度重视客户利益，面临双重代理关系，即公司股东与经理层的委托代理问题以及客户与公司的委托代理问题。期货公司应在充分保障客户利润最大化的前提下，争取为公司股东创造最大价值。

（三）期货公司的业务类型

1. 期货经纪业务

期货经纪业务是指期货公司通过自己的交易通道代理客户进行期货交易，并收取交易佣金的中介业务。期货公司从事经纪业务，必须接受客户委托，以自己的名义为客户进行期货交易，交易结果由客户承担。国内期货公司可依法从事商品期货经纪业务，从事金融期货经纪、境外期货经纪业务，需要取得相应的业务资格。

期货经纪业务属于期货公司的传统业务，交易佣金是期货公司业务收入的重要来源。期货公司开展经纪业务，应为客户提供交易、结算、风险管理、行情资讯、信息咨询等相应配套服务。期货经纪业务的开展和有序竞争，有利于期货市场规模的扩大和期货市场功能的有效发挥。

2. 期货投资咨询业务

期货投资咨询业务是指基于客户委托，取得期货投资咨询资格的期货公司可以向客户提供风险管理顾问服务、信息研究分析服务、交易咨询服务等业务，并收取相应的咨询费用。

期货投资咨询业务主要有：①协助客户建立风险管理制度、操作流程，提供风险管理咨询、专项培训等风险管理顾问服务；②收集整理期货市场信息及各类相关经济信息，研究分析期货市场及相关现货市场的价格及其相关影响因素，制作、提供研究分析报告或者资讯信息的研究分析服务；③为客户设计套期保值、套利等投资方案，拟定期货交易策略等交易咨询服务。

3. 资产管理业务

资产管理业务是指期货公司可以接受客户委托，根据《期货公司监督管理办法》《私募投资基金监督管理暂行办法》规定和合同约定，运用客户资产进行投资，并按照合同约定收取费用或者报酬的业务活动。资产管理业务的投资收益由客户享有，损失由客户承担。期货公司从事资产管理业务，应当与客户签订资产管理合同，通过专门账户提供服务。期货公司可以依法为单一客户办理资产管理业务，也可依法为特定多个客户办理资产管理业务。

资产管理业务的投资范围包括：一是期货、期权及其他金融衍生品；二是股票、债券、证券投资基金、集合资产管理计划、央行票据、短期融资券、资产支持证券等；三是中国证监会认可的其他投资品种。资产管理业务的投资范围应当遵守合同约定，不得超出前款规定的范围，且应当与客户的风险认知与承受能力相匹配。

期货公司及其从业人员从事资产管理业务时，不得以欺诈手段或者其他不当方式误导、诱导客户；不得向客户做出保证其资产本金不受损失或者取得最低收益的承诺；接受客户委托的初始资产不得低于中国证监会规定的最低限额；不得占用、挪用客户委托资产；不得以转移资产管理账户收益或者亏损为目的，在不同账户之间进行买卖，损害客户利益；不得以获取佣金或者其他利益为目的，使用客户资产进行不必要的交易；不得利用管理的客户资产为第三方谋取不正当利益，进行利益输送；不得从事法律、行政法规以及中国证监会规定禁止的其他行为。

期货公司及其子公司开展资产管理业务应依法登记备案，向中国期货业协会履行登记手续，期货公司“一对多”资产管理业务还应满足《私募投资基金监督管理暂行办法》中关于投资者适当性和托管的有关要求，资产管理计划应当通过中国证券投资基金业协会私募基金登记备案系统进行备案。

4. 风险管理业务

期货公司通过成立风险管理公司，为商业实体、金融机构、投资机构等法人或组织、高净值自然人客户提供适当风险管理服务和产品的业务模式。作为期现结合的一种模式，该业务实行备案制并自 2012 年开始试点。试点业务类型包括基差交易、仓单服务、合作套保、定价服务、做市业务、其他与风险管理服务相关的业务，并对不同类型业务实施分类管理。

（四）期货公司的功能与作用

期货公司的功能主要体现为：

第一，期货公司作为衔接场外期货交易者与期货交易所之间的桥梁和纽带，降低了期货市场的交易成本。期货公司代理期货交易后，期货交易所、期货公司与非期货公司会员、交易者之间就形成了期货交易所服务期货公司与非期货公司会员、期货公司服务数量众多的交易者的专业分工，这种分工比期货交易所直接面对数量众多的交易者、对交易者的审核、撮合、结算、交割均由交易所完成更为高效，因此降低了期货交易成本。此外，期货市场的特定交易安排与结算制度，即通过结算，买卖双方不需要了解对手的资信情况，也使得期货交易安排本身也会较其他交易方式交易成本大幅降低。

第二，期货公司可以降低期货交易中的信息不对称程度。期货公司通过客户开发、开户、交易、信息服务和风险管理环节将有市场需求、有风险承受能力、资信水平较高的客户尽可能吸引到期货市场内，并通过专业化的市场信息、交易咨询、风险管理、资产管理等服务实现规模经营，为整个市场的投资者服务，降低了客户的信息不对称状况，最大限度地避免逆向选择的发生。

第三，期货公司可以高效率地实现转移风险的职能，并通过结算环节防范系统性风险的发生。期货市场因现货市场风险对冲的需求而产生，期货公司通过各种业务、技术和管理手段，将空间和时间两个维度的风险分散到市场中那些愿意承担风险的经济体当中去，分散、转移、控制金融、经济及社会活动中的各种风险，优化了风险的资源配置。期货公司凭借其在期货市场中的地位，促使这种风险转移更有效率地实现。

第四，期货公司可以通过专业服务实现资产管理的职能。期货公司通过资产管理计划，合理地将期货、期权等衍生工具和股票、债券、基金等基础资产有效结合，可以增强产品设计和产品配置的灵活性，更为主动地、低成本地为不同偏好、不同承受能力和不同回报要求的投资者提供更丰富的投资理财产品，优化了财富管理的投资策略，满足客户需要，实现了财富增值管理。这些产品不仅包括为中小客户设计的投资性理财产品、为机构投资者开发的资产配置类产品，还包括为特定企业提供的风险管理类产品。

随着期货公司业务范围的拓展，期货公司在衍生品市场开发、企业风险管理、客户资产管理、金融产品创新等方面的作用日益突出。

（五）期货公司的风险管理制度与相关要求

1. 完善的期货公司治理结构

期货公司是现代公司的一种表现形式，首先遵循《中华人民共和国公司法》（以下简称《公司法》）关于公司治理结构的一般要求：建立由期货公司股东会、董事会、监事会、经理层和公司员工组成的合理的公司治理结构；明确股东会、董事会、监事会、经理层的职责权限，完善决策程序，形成协调高效、相互制衡的制度安排；确立董事、监事、高级管理人员的义务和责任。

期货市场实行保证金制度，具有高风险高收益的特点，期货公司作为专门从事风险管理的金融机构，对投资者利益保护、市场稳定有重要影响。《期货公司监督管理办法》明确规定，期货公司应当按照明晰职责、强化制衡、加强风险管理的原则，建立并完善公司治理。因此，风险防范成为期货公司法人治理结构建立的立足点和出发点，风险控制体系成为公司法人治理结构的核心内容。

（1）期货公司独立性的要求。期货公司与控股股东、实际控制人之间保持经营独立、管理独立和服务独立。经营独立是指期货公司与其控股股东、实际控制人在业务、人员、资产、财务等方面应当严格分开，独立经营，独立核算；管理独立是指期货公司的控股股东、实际控制人不得超越期货公司股东会或董事会任免期货公司的董事、监事、高级管理人员，或者非法干预期货公司经营管理活动；服务独立是指期货公司向股东、实际控制人及其关联人提供服务，不得降低风险管理要求。期货公司的股东、实际控制人和其他关联人不得滥用权力，不得占用期货公司资产或者挪用客户资产，不得侵害期货公司、客户的合法权益。

（2）设定股东及实际控制人与期货公司之间出现重大事项时的通知义务：当期货公司的股东及实际控制人出现重大事项时，应当在规定时间内通知期货公司；当期货公司出现重大事项时，应当立即书面通知全体股东，并向期货公司住所地的中国证监会派出机构报告。

（3）设立董事会和监事会（或监事）。期货公司应当设立董事会，并按照《公司法》的规定设立监事会（或监事），切实保障监事会和监事对公司经营情况的知情权。期货公司可以设立独立董事，期货公司的独立董事不得在期货公司担任董事会以外的职务，不得与本期货公司存在可能妨碍其做出独立、客观判断的关系。

（4）设立首席风险官。期货公司应当设首席风险官，对期货公司经营管理行为的合法合规性、风险管理进行监督、检查。首席风险官发现涉嫌占用、挪用客户保证金等违法违规行为或者可能发生风险的，应当立即向住所地中国证监会派出机构和公司董事会报告。期货公司拟解聘首席风险官的，应当有正当理由，并向住所地中国证监会派出机构报告。

2. 建立有效的期货公司风险管理制度

期货公司风险管理制度的建立既要满足期货市场风险管理体系的要求，有效实施动态风险监控，又要符合《期货交易管理条例》相关要求，切实有效保护客户资产。期货公司风险管理制度的建立，主要是按照审慎经营的原则，健全风险防范的管理制度，从而有效执行风险管理、内部控制、期货保证金存管等业务制度及相关流程，保持财务稳健，确保客户的交易安全和公司资产安全。从实践来看，我国期货公司已经建立了一套行之有效的、与期货市场风险管理体系相匹配的动态风险管理制度。

期货公司风险管理制度主要体现为：

（1）期货公司应建立与风险监管指标相适应的内控制度，建立以净资本为核心的动态风险监控和资本补足机制，确保净资本等风险监管指标持续符合标准。

（2）期货公司应严格执行保证金制度，客户保证金全额存放在期货保证金账户和期货交易所专用结算账户内，并按照保证金存管监控的规定，及时向保证金存管监控中心报送真实的信息。严禁给客户透支交易，客户保证金不足时，应当及时追加保证金或者自行平仓，客户未在期货公司规定时间内及时追加保证金或者自行平仓的，期货公司应当强行平仓。

（3）期货公司应当建立独立的风险管理系统，规范、完善的业务操作流程和风险管理制度。合理设置业务部门及其职能，建立岗位责任制度，不相容岗位应当分离。交易、结算、财务业务应当由不同部门和人员分开办理。期货公司应当设立风险管理部门或者岗位，管理和控制期货公司的经营风险。期货公司应设立合规审查部门或者岗位，审查和稽核期货公司经营管理的合法合规性。这些方面均从不同角度体现了期货公司对风险的控制能力和管理能力。

3. 期货公司对分支机构的管理

期货公司对营业部、分公司等分支机构的管理包括三个层次：一是期货公司应当对分支机构实行集中统一管理，不得与他人合资、合作经营管理分支机构，不得将分支机构承包、租赁或者委托给他人经营管理。二是分支机构经营的业务不得超出期货公司的业务范围，并应当符合中国证监会对相关业务的规定。三是期货公司对营业部实行“四统一”。所谓“四统一”，是指期货公司应当对营业部实行统一结算、统一风险管理、统一资金调拨、统一财务管理和会计核算。期货公司可根据需要设置不同规模的营业部。

二 介绍经纪商

在我国，期货投资者还可通过介绍经纪商协助开立期货账户。介绍经纪商（Introducing Broker，简称 IB）这一名称源于美国，在国际上既可以是机构，也可以是个人，但一般都以机构的形式存在。IB 是指机构或个人接受期货经纪商委托，介绍客户给期货经纪商并收取一定佣金的业务。

在我国，为期货公司提供中间介绍业务的证券公司就是介绍经纪商。证券公司受期货公司委托，可以将客户介绍给期货公司，并为客户开展期货交易提供一定的服务，期货公司因此向证券公司支付一定的佣金。这种为期货公司提供中间介绍业务的证券公司就是券商 IB。

根据《证券公司为期货公司提供中间介绍业务试行办法》，证券公司受期货公司委托从事中间介绍业务，应当提供下列服务：（1）协助办理开户手续；（2）提供期货行情信息和交易设施；（3）中国证监会规定的其他服务。证券公司不得代理客户进行期货交易、结算或交割，不得代期货公司、客户收付期货保证金，不得利用证券资金账户为客户存取、划转期货保证金。

证券公司从事介绍业务，应当与期货公司签订书面委托协议。委托协议应当载明下列事项：介绍业务的范围；执行期货保证金安全存管制度的措施；介绍业务对接规则；客户投诉的接待处理方式；报酬支付及相关费用的分担方式；违约责任；中国证监会规定的其他事项。

2012 年 10 月，我国已取消了券商 IB 业务资格的行政审批，证券公司为期货公司提供中间介绍业务实行依法备案。《期货公司监督管理办法》提出，期货公司可以按照规定委托其他机构或者接受其他机构委托从事中间介绍业务。这不仅允许证券公司成为期货公司的 IB，还允许期货公司成为证券公司的 IB。

目前，我国期货公司运作中使用期货居间人进行客户开发也是一条重要的渠道。期货居间人是指独立于期货公司和客户之外，接受期货公司委托进行居间介绍，独立承担基于居间法律关系所产生的民事责任的自然人或组织。其主要职责是介绍客户，即凭借手中的客户资源和信息渠道优势为期货公司和投资者“牵线搭桥”。居间人因从事居间活动付出的劳务，有按合同约定向公司获取酬金的权利。

居间人从事居间介绍业务时，应当客观、准确地宣传期货市场，不得向客户夸大收益宣传、降低风险告知、以期货居间人的名义从事期货居间以外的经纪活动等。居间人无权代理签订“期货经纪合同”，无权代签交易账单，无权代理客户委托下达交易指令，无权代理客户委托调拨资金，不能从事投资咨询和代理交易等期货交易活动。

需要注意的是，居间人与期货公司没有隶属关系，不是期货公司订立期货经纪合同的当事人。另外，期货公司的在职人员不得成为本公司和其他期货公司的居间人。

三　期货市场服务机构

（一）期货保证金存管银行

期货保证金存管银行（以下简称存管银行）属于期货服务机构，是由交易所指定、协助交易所办理期货交易结算业务的银行。经交易所同意成为存管银行后，存管银行须与交易所签订相应协议，明确双方的权利和义务，以规范相关业务行为。交易所有权对存管银行的期货结算业务进行监督。

期货保证金存管银行的设立是国内期货市场保证金封闭运行的必要环节，也是保障投资者资金安全的重要组织机构。我国四家期货交易所存在全员结算制度和会员分级结算制度两种制度，期货保证金存管银行享有的权利和应履行的义务在两种结算制度下略有差异。

（二）交割仓库

交割仓库是期货品种进入实物交割环节提供交割服务和生成标准仓单必经的期货服务机构。在我国，交割仓库是指由期货交易所指定的、为期货合约履行实物交割的交割地点。期货交易的交割，由期货交易所统一组织进行。期货交易所不得限制实物交割总量，并应当与交割仓库签订协议，明确双方的权利和义务。

为保障交割环节的有序运行，成为期货交易所的指定交割仓库，需要进行申请和审批。交割仓库享有一定的权利，并需承担相应的义务。

指定交割仓库的日常业务分为三个阶段：商品入库、商品保管和商品出库。指定交割仓库应保证期货交割商品优先办理入库、出库。

交割仓库不得有下列行为：出具虚假仓单；违反期货交易所业务规则，限制交割商品的入库、出库；泄露与期货交易有关的商业秘密；违反国家有关规定参与期货交易；国务院期货监督管理机构规定的其他行为。

（三）期货信息资讯机构

期货信息资讯机构主要提供期货行情软件、交易系统及相关信息资讯服务，是投资者进行期货交易时不可或缺的环节，也是网上交易的重要工具，其系统的稳定性、价格传输的速度对于投资者获取投资收益发挥着重要作用。现在，期货信息资讯机构正通过差异化信息服务和稳定、快捷的交易系统达到吸引客户的目的。

除了上述期货中介与服务机构外，会计师事务所、律师事务所、资产评估机构等服务机构向期货交易所和期货公司等市场相关参与者提供相关服务时，应当遵守期货法律、行政法规以及国家有关规定，并按照国务院期货监督管理机构的要求提供相关资料。

第四节 期货投资者

期货投资者是市场的主要参与者，机构投资者因为具有较强的资金实力、风险承受能力和专业投资能力，成为该市场的重要力量。

基于不同的分类方法，期货投资者可以分为不同类型。

根据进入期货市场的目的不同，期货投资者可分为套期保值者与投机者。套期保值者通过期货合约买卖活动以减小自身面临的、由于市场变化而带来的现货市场价格波动风险。商品期货的套期保值者通常是该商品的生产商、加工商、经营商或贸易商等，金融期货的套期保值者通常是金融市场的投资者、证券公司、银行、保险公司等金融机构或者进出口商等。投机者是指运用一定资金通过期货交易以期获取投资收益的投资者。他们通过预期某期货合约价格的未来走向，进行买卖操作以获取价格波动差额，当预期价格上涨时买入，预期价格下跌时卖出。

按照投资者是自然人还是法人划分，可分为个人投资者和机构投资者。

一 个人投资者

参与期货交易的自然人被称为个人投资者。为保障市场平稳、规范、健康运行，防范风险，保护投资者的合法权益，在金融期货和股票期权市场上，个人投资者参与交易均受到投资者适当性制度规定、规则所制约。

根据《金融期货投资者适当性制度实施办法》，个人投资者在申请开立金融期货交易编码前，需先由期货公司会员对投资者的基础知识、财务状况、期货投资经历和诚信状况等方面进行综合评估。具体条件如下：申请开户时保证金账户可用资金余额不低于人民币 50 万元；具备金融期货基础知识，通过相关测试；具有累计 10 个交易日、20 笔以上（含）的金融期货仿真交易成交记录，或者最近三年内具有 10 笔以上（含）的期货交易成交记录；不存在严重不良诚信记录；不存在法律、行政法规、规章和交易所业务规则禁止或者限制从事金融期货交易的情形。期货公司会员除按上述标准对投资者进行审核外，还应当按照交易所制定的投资者适当性制度操作指引，对投资者进行综合评估，不得为综合评估得分低于规定标准的投资者申请开立交易编码。

根据上海证券交易所《期货公司参与股票期权业务指南》，期货公司应严格执行股票期权投资者适当性管理制度，向客户全面介绍期权产品特征，充分揭示期权交易风险，对客户的适当性进行评估，并对客户实施交易权限分级管理。期货公司不得接受不符合投资者适当性标准的客户从事股票期权交易。

个人投资者参与期权交易，应满足资金、交易经历、风险承受能力、诚信状况等条件。具体应当符合下列条件：（1）申请开户时托管在其委托的期货公司的上一交易日日终的证券市值与资金可用余额，合计不低于人民币 50 万元；（2）在期货公司开立期货保证金账户 6 个月以上，并具备金融期货交易经历；（3）具备期权基础知识，通过交易所认可的相关测试；(4) 具有交易所认可的期权模拟交易经历；(5) 具有相应的风险承受能力；(6) 不存在严重不良诚信记录，不存在法律、法规、规章和交易所业务规则禁止或者限制从事期权交易的情形；(7) 上海证券交易所规定的其他条件。个人投资者参与期权交易，应当通过期权经营机构组织的期权投资者适当性综合评估。

在风险管理子公司提供风险管理服务或产品时，其可以选择的自然人客户也要符合条件，即可投资资产高于100万元的高净值自然人客户。

二 机构投资者

理论上讲，与自然人相对的法人投资者都可被称为机构投资者，其范围涵盖生产者、加工贸易商（对于商品期货而言）以及金融机构、养老基金、对冲基金、投资基金（对于金融期货而言）等多种类型。

期货市场是一个高风险的市场，与个人投资者相比，机构投资者一般在资金实力、风险承受能力和交易的专业能力等方面更具有优势，因此，机构投资者成为稳定期货市场的重要力量。

（一）特殊单位客户和一般单位客户

在我国金融期货市场上，将机构投资者区分为特殊单位客户和一般单位客户。特殊单位客户是指证券公司、基金管理公司、信托公司、银行和其他金融机构，以及社会保障类公司、合格境外机构投资者等法律、行政法规和规章规定的需要资产分户管理的单位客户，以及交易所认定的其他单位客户；一般单位客户系指特殊单位客户以外的机构投资者。一般单位客户在金融市场开立交易编码前，也需根据投资者适当性制度的规定，由期货公司会员对一般单位客户的基本情况、相关投资经历、财务状况、诚信状况和相关制度等进行综合评估。特殊单位客户符合投资者适当性制度的有关规定，不用进行综合评估就可为其交易申请开立交易编码。

（二）专业机构投资者和普通机构投资者

在我国股票期权市场上，将机构投资者区分为专业机构投资者和普通机构投资者。除法律、法规、规章以及监管机构另有规定外，专业机构投资者参与期权交易，不对其进行适当性管理综合评估。专业机构投资者包括：一是商业银行、期权经营机构、保险机构、信托公司、基金管理公司、财务公司、合格境外机构投资者等专业机构及其分支机构；二是证券投资基金、社保基金、养老基金、企业年金、信托计划、资产管理计划、银行及保险理财产品，以及由第一项所列专业机构担任管理人的其他基金或者委托投资资产；三是监管机构及本所规定的其他专业机构投资者。普通机构投资者系指专业机构投资者以外的机构客户。普通机构投资者参与股票期权交易，需要依据《期货公司参与股票期权业务指南》对其适当性进行综合评估，符合要求的普通机构投资者可以开立交易编码。

（三）对冲基金和商品投资基金

在国际期货市场上，对冲基金和商品投资基金已成为非常重要的机构投资者。其中，对冲基金将期货投资作为投资组合的组成部分，而商品投资基金是以期货投资为主的基金类型。近年我国对冲基金和商品投资基金也得到了快速发展。

1. 对冲基金

对冲基金（Hedge Fund），又称避险基金，是指“风险对冲过的基金”。最初，对冲基金的运作宗旨是利用期货、期权等金融衍生产品和对相关联的不同股票进行买空卖空以及风险对冲的操作，在一定程度上规避和化解证券投资风险。经过几十年的发展，对冲基金已转变为一种充分利用各种金融衍生品的杠杆效应，承担较高风险、追求较高收益的投资模式。

关于对冲基金没有一个统一的定义，前美联储主席格林斯潘给出了一个对冲基金的间接定义，即一种通过将客户限定于少数十分老练而富裕个体的组织安排（采用有限合伙的形式）以避开管制，并追求大量金融工具投资和交易运用下的高回报率的基金形式。也就是说，对冲基金通常是不受监管的组合投资，其出资人一般在100人以下，而且对投资者有很高的资金实力要求。在路透金融词典中，将对冲基金解释为："对冲基金是一种私人投资基金，目标往往是从市场短暂快速的波动中获取高水平的回报，常进行高杠杆比率的操作，运用如卖空、互换、金融衍生工具、程序交易和套利等交易手段。因最低投资额往往很高，对冲基金的投资者通常限于金融机构和富人。"

对冲基金是私募基金，可以通过做多、做空以及杠杆交易（融资交易）等投资于公开市场上的各种证券、货币和衍生工具等任何资产品种。因此，期货和期权市场等衍生品市场实际上是对冲基金资产组合配置中的重要组成部分。此外，对冲基金还有一个显著特征，就是经常运用对冲的方法去抵消市场风险，锁定套利机会。随着对冲基金的发展，出现了"对冲基金的组合基金"。对冲基金的组合基金是将募集的资金投资于多个对冲基金，通过对对冲基金的组合投资，而不是投资于股票、债券以实现分散风险的目的。

2. 商品投资基金

商品投资基金（Commodity Pool），是指广大投资者将资金集中起来委托给专业的投资机构，并通过商品交易顾问（CTA）进行期货和期权交易，投资者承担风险并享受投资收益的一种集合投资方式。

商品投资基金专注于投资期货和期权合约，既可以做多，也可以做空，可以投资于如外汇期货、利率期货、股指期货或商品期货中的某一类市场。商品投资基金从他人手中募集资金以投资于衍生品市场获取投资收益，它给予中小投资者通过专业机构参与期货和期权市场投资、获取多元化的好处。

商品投资基金在不同国家的组织结构有一定差异，现以美国为例进行介绍。

（1）商品基金经理（CPO）。CPO是基金的主要管理人，是基金的设计者和运作的决策者，负责选择基金的发行方式，选择基金主要成员，决定基金投资方向等。

（2）商品交易顾问（CTA）。CTA是可以向他人提供买卖期货、期权合约指导或建议，或以客户名义进行操作的自然人或法人。在商品投资基金中，CTA 受聘于 CPO，对商品投资基金进行具体的交易操作、决定投资期货的策略。CTA 不能接受客户资金，客户资金必须以期货佣金商的名义存入客户账户。CTA 必须遵守期货监管机构商品期货交易委员会（CFTC）的一系列规则。

CTA 是期货投资方面的专家，不同的 CTA 有不同的风险偏好和工作方式。比如，CTA 可以对其他人就买卖期货或期权合约的可行性或营利性进行指导，间接地为客户期货交易的买卖提供建议，也可以通过书面出版物或其他媒介为大众提供咨询，通过建议和咨询获取报酬。

（3）交易经理（TM）。交易经理受聘于 CPO，主要负责帮助 CPO 挑选 CTA，监视 CTA 的交易活动，控制风险，以及在 CTA 之间分配基金。

（4）期货佣金商（FCM）。FCM 和我国期货公司类似，是美国主要的期货中介机构。许多 FCM 与商品基金经理有着紧密的联系，并为 CTA 提供进入各交易所进行期货交易的途径。FCM 负责执行 CTA 发出的交易指令，管理期货头寸的保证金。实际上，许多 FCM 同时也是 CPO 或 TM，向客户提供投资项目的业绩报告，同时也为客户提供投资于商品投资基金的机会。

（5）托管人（Custodian）。为了充分保障基金投资者的权益，防止基金资产被挪用，CPO 通常委托一个有资格的机构负责保管基金资产和监督基金运作，托管人一般是商业银行、储蓄银行、大型投资公司等独立的金融机构。其主要职责是：记录、报告并监督基金在证券市场和期货市场上的所有交易；保管基金资产，计算财产本息，催缴现金证券的利息；办理有关交易的交割事项；签署基金决算报告等。

商品投资基金所涉及的五个主体之间的关系见图 2－1。

3. 商品投资基金和对冲基金的区别

商品投资基金与对冲基金比较类似，但也存在明显区别，主要体现在：第一，商品投资基金的投资领域比对冲基金小得多，它的投资对象主要是在交易所交易的期货和期权，因而其业绩表现与股票和债券市场的相关度更低；第二，在组织形式上，商品投资基金运作比对冲基金规

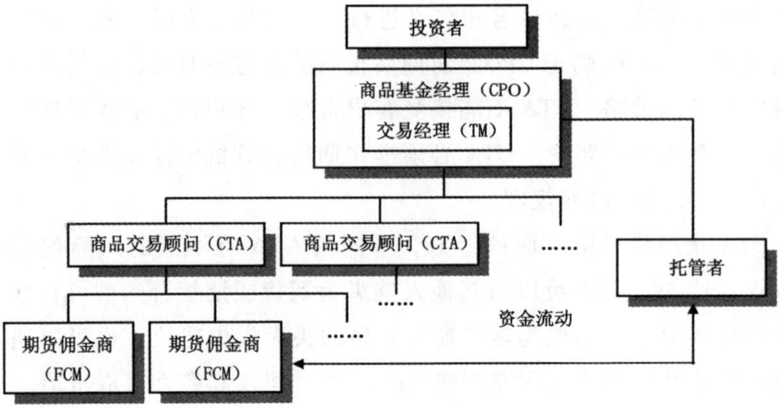

图 2－1　商品投资基金组织结构图

范，透明度更高，风险相对较小。

正是由于商品投资基金给投资者提供了一种投资传统的股票和债券所不具有的特殊的获利方式，并且其投资资产同传统资产相关度很低，因此，商品投资基金和对冲基金通常被称为另类投资工具或其他投资工具（Alternative Investment Asset）。

在我国境内，期货市场建立了中国证券监督管理委员会（以下简称中国证监会）、中国证监会地方派出机构、期货交易所、中国期货市场监控中心和中国期货业协会“五位一体”的期货监管协调工作机制。中国证监会依照法律、法规和国务院授权，统一监督管理全国证券期货市场，维护证券期货市场秩序，保障其合法运行。中国证监会派出机构按照《期货交易管理条例》的有关规定和中国证监会的授权，履行监督管理职责。中国期货市场监控中心建立和完善期货保证金监控机制，及时发现并报告期货保证金风险状况，配合期货监管部门处置风险事件。我国期货交易所不以营利为目的，按照其章程的规定实行自律管理。中国期货业协会是期货业的自律性组织，发挥政府与期货业间的桥梁和纽带作用，为会员服务，维护会员的合法权益。

第三章

期货合约与期货交易制度

本章介绍了期货合约的主要条款、期货交易的基本制度以及期货交易的主要流程等。

第一节　期货合约

一　期货合约的概念

期货合约，是指由期货交易所统一制定、规定在未来某一特定的时间和地点交割一定数量和质量标的物的标准化合约。

期货合约是期货交易的对象。期货交易参与者通过在期货交易所买卖期货合约，转移现货经营的价格风险或获取期货交易的风险收益。期货合约的标准化使期货合约的连续买卖更加便利，并使之具有很强的市场流动性，极大地简化了交易过程，降低了交易成本，提高了交易效率。

二 选择期货合约标的物需考虑的因素

现货商品和金融产品不计其数，但并非都适合作为期货合约的标的物。交易所为了保证期货合约上市后能有效地发挥其功能，在选择标的时，一般需要考虑以下因素：

（一）规格或质量易于量化和评级

期货合约的标准化条款之一是交割等级，这要求标的物的规格或质量能够进行量化和评级，以便确定标准品，以及标准品和其他可替代品级之间的价格差距。这一点对金融工具和初级大宗商品如小麦、大豆、金属等很容易做到，但对于工业制成品等来说则很难，因为这类产品加工程度高，品质、属性等方面存在诸多差异，不同的人对完全相同的产品可能有完全不同甚至相反的评价，例如，时装这类产品就不适宜作为期货合约的标的（股指期货和短期利率期货等实行现金交割的期货合约是特例，其合约对应的标的物具有唯一性）。

（二）价格波动幅度大且频繁

期货交易者分为套期保值者和投机者。套期保值者利用期货交易规避价格风险；投机者利用期货价格波动赚取价差收益。若没有价格波动，就无须担心价格风险，从而也就失去了现货生产经营者规避价格风险的需求，对投机者而言，因为没有风险收益，则失去了参与期货交易的动力。所以，价格频繁波动既迫使套期保值者参加市场交易，又刺激投机者投身于期货市场，如果价格缺乏波动性，则期货市场将不能生存和发展。

（三）供应量较大，不易为少数人控制和垄断

能够作为期货品种的标的物，在现货市场上必须有较大的供应量，否则，其价格很容易被操纵，即垄断现货市场之后在期货市场进行大量

买入该商品对应的期货合约，并一直持仓到交割月，使交易对手无法获得现货进行交割，只能按高价平仓了结。如果价格过高，交易对手可能蒙受巨额亏损，由此会引发违约风险，增加期货市场的不稳定性。

三　期货合约的主要条款

期货合约各项条款的设计对期货交易有关各方的利益以及期货交易能否活跃至关重要。

（一）合约名称

合约名称注明了该合约的品种名称及其上市交易所名称。以上海期货交易所铜合约为例，合约名称为“上海期货交易所阴极铜期货合约”。

（二）交易单位/合约价值

交易单位，是指在期货交易所交易的每手期货合约代表的标的物的数量。如大连商品交易所豆粕期货合约的交易单位为“10吨/手”。

合约价值，是指每手期货合约代表的标的物的价值。如沪深300指数期货的合约价值为“300元×沪深300指数期货的点数”（其中“300”元为沪深300指数期货的合约乘数）。在进行期货交易时，只能以交易单位或合约价值的整数倍进行买卖。

对于商品期货来说，确定期货合约交易单位的大小，主要应当考虑合约标的物的市场规模、交易者的资金规模、期货交易所的会员结构和该商品的现货交易习惯等因素。一般来说，某种商品的市场规模较大，交易者的资金规模较大，期货交易所中愿意参与该期货交易的会员单位较多，则该合约的交易单位就可以设计得大一些；反之则设计得小一些。

（三）报价单位

报价单位，是指在公开竞价过程中对期货合约报价所使用的单位，即每计量单位的货币价格。例如，国内阴极铜、铝、小麦、大豆等期货合约的报价单位以“元（人民币）/吨”表示。

（四）最小变动价位

最小变动价位，是指在期货交易所的公开竞价过程中，对合约每计量单位报价的最小变动数值。在期货交易中，每次报价的最小变动数值必须是最小变动价位的整数倍。最小变动价位乘以交易单位，就是该合约价值的最小变动值。例如，上海期货交易所锌期货合约的最小变动价位是5元/吨，即每手合约的最小变动值是5元/吨×5吨=25元。

商品期货合约最小变动价位的确定，通常取决于该合约标的物的种类、性质、市场价格波动情况和商业规范等。

最小变动价位的设置是为了保证市场有适度的流动性。一般而言，较小的最小变动价位有利于市场流动性的增加，但过小的最小变动价位将会增加交易协商成本；较大的最小变动价位，一般会减少交易量，影响市场的活跃程度，不利于交易者进行交易。

（五）每日价格最大波动限制

每日价格最大波动限制规定了期货合约在一个交易日中的交易价格波动不得高于或者低于规定的涨跌幅度。每日价格最大波动限制一般是以合约上一交易日的结算价为基准确定的。期货合约上一交易日的结算价加上允许的最大涨幅构成当日价格上涨的上限，称为涨停板；而该合约上一交易日的结算价减去允许的最大跌幅则构成当日价格下跌的下限，称为跌停板。在我国期货市场，每日价格最大波动限制设定为合约上一交易日结算价的一定百分比。

每日价格最大波动限制的确定主要取决于该种标的物市场价格波动的频繁程度和波幅的大小。一般来说，标的物价格波动越频繁，越剧烈，该商品期货合约允许的每日价格最大波动幅度就应设置得大一些。

（六）合约交割月份（或合约月份）

合约交割月份，是指某种期货合约到期交割的月份。

商品期货合约交割月份的确定一般受该合约标的商品的生产、使用、储藏、流通等方面的特点影响。例如，许多农产品期货的生产与消费具有很强的季节性，因而其交割月份的规定也具有季节性特点。

（七）交易时间

期货合约的交易时间由期货交易所统一规定。交易者只能在规定的交易时间内进行交易。日盘交易时间一般分上午和下午进行，每周5天，此外，我国期货交易所还对部分品种开展夜盘交易，从而形成期货合约的连续交易。

（八）最后交易日

最后交易日，是指某种期货合约在合约交割月份中进行交易的最后一个交易日，过了这个期限的未平仓期货合约，必须按规定进行实物交割或现金交割。期货交易所根据不同期货合约标的物的现货交易特点等因素确定其最后交易日。

（九）交割日期

交割日期，是指合约标的物所有权进行转移，以实物交割或现金交割方式了结未平仓合约的时间。

（十）交割等级

交割等级，是指由期货交易所统一规定的、允许在期货交易所上市交易的合约标的物的质量等级。在进行期货交易时，交易双方无须对标的物的质量等级进行协商，发生实物交割时按交易所期货合约规定的质量等级进行交割。

对于商品期货来说，期货交易所在制定合约标的物的质量等级时，常常采用国内或国际贸易中最通用和交易量较大的标准品的质量等级为标准交割等级。

一般来说，为了保证期货交易顺利进行，许多期货交易所都允许在实物交割时，实际交割的标的物的质量等级与期货合约规定的标准交割等级有所差别，即允许用与标准品有一定等级差别的商品作替代交割品。期货交易所统一规定替代品的质量等级和品种。交货人用期货交易所认可的替代品代替标准品进行实物交割时，收货人不能拒收。用替代品进行实物交割时，需要对价格升贴水处理。交易所根据市场情况统一规定和适时调整替代品与标准品之间的升贴水标准。

（十一）交割地点

交割地点，是指由期货交易所统一规定的进行实物交割的指定地点。

商品期货交易大多涉及大宗实物商品的买卖，因此，统一指定交割仓库可以保证卖方交付的商品符合期货合约规定的数量与质量等级，保证买方收到符合期货合约规定的商品。期货交易所在指定交割仓库时主要考虑的因素有：指定交割仓库所在地区的生产或消费集中程度，指定交割仓库的储存条件、运输条件和质检条件等。

金融期货交易不需要指定交割仓库，但期货交易所会指定交割银行。负责金融期货交割的指定银行，必须具有良好的资信状况、较强的大额资金结算能力，以及先进、高效的结算手段和设备。

（十二）交易手续费

交易手续费，是指由期货交易所按成交合约金额的一定比例或按成交合约手数收取的费用。交易手续费的高低对市场流动性和成交量有一定影响，交易手续费过高会增加期货市场的交易成本，扩大无套利区间，降低市场的交易量，不利于市场的活跃，但可以起到抑制过度投机的作用。

（十三）交割方式

期货交易的交割方式分为实物交割和现金交割两种。商品期货、股票期货、外汇期货、中长期利率期货通常采取实物交割方式，股票指数期货和短期利率期货通常采用现金交割方式。

（十四）交易代码

为便于交易，期货交易所对每一期货品种都规定了交易代码。例如，中国金融期货交易所沪深300指数期货的交易代码为IF，郑州商品交易所白糖期货为SR，大连商品交易所豆油期货交易代码为Y，上海期货交易所铜期货的交易代码为CU。

除了上述条款，期货合约中还规定了最低交易保证金这一重要条款，将在下一节基本制度中专门介绍。

第二节　期货市场基本制度

为了维护期货交易的“三公”原则与期货市场的高效运行，对期货市场实施有效的风险管理，期货交易所制定了相关制度与规则。

本节重点介绍保证金制度、当日无负债结算制度、涨跌停板制度、持仓限额及大户报告制度、强行平仓制度、信息披露制度等基本制度。

一　保证金制度

（一）什么是保证金制度

期货交易实行保证金制度。在期货交易中，期货买方和卖方必须按照其所买卖期货合约价值的一定比率（通常为5%~15%）缴纳保证金，用于结算和保证履约。保证金制度是期货市场风险管理的重要手段。

（二）国际期货市场上保证金制度实施的一般性特点

在国际期货市场上，保证金制度的实施一般有如下特点：

第一，对交易者的保证金要求与其面临的风险相对应。一般来说，交易者面临的风险越大，对其要求的保证金也越多。比如，在美国期货市场，对投机者要求的保证金要大于对套期保值者和套利者要求的保证金。

第二，交易所根据合约特点设定最低保证金标准，并可根据市场风险状况等调节保证金水平。比如，价格波动越大的合约，其交易者面临的风险也越大，设定的最低保证金标准则越高；当出现过度投机时，交易所可提高保证金水平，提高交易者入市成本，抑制投机行为，控制市场风险。

第三，保证金的收取分级进行。一般而言，交易所或结算机构只向其会员收取保证金，作为会员的期货公司则向其客户收取保证金，两者分别称为会员保证金和客户保证金。保证金的分级收取与管理，对于期货市场的风险进行分层次分担与管理具有重要意义。

（三）我国境内期货交易保证金制度的特点

我国境内期货交易的保证金制度除了采用国际通行的一些做法外，在施行中，还具有自身的一些特点。

我国境内期货交易所对商品期货交易保证金比率的规定有如下特点：

第一，对期货合约上市运行的不同阶段规定不同的交易保证金比例。一般来说，距交割月份越近，交易者面临到期交割的可能性就越大，为了防止实物交割中可能出现的违约风险，促使不愿进行实物交割的交易者尽快平仓了结，交易保证金比率随着交割期的临近而提高。

第二，随着合约持仓量的增大，交易所将逐步提高该合约交易保证金比例。一般来说，随着合约持仓量增加，尤其是持仓合约所代表的期货商品的数量远远超过相关商品现货数量时，往往表明期货市场投机交易过多，蕴涵较大的风险。因此，随着合约持仓量的增大，交易所将逐步提高该合约的交易保证金比例，以控制市场风险。

第三，当某期货合约出现连续涨跌停板时，交易保证金比例相应提高。

第四，当某品种某月份合约按结算价计算的价格变化，连续若干个交易日的累积涨跌幅达到一定程度时，交易所有权根据市场情况，对部分或全部会员的单边或双边持仓，按同比例或不同比例提高交易保证金水平，限制部分或全部会员划出资金，暂停部分或全部会员增开新仓，调整涨跌停板幅度，采取限期平仓或强行平仓等一种或多种措施，以控制风险。

第五，当某期货合约交易出现异常情况时，交易所可按规定的程序调整交易保证金的比例。

在我国，期货交易者交纳的保证金可以是现金，也可以是现金等价物，比如价值稳定、流动性强的标准仓单或国债等有价证券。

二　当日无负债结算制度

当日无负债结算制度，是指在每个交易日结束后，由期货结算机构对期货交易保证金账户当天的盈亏状况进行结算，并根据结算结果进行资金划转。当交易发生亏损，进而导致保证金账户资金不足时，则要求必须在结算机构规定的时间内向账户中追加保证金，以做到“当日无负债”。

当日无负债结算制度的实施为及时调整账户资金、控制风险提供了依据，对于控制期货市场风险，维护期货市场的正常运行具有重要作用。

当日无负债制度的实施呈现如下特点：

第一，对所有账户的交易及头寸按不同品种、不同月份的合约分别进行结算，在此基础上汇总，使每一交易账户的盈亏都能得到及时、具体、真实的反映。

第二，在对交易盈亏进行结算时，不仅对平仓头寸的盈亏进行结算，而且对未平仓合约产生的浮动盈亏也进行结算。

第三，对交易头寸所占用的保证金进行逐日结算。

第四，当日无负债结算制度是通过期货交易分级结算体系实施的。由期货交易所（结算所）对会员进行结算，期货公司根据期货交易所（结算所）的结算结果对客户进行结算。期货交易所会员（客户）的保证金不足时，会被要求及时追加保证金或者自行平仓；否则，其合约将会被强行平仓。

三　涨跌停板制度

（一）什么是涨跌停板制度

涨跌停板制度，又称每日价格最大波动限制制度，是指期货合约在一个交易日中的交易价格波动不得高于或者低于规定的涨跌幅度，超过该涨跌幅度的报价将被视为无效报价，不能成交。

（二）我国境内期货涨跌停板制度的特点

在我国境内期货市场，每日价格最大波动限制设定为合约上一交易日结算价的一定百分比。一般而言，对期货价格波动幅度较大的品种及合约设定的涨跌停板幅度也相应大些。

交易所通常会根据市场风险状况对涨跌停板幅度进行调整。其调整一般具有以下特点：

第一，新上市的品种和新上市的期货合约，其涨跌停板幅度一般为合约规定涨跌停板幅度的两倍或三倍。如合约有成交，则于下一交易日恢复到合约规定的涨跌停板幅度；如合约无成交，则下一交易日继续执行前一交易日涨跌停板幅度。

第二，在某一期货合约的交易过程中，当合约价格在同方向上连续出现涨跌停板，遇国家法定长假，或交易所认为市场风险明显变化时，交易所可以根据市场风险调整其涨跌停板幅度。

第三，对同时适用交易所规定的两种或两种以上涨跌停板情形的，其涨跌停板按照规定涨跌停板中的最高值确定。

在出现涨跌停板情形时，交易所一般将采取如下措施控制风险。

第一，当某期货合约以涨跌停板价格成交时，成交撮合实行平仓优先和时间优先的原则，但平当日新开仓位不适用平仓优先的原则。

第二，在某合约连续出现涨（跌）停板单边无连续报价时，实行强制减仓。当合约出现连续涨（跌）停板的情形时，空头（多头）交易者会因为无法平仓而出现大规模、大面积亏损，并可能因此引发整个市场的风险，实行强制减仓正是为了避免此类现象的发生。实行强制减仓时，交易所将当日以涨跌停板价格申报的未成交平仓报单，以当日涨跌停板价格与该合约净持仓盈利客户按照持仓比例自动撮合成交。其目的在于迅速、有效化解市场风险，防止会员大量违约。

涨（跌）停板单边无连续报价也称为单边市，一般是指某一期货合约在某一交易日收盘前5分钟内出现只有停板价位的买入（卖出）申报、没有停板价位的卖出（买入）申报，或者一有卖出（买入）申报就成交但未打开停板价位的情形。

（三）涨跌停板制度的作用

涨跌停板制度的实施，能够有效地减缓、抑制一些突发性事件和过度投机行为对期货价格的冲击而造成的狂涨暴跌，减小交易当日的价格波动幅度，会员和客户的当日损失也被控制在相对较小的范围内。由于涨跌停板制度能够锁定会员和客户每一交易日所持有合约的最大盈亏，为保证金制度和当日结算无负债制度的实施创造了有利条件，因为向会员和客户收取的保证金数额只要大于在涨跌幅度内可能发生的亏损金额，就能够保证当日期货价格波动达到涨停板或跌停板时也不会出现透支情况。

四 持仓限额及大户报告制度

（一）持仓限额及大户报告制度的概念

持仓限额制度，是指交易所规定会员或客户可以持有的、按单边计算的某一合约投机头寸的最大数额。大户报告制度，是指当交易所会员或客户某品种某合约持仓达到交易所规定的持仓报告标准时，会员或客户应向交易所报告。

（二）持仓限额及大户报告制度的特点

1. 在国际期货市场，持仓限额及大户报告制度的实施呈现如下特点

第一，交易所可以根据不同期货品种及合约的具体情况和市场风险状况制定和调整持仓限额和持仓报告标准。

第二，通常来说，一般月份合约的持仓限额及持仓报告标准高；临近交割时，持仓限额及持仓报告标准低。

第三，持仓限额通常只针对一般投机头寸，套期保值头寸、风险管理头寸及套利头寸可以向交易所申请豁免持仓限额。

2. 我国境内期货持仓限额及大户报告制度的特点

大连商品交易所、郑州商品交易所和上海期货交易所对持仓限额及大户报告标准的设定一般有如下规定：

第一，交易所可以根据不同期货品种的具体情况，分别确定每一品种每一月份的限仓数额及大户报告标准。

第二，当会员或客户的某品种持仓合约的投机头寸达到交易所对其规定的投机头寸持仓限量80%以上（含本数）时，会员或客户应向交易所报告其资金情况、头寸情况等，客户须通过期货公司会员报告。

第三，市场总持仓量不同，适用的持仓限额及持仓报告标准也不同。当某合约市场总持仓量大时，持仓限额及持仓报告标准也会设置得高一些；反之，当某合约的市场总持仓量小时，持仓限额及持仓报告标准也会低一些。

第四，一般应按照各合约在交易全过程中所处的不同时期来分别确定不同的限仓数额。比如，一般月份合约的持仓限额及持仓报告标准设置得高；临近交割时，持仓限额及持仓报告标准设置得低。

第五，期货公司会员、非期货公司会员、一般客户分别适用不同的持仓限额及持仓报告标准。

在具体实施中，我国还有如下规定：采用限制会员持仓和限制客户持仓相结合的办法控制市场风险；各交易所对套期保值交易头寸实行审批制，其持仓不受限制，而在中国金融期货交易所，套期保值和套利交易的持仓均不受限制；同一客户在不同期货公司开仓交易，其在某一合约的持仓合计不得超出该客户的持仓限额；会员（客户）持仓达到或者超过持仓限额的，不得同方向开仓交易。

（三）持仓限额及大户报告制度的作用

通过实施持仓限额及大户报告制度，可以使交易所对持仓量较大的会员或客户进行重点监控，了解其持仓动向、意图，有效防范操纵市场价格的行为，同时也可以防范期货市场风险过度集中于少数投资者。

五 强行平仓制度

（一）什么是强行平仓制度

强行平仓是指按照有关规定对会员或客户的持仓实行平仓的一种强制措施，其目的是控制期货交易风险。强行平仓分为两种情况：一是交易所对会员持仓实行的强行平仓；二是期货公司对其客户持仓实行的强行平仓。

强行平仓制度适用的情形一般包括：

第一，因账户交易保证金不足而实行强行平仓。这是最常见的情形。当价格发生不利变动，当日结算后出现保证金账户资金不足以维持现有头寸的情况，而会员（客户）又未能按照期货交易所（期货公司）通知及时追加保证金或者主动减仓，且市场行情仍朝其持仓不利的方向发展时，期货交易所（期货公司）会强行平掉会员（客户）部分或者全部头寸，将所得资金填补保证金缺口。强行平仓制度的实施，有利于会员（客户）避免账户损失扩大，通过控制个别账户的风险，可有力地防止风险扩散，是一种行之有效的风险控制措施。

第二，因会员（客户）违反持仓限额制度而实行强行平仓，即会员（客户）的持仓超过了规定的持仓限额，且未在期货交易所（期货公司）规定的期限内自行减仓，其超出持仓限额的部分头寸将会被强行平仓。强行平仓成为持仓限额制度的有力补充。

（二）我国境内期货强行平仓制度的规定

我国境内期货交易所规定，当会员（客户）出现下列情形之一时，交易所有权对其持仓进行强行平仓。

（1）会员结算准备金余额小于零，并未能在规定时限内补足的。

（2）客户、从事自营业务的交易会员的持仓量超出其限仓规定。

（3）因违规受到交易所强行平仓处罚的。

（4）根据交易所的紧急措施应予强行平仓的。

（5）其他应予强行平仓的。

强行平仓的执行过程如下：

（1）通知。交易所以“强行平仓通知书”（以下简称通知书）的形式向有关会员下达强行平仓要求。

（2）执行及确认。

①开市后，有关会员必须首先自行平仓，直至达到平仓要求，执行结果由交易所审核；

②超过会员自行强行平仓时限而未执行完毕的，剩余部分由交易所直接执行强行平仓；

③强行平仓执行完毕后，由交易所记录执行结果并存档；

④强行平仓结果发送。

我国境内的期货公司有专门的风险控制人员实时监督客户的持仓风险，当客户除保证金外的可用资金为负值时，期货公司会通知客户追加保证金或自行平仓，如果客户没有自己处理，而价格又朝不利于持仓的方向继续变化，各期货公司均会根据具体的强行平仓标准，对客户的持仓进行强行平仓。

六　信息披露制度

信息披露制度，是指期货交易所按有关规定公布期货交易有关信息的制度。

我国《期货交易管理条例》规定，期货交易所应当及时公布上市品种合约的成交量、成交价、持仓量、最高价与最低价、开盘价与收盘价和其他应当公布的即时行情，并应保证即时行情真实、准确。期货交易所不得发布价格预测信息。未经期货交易所许可，任何单位和个人不得发布期货交易即时行情。

《期货交易所管理办法》规定，期货交易所应当以适当方式发布下列信息：

（1）即时行情；

（2）持仓量、成交量排名情况；

（3）期货交易所交易规则及其实施细则规定的其他信息。期货交易涉及商品实物交割的，期货交易所还应当发布标准仓单数量和可用库容情况。期货交易所应当编制交易情况周报表、月报表和年报表，并及时公布。期货交易所对期货交易、结算、交割资料的保存期限应当不少于20年。

第三节 期货交易流程

一般而言，客户进行期货交易可能涉及以下几个环节：开户、下单、竞价、结算、交割。在期货交易的实际操作中，大多数期货交易都是通过对冲平仓的方式了结履约责任的，进入交割环节的比重非常小，所以交割环节并不是交易流程中的必经环节。

一 开户

可直接进入期货交易所进行交易的只能是期货交易所的会员，所以，普通投资者在进入期货市场交易之前，应首先选择一个具备合法代理资格、信誉好、资金安全、运作规范和收费比较合理的期货公司。在我国，由中国期货市场监控中心有限责任公司（以下简称监控中心）负责客户开户管理的具体实施工作。期货公司为客户申请、注销各期货交易所交易编码，同时为客户修改与交易编码相关的客户资料。投资者应当统一通过监控中心办理开户。

一般来说，开立账户的程序及所需的文件细节基本是相同的。开户流程如图3－1所示。

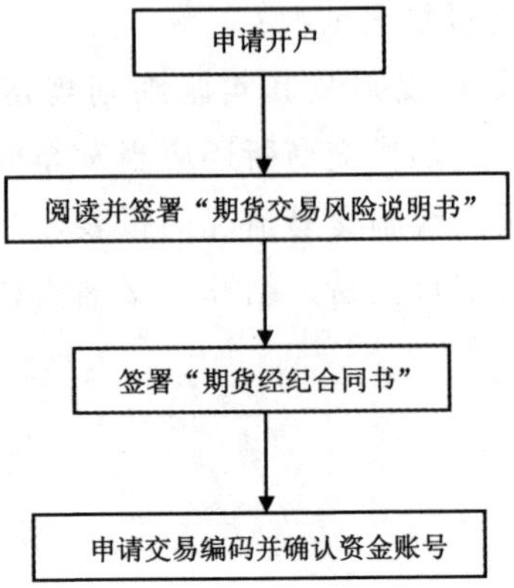

图3－1 开户流程

（一）申请开户

投资者在经过对比、判断，选定期货公司之后，即可向该期货公司提出委托申请，开立账户，成为该公司的客户。开立账户实质上是确立投资者（委托人）与期货公司（代理人）之间的一种法律关系。

客户可以分为个人客户和单位客户。单位客户中，除了一般单位客户外，还有证券公司、基金管理公司、信托公司和其他金融机构，以及社会保障类公司、合格境外机构投资者等法律、行政法规和规章规定的需要资产分户管理的特殊单位客户。

个人客户应当由本人亲自办理开户手续，签署开户资料，不得委托代理人代为办理开户手续。除中国证监会另有规定外，个人客户的有效身份证明文件为中华人民共和国居民身份证；单位客户应当出具单位的授权委托书、代理人的身份证和其他开户证件。除中国证监会另有规定外，一般单位客户的有效身份证明文件为组织机构代码证和营业执照；证券公司、基金管理公司、信托公司和其他金融机构，以及社会保障类公司、合格境外机构投资者等法律、行政法规和规章规定的需要资产分户管理的特殊单位客户，其有效身份证明文件由监控中心另行规定。期货公司应当对客户的开户资料进行审核，确保开户资料合规、真实、准确和完整。

（二）阅读“期货交易风险说明书”并签字确认

期货公司在接受客户开户申请时，必须向客户提供“期货交易风险说明书”。个人客户应在仔细阅读并理解后，在该“期货交易风险说明书”上签字；单位客户应在仔细阅读并理解之后，由单位法定代表人或授权他人在该“期货交易风险说明书”上签字并加盖单位公章。

（三）签署“期货经纪合同书”

期货公司在接受客户开户申请时，双方必须签署“期货经纪合同”。个人客户应在该合同上签字，单位客户应由法定代表人或授权他人在该合同上签字并加盖单位公章。

个人客户开户应提供本人身份证，留存印鉴或签名样卡。单位客户开户应提供“企业法人营业执照”复印件，并提供法定代表人及本单位期货交易业务执行人的姓名、联系电话、单位及其法定代表人或单位负责人印鉴等内容的书面材料，以及法定代表人授权期货交易业务执行人的书面授权书。

（四）申请交易编码并确认资金账号

期货公司为客户申请各期货交易所交易编码，应当统一通过监控中心办理。监控中心应当建立和维护期货市场客户统一开户系统，对期货公司提交的客户资料进行复核，并将通过复核的客户资料转发给相关期货交易所。期货交易所收到监控中心转发的客户交易编码申请资料后，根据期货交易所业务规则对客户交易编码进行分配、发放和管理，并将各类申请的处理结果通过监控中心反馈给期货公司。监控中心应当为每一个客户设立统一开户编码，并建立统一开户编码与客户在各期货交易所交易编码的对应关系。当日分配的客户交易编码，期货交易所应当于下一交易日允许客户使用。

交易编码是客户和从事自营业务的交易会员进行期货交易的专用代码。交易编码由 12 位数字构成，前 4 位为会员号，后 8 位为客户号。客户在不同的会员处开户的，其交易编码中客户号相同。比如，某客户在中国金融期货交易所 0012 号会员处开户，假设其获得的交易编码为 001201005688，其中，前 4 位 0012 为会员号，后 8 位 01005688 为客户号。如果之后该客户又在中国金融期货交易所 0123 号会员处开户，则其新的交易编码为 012301005688。

客户在与期货公司签署期货经纪合同之后，在下单交易之前，应按规定缴纳交易保证金。期货公司应将客户所缴纳的保证金存入期货经纪合同中指定的客户账户中，供客户进行期货交易之用。

二 下单

客户在按规定足额缴纳开户保证金后，即可开始委托下单，进行期货交易。下单，是指客户在每笔交易前向期货公司业务人员下达交易指令，说明拟买卖合约的种类、数量、价格等的行为。

交易指令的内容一般包括：期货交易的品种及合约月份、交易方向、数量、价格、开平仓等。通常，客户应先熟悉和掌握有关的交易指令，然后选择不同的期货合约进行具体交易。

（一）常用交易指令

国际上期货交易的指令有很多种。

1. 市价指令

市价指令是期货交易中常用的指令之一。它是指按当时市场价格即刻成交的指令。客户在下达这种指令时不需指明具体的价位，而是要求以当时市场上可执行的最好价格达成交易。这种指令的特点是成交速度快，一旦指令下达后不可更改或撤销。

2. 限价指令

限价指令是指执行时必须按限定价格或更好的价格成交的指令。下达限价指令时，客户必须指明具体的价位。它的特点是可以按客户的预期价格成交，但成交速度相对较慢，有时甚至无法成交。

3. 止损指令

止损指令是指当市场价格达到客户预先设定的触发价格时，即变为市价指令予以执行的一种指令。客户利用止损指令，既可有效地锁定利润，又可以将可能的损失降至最低限度，还可以相对较小的风险建立新的头寸。

4. 停止限价指令

停止限价指令是指当市场价格达到客户预先设定的触发价格时，即变为限价指令予以执行的一种指令。它的特点是可以将损失或利润锁定在预期的范围，但成交速度较止损指令慢，有时甚至无法成交。

5. 触价指令

触价指令是指在市场价格达到指定价位时，以市价指令予以执行的一种指令。

触价指令与止损指令的区别在于其预先设定的价位不同。就卖出指令而言，卖出止损指令的止损价低于当前市场价格，而卖出触价指令的触发价格高于当前市场价格；买进指令则与此相反。此外，止损指令通常用于平仓，而触价指令一般用于开新仓。

6. 限时指令

限时指令是指要求在某一时间段内执行的指令。如果在该时间段内指令未被执行，则自动取消。

7. 长效指令

长效指令是指除非成交或由委托人取消，否则持续有效的交易指令。

8. 套利指令

套利指令是指同时买入和卖出两种或两种以上期货合约的指令。

9. 取消指令

取消指令又称为撤单，是要求将某一指定指令取消的指令。通过执行该指令，将客户以前下达的指令完全取消，并且没有新的指令取代原指令。

目前，我国各期货交易所普遍采用了限价指令。此外，郑州商品交易所还采用了市价指令、跨期套利指令和跨品种套利指令。大连商品交易所则采用了市价指令、限价指令、止损指令、停止限价指令、跨期套利指令和跨品种套利指令。我国境内各期货交易所的指令均为当日有效。在指令成交前，投资者可以提出变更和撤销。

（二）指令下达方式

客户可以通过书面、电话、互联网或者国务院期货监督管理机构规定的其他方式，向期货公司下达交易指令。目前，通过互联网下单是我国客户最主要的下单方式。

1. 书面下单

客户填写书面交易指令单，填好后签字交期货公司，再由期货公司将指令发至交易所参与交易。

2. 电话下单

客户通过电话直接将指令下达到期货公司，再由期货公司将指令发至交易所参与交易。期货公司须将客户的指令同步录音，以备查证。

3. 互联网下单

客户通过互联网或局域网，使用期货公司配置的网上下单系统进行网上下单。进入下单系统后，客户需输入自己的客户号与密码，经确认后即可输入指令。指令通过因特网或局域网传到期货公司后，通过专线传到交易所主机进行撮合成交。客户可以在期货公司的下单系统获得成交回报。期货公司应当对互联网交易风险进行特别提示；须将客户的指令以适当方式保存，以备查证。

三 竞价

（一）竞价方式

竞价方式主要有公开喊价方式和计算机撮合成交两种方式。其中，公开喊价属于传统的竞价方式。21 世纪以来，随着信息技术的发展，越来越多的交易所采用了计算机撮合成交方式，而原来采用公开喊价方式的交易所也逐步引入了电子交易系统。

1. 公开喊价方式

公开喊价方式又可分为两种形式：连续竞价制和一节一价制。

连续竞价制，是指在交易所交易池内由交易者面对面地公开喊价，表达各自买进或卖出合约的要求。按照规则，交易者在报价时既要发出声音，又要做出手势，以保证报价的准确性。这种公开喊价有利于活跃场内气氛，维护公开、公平、公正的定价原则。这种公开喊价方式曾经在欧美期货市场较为流行。

一节一价制，是指把每个交易日分为若干节，每节交易由主持人最先叫价，所有场内经纪人根据其叫价申报买卖数量，直至在某一价格上买卖双方的交易数量相等时为止。每一节交易中一种合约一个价格，没有连续不断的竞价。这种叫价方式曾经在日本较为普遍。

2. 计算机撮合成交方式

计算机撮合成交方式是根据公开喊价的原理设计而成的一种计算机自动化交易方式，是指期货交易所的计算机交易系统对交易双方的交易指令进行配对的过程。这种交易方式相对公开喊价方式来说，具有准确、连续等特点，但有时会出现交易系统故障等因素造成的风险。

我国境内期货交易所均采用计算机撮合成交，分为连续竞价与集合竞价两种方式。其中，集合竞价原理与一节一价制相同。进行连续竞价时，计算机交易系统一般将买卖申报单以价格优先、时间优先的原则进行排序。当买入价大于、等于卖出价则自动撮合成交，撮合成交价等于买入价（bp）、卖出价（sp）和前一成交价（cp）三者中居中的一个价格，即：

【例 3－1】假设连续竞价计算机撮合成交中，交易者在某期货合约上的买入申报价为 3 020 元/吨，卖出申报价为 3 018 元/吨，而前一成交价为 3 023 元/吨，则其撮合成交价为 3 020 元/吨；若买入申报价为

3 020元/吨，卖出申报价为 3 021 元/吨，而前一成交价为 3 023 元/吨，则其撮合成交价为 3 021 元/吨；若买入申报价为 3 020 元/吨，卖出申报价为 3 024 元/吨，而前一成交价为 3 023 元/吨，则其撮合成交价为 3 023元/吨。

当 bp≥sp≥cp，则最新成交价 = sp。

当 bp≥cp≥sp，则最新成交价 = cp。

当 cp≥bp≥sp，则最新成交价 = bp。

开盘价由集合竞价产生。

开盘价集合竞价在某品种某月份合约每一交易日开市前 5 分钟内进行。其中，前 4 分钟为期货合约买、卖价格指令申报时间，后 1 分钟为集合竞价撮合时间，开市时产生开盘价。

交易系统自动控制集合竞价申报的开始和结束，并在计算机终端上显示。夜盘交易合约开盘集合竞价在每一交易日夜盘开市前 5 分钟内进行，日盘不再集合竞价。

集合竞价采用最大成交量原则，即以此价格成交能够得到最大成交量。高于集合竞价产生的价格的买入申报全部成交；低于集合竞价产生的价格的卖出申报全部成交；等于集合竞价产生的价格的买入或卖出申报，根据买入申报量和卖出申报量的多少，按少的一方的申报量成交。

集合竞价产生价格的方法是：

（1）交易系统分别对所有有效的买入申报按申报价由高到低的顺序排列，申报价相同的按照进入系统的时间先后排列；所有有效的卖出申报按申报价由低到高的顺序排列，申报价相同的按照进入系统的时间先后排列。

（2）交易系统逐步将排在前面的买入申报和卖出申报配对成交，直到不能成交为止。如最后一笔成交是全部成交的，取最后一笔成交的买入申报价和卖出申报价的算术平均价为集合竞价产生的价格，该价格按各期货合约的最小变动价位取整；如最后一笔成交是部分成交的，则以部分成交的申报价为集合竞价产生的价格。

开盘集合竞价中的未成交申报单自动参与开市后连续竞价交易。

（二）成交回报与确认

当计算机显示指令成交后，客户可以立即在期货公司的下单系统获得成交回报。对于书面下单和电话下单的客户，期货公司应按约定方式即时予以回报。

客户对交易结算单记载事项有异议的，应当在下一交易日开市前向期货公司提出书面异议；客户对交易结算单记载事项无异议的，应当在交易结算单上签字确认或者按照期货经纪合同约定的方式确认。客户既未对交易结算单记载事项确认，也未提出异议的，视为对交易结算单的确认。对于客户有异议的，期货公司应当根据原始指令记录和交易记录予以核实。

四 结算

（一）结算的概念

结算，是指根据期货交易所公布的结算价格对交易双方的交易结果进行的资金清算和划转。

目前，大连商品交易所、郑州商品交易所、上海期货交易所实行全员结算制度，交易所对所有会员的账户进行结算，收取和追收保证金。中国金融期货交易所实行会员分级结算制度，其会员由结算会员和非结算会员组成，期货交易所只对结算会员结算，向结算会员收取和追收保证金；由结算会员对非结算会员进行结算、收取和追收保证金。

期货交易的结算，由期货交易所统一组织进行，但交易所并不直接对客户的账户结算、收取和追收客户保证金，而由期货公司承担该工作。期货交易所应当在当日及时将结算结果通知会员。期货公司根据期货交易所的结算结果对客户进行结算，并应当将结算结果按照与客户约定的方式及时通知客户。

在我国境内，会员（客户）的保证金可以分为结算准备金和交易保证金。结算准备金是交易所会员（客户）为了交易结算在交易所

（期货公司）专用结算账户预先准备的资金，是未被合约占用的保证金；而交易保证金是会员（客户）在交易所（期货公司）专用结算账户中确保合约履行的资金，是已被合约占用的保证金。在实际中，客户保证金可能有不同的说法，如结算准备金被称为可用资金，交易保证金被称为保证金占用。

（二）结算的程序

我国境内期货交易所的结算程序分两步进行，首先是交易所对会员结算，然后是会员（期货公司）对客户结算。下面以郑州商品交易所、大连商品交易所和上海期货交易所的结算程序为例，对具体的结算程序进行介绍。

1. 交易所对会员的结算

（1）每一个交易日交易结束后，交易所对每一个会员的盈亏、交易手续费、交易保证金等款项进行结算。结算完成后，交易所采用发放结算单据或电子传输等方式向会员提供当日结算数据，包括“会员当日平仓盈亏表”“会员当日成交合约表”“会员当日持仓表”和“会员资金结算表”，期货公司会员以此作为对客户结算的依据。

（2）会员每天应及时获取交易所提供的结算数据，做好核对工作，并将之妥善保存。该数据应至少保存两年，但对有关期货交易有争议的，应当保存至该争议消除时为止。

（3）会员如对结算结果有异议，应在下一交易日开市前30分钟内以书面形式通知交易所。遇特殊情况，会员可在下一交易日开市后两小时内以书面形式通知交易所。如在规定时间内会员没有对结算数据提出异议，则视作会员已认可结算数据的准确性。

（4）交易所在交易结算完成后，将会员资金的划转数据传递给有关结算银行。结算银行应及时将划账结果反馈给交易所。

（5）会员资金按当日盈亏进行划转，当日盈利划入会员结算准备金，当日亏损从会员结算准备金中扣划。当日结算时的交易保证金超过昨日结算时的交易保证金部分从会员结算准备金中扣划。当日结算时的交易保证金低于昨日结算时的交易保证金部分划入会员结算准备金。手续费、税金等各项费用从会员的结算准备金中直接扣划。

（6）每日结算完毕后，会员的结算准备金低于交易所规定的结算准备金最低余额时，该结算结果即视为交易所向会员发出的追加保证金通知。会员必须在下一交易日开市前补足至交易所规定的结算准备金最低余额。

2. 期货公司对客户的结算

（1）期货公司每一交易日交易结束后，对每一客户的盈亏、交易手续费、交易保证金等款项进行结算。其中，期货公司会员向客户收取的交易保证金不得低于交易所向会员收取的交易保证金。

（2）期货公司将其客户的结算单及时传送给中国期货市场监控中心，期货投资者可以到中国期货市场监控中心查询有关的期货交易结算信息。结算单一般载明下列事项：账号及户名、成交日期、成交品种、合约月份、成交数量及价格、买入或者卖出、开仓或者平仓、当日结算价、保证金占用额、当日结存、客户权益、可用资金、交易手续费及其他费用等。

（3）当每日结算后客户保证金低于期货公司规定的交易保证金水平时，期货公司按照期货经纪合同约定的方式通知客户追加保证金。

（三）期货开平仓、持仓与结算价

1. 期货的开仓、平仓及持仓

开仓，也称建仓，是指期货交易者新建期货头寸的行为，包括买入开仓和卖出开仓。

持仓，是指期货交易者开仓之后手中持有的头寸或仓位，若交易者买入开仓，则构成了买入（多头）持仓，反之，则构成卖出（空头）持仓。

平仓，是指交易者了结持仓的交易行为，了结的方式是针对持仓方向作相反的对冲买卖。持仓合约也称为未平仓合约。

2. 期货结算价

结算价（Settlement Price），是指当天交易结束后，对未平仓合约进行当日交易保证金及当日盈亏结算的基准价。

我国郑州商品交易所、大连商品交易所和上海期货交易所规定，当日结算价取某一期货合约当日成交价格按照成交量的加权平均价；当日无成交价格的，以上一交易日的结算价作为当日结算价。中国金融期货交易所规定，当日结算价是指某一期货合约最后一小时成交价格按照成交量的加权平均价。

（四）期货交易所对会员的结算

1. 各结算项目计算（见图3-2）

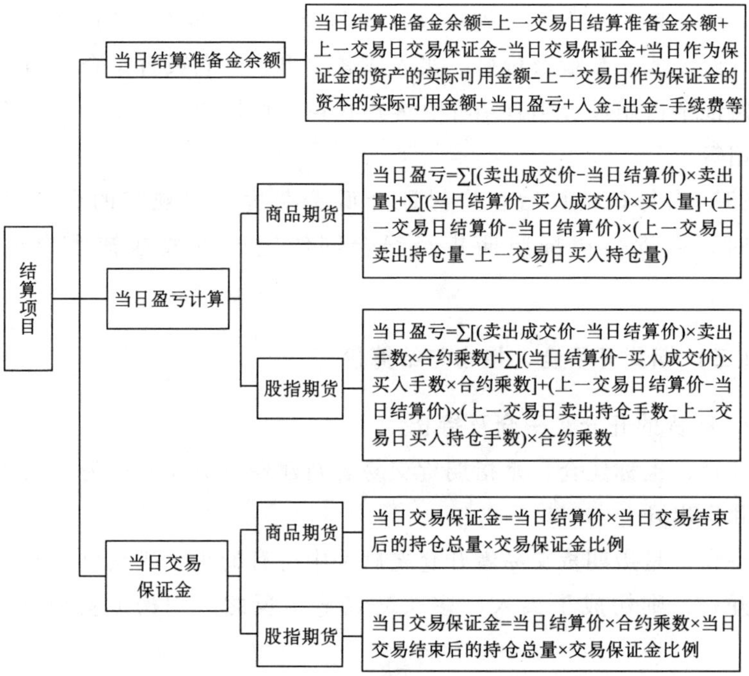

图3-2 期货交易所对会员各结算项目计算

注：股指期货交易的计算公式中，“成交价”与“结算价”均以“点数”表示。

2. 期货交易所对会员的结算案例

【例 3－2】 某会员在 4 月 1 日开仓买入大豆期货合约 40 手（每手 10 吨），成交价为 4 000 元/吨，同一天该会员平仓卖出 20 手大豆合约，成交价为 4 030 元/吨，当日结算价为 4 040 元/吨，交易保证金比例为 5%。该会员上一交易日结算准备金余额为 1 100 000 元，且未持有任何期货合约，则客户的当日盈亏（不含手续费、税金等费用）情况为：

（1）当日盈亏 $=(4\,030-4\,040)\times 20\times 10+(4\,040-4\,000)\times 40\times 10=14\,000$（元）

（2）当日结算准备金余额 $=1\,100\,000-4\,040\times 20\times 10\times 5\%+14\,000=1\,073\,600$（元）

【例 3－3】 接上例，4 月 2 日，该会员再买入 8 手大豆合约，成交价为 4 030 元/吨，当日结算价为 4 060 元/吨，则其账户情况为：

（1）当日盈亏 $=(4\,060-4\,030)\times 8\times 10+(4\,040-4\,060)\times[0-(40-20)]\times 10=6\,400$（元）

（2）当日结算准备金余额 $=1\,073\,600+4\,040\times 20\times 10\times 5\%-4\,060\times(40-20+8)\times 10\times 5\%+6\,400=1\,063\,560$（元）

【例 3－4】 接上例，4 月 3 日，该会员将 28 手大豆合约全部平仓，成交价为 4 070 元/吨，当日结算价为 4 050 元/吨，则其账户情况为：

（1）当日盈亏 $=(4\,070-4\,050)\times 28\times 10+(4\,060-4\,050)\times(0-28)\times 10=2\,800$（元）

（2）当日结算准备金余额 $=1\,063\,560+4\,060\times 28\times 10\times 5\%+2\,800=1\,123\,200$（元）

（五）期货公司对客户的结算

期货公司对其客户的交易进行结算。按照盈亏计算方式的不同，可以分为逐日盯市和逐笔对冲两种结算方式。相应的，提供给客户的也有两种可选的结算单（见图 3－3）。

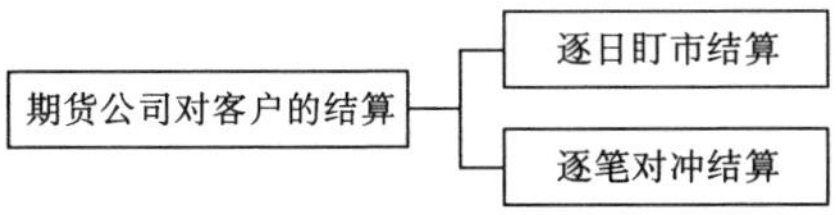

图 3－3　期货公司对客户的结算方式

1. 逐日盯市和逐笔对冲结算方式对比

逐日盯市和逐笔对冲结算方式对比见表3－1。

表3－1　　逐日盯市结算和逐笔对冲结算的对比

	逐日盯市	逐笔对冲
平仓盈亏	平仓盈亏＝平当日仓盈亏＋平历史仓盈亏 平当日仓盈亏＝Σ［（卖出成交价－买入成交价）×交易单位×平仓手数］ 平历史仓盈亏＝Σ［（卖出成交价－上日结算价）×交易单位×平仓手数］＋Σ［（上日结算价－买入成交价）×交易单位×平仓手数］	平仓盈亏＝Σ［（卖出成交价－买入成交价）×交易单位×平仓手数］
持仓盯市盈亏	持仓盯市盈亏＝当日持仓盈亏＋历史持仓盈亏 当日持仓盈亏＝Σ［（卖出成交价－当日结算价）×交易单位×卖出手数］＋Σ［（当日结算价－买入成交价）×交易单位×买入手数］ 历史持仓盈亏＝Σ［（上日结算价－当日结算价）×交易单位×卖出手数］＋Σ［（当日结算价－上日结算价）×交易单位×买入手数］	
浮动盈亏		浮动盈亏＝Σ［（卖出成交价－当日结算价）×交易单位×卖出手数］＋Σ［（当日结算价－买入成交价）×交易单位×买入手数］
当日盈亏	当日盈亏＝平仓盈亏（逐日盯市）＋持仓盯市盈亏（逐日盯市）	
当日结存	当日结存＝上日结存（逐日盯市）＋当日盈亏＋入金－出金－手续费（等）	当日结存＝上日结存（逐笔对冲）＋平仓盈亏（逐笔对冲）＋入金－出金－手续费（等）
客户权益	客户权益＝当日结存（逐日盯市）	客户权益＝当日结存（逐笔对冲）＋浮动盈亏

注：若是股指期货，则算式中的价格改为“点数”；“交易单位”改为“合约乘数”。

2. 逐日盯市和逐笔对冲结算方式的异同

（1）两种结算方式的区别。

第一，逐日盯市是依据当日无负债结算制度，每日计算当日盈亏；而逐笔对冲则是每日计算自开仓之日起至当日的累计盈亏，得出的结果是最终盈亏。

第二，逐日盯市对当日盈亏计算时，未平仓合约的盈亏作为持仓盯市盈亏，累计计入当日结存；逐笔对冲对盈亏计算时，未平仓合约的盈亏作为浮动盈亏，不计入当日结存，一旦该合约平仓，其平仓时的浮动盈亏即转为平仓盈亏，结算时浮动盈亏归零。

第三，两者对历史持仓结算时，采用的价格不同。其中，逐日盯市平仓盈亏计算采用上日结算价和平仓价，持仓盯市盈亏计算采用当日结算价和上日结算价。

第四，逐笔对冲的平仓盈亏计算采用开仓价和平仓价，浮动盈亏计算采用开仓价和当日结算价。

（2）两种结算方式的共同点。在两种结算方式下，保证金占用、当日出入金、当日手续费、客户权益、质押金、可用资金、追加保证金和风险度等参数的值没有差别；对于当日开仓平仓的合约，盈亏的计算也相同。

3. 逐日盯市交易结算单及其解读

（1）逐日盯市交易结算单（见表3－2）

表3－2　逐日盯市交易结算单

客户号：		客户名称：张三			
日　期：20110117					
		资　金　状　况		币种：人民币（元）	
上日结存：	1 324 127.65	当日结存：	1 519 670.29	可用资金：	69 154.69
出入金：	0.00	客户权益：	1 519 670.29	风 险 度：	95.45%
手续费：	2 877.36	保证金占用：	1 450 515.60	追加保证金：	0.00
平仓盈亏：	205 800.00			交割保证金：	0.00
持仓盯市盈亏：	－7 380.00				
可提资金：	69 154.69				
总盈亏：	198 420.00				

续表

成交记录											单位：人民币元	
成交日期	交易所	品种	交割期	买卖	成交价	手数	开平	成交额	手续费	投保	平仓盈亏	交易所成交号
20110117	中金所	沪深300	1101	买	2 971.200	1	开	891 360.00	178.27	投	0.00	
20110117	中金所	沪深300	1101	买	2 971.600	3	开	2 674 440.00	534.89	投	0.00	
20110117	中金所	沪深300	1101	买	3 000.000	5	开	4 500 000.00	900.00	投	0.00	
20110117	中金所	沪深300	1101	买	3 010.000	7	平	6 321 000.00	1 264.20	投	205 800.00	
共4条						16		14 386 800.00	2 877.36		205 800.00	

持仓汇总											单位：人民币元	
交易所	品种	交割期	买持	买均价	卖持	卖均价	昨结算	今结算	浮动盈亏	持仓盯市盈亏	保证金占用	投保
中金所	沪深300	1101	9	2 987.333	0	0.000	3 108.000	2 984.600	-7 380.00	-7 380.00	1 450 515	
共1条			9		0			-7 380.00	-7 380.00	1 450 515.60		

本公司提供数据以客户交易结算单为准，您若有异议，请在下一交易日开市前30分钟提出，否则视为对本账单所载事项的确认。

公司盖章：　　　　　　　　　　　　客户签名（章）：

制表：结算001　　　　　　　　　　　　制表日期：

客户号：　　　　　　　　　　　　　　客户地址：

（2）逐日盯市交易结算单解读。

①平仓盈亏＝平当日仓盈亏＋平历史仓盈亏＝（当日结算价－买入成交价）×平仓手数×合约乘数］＝（3 108－3 010）×7×300＝205 800（元）

在本结算单中，仅有平历史仓盈亏。当日买入平历史仓7手，买入平仓价为3 010点，上一交易日结算价为3 108点。

②持仓盈亏＝当日持仓盈亏＋历史持仓盈亏＝∑［（当日结算价－买入成交价）×买入手数×合约乘数］＝（2 984.6－2 971.2）×1×300＋（2 984.6－2 971.6）×3×300＋（2 984.6－3 000）×5×300＝－7 380（元）

在本结算单中，仅有当日持仓盈亏。当日分3次买入开仓9手，买入平仓价分别为2 971.2点、2 971.6点、3 000点，当日结算价为2 984.6点。

③总盈亏＝平仓盈亏＋持仓盯市盈亏＝205 800.00－7 380.00＝198 420（元）

④保证金占用 = ∑(当日结算价 × 合约乘数 × 持仓手数 × 公司要求的保证金比例) = 当日结算价 × 合约乘数 × 持仓手数 × 公司要求的保证金比例 = 2 984.6 × 9 × 300 × 18% = 1 450 515.60(元)

在本结算单中，公司对该客户要求的保证金比例为 18%。

⑤上日结存：上一交易日结算后客户权益；当日结存：当日结算后客户权益。

⑥客户权益 = 当日结存 = 上日结存(逐日盯市) + 出入金 + 平仓盈亏 + 持仓盯市盈亏 − 当日手续费 = 1 324 127.65 + 205 800.00 − 7 380.00 − 2 877.36 = 1 519 670.29(元)

⑦可提资金 = 客户权益 − 保证金占用 = 1 519 670.29 − 1 450 515.60 = 69 154.69（元）

⑧可用资金 = 客户权益 − 保证金占用 = 1 519 670.29 − 1 450 515.60 = 69 154.69（元）

⑨出入金：出入金 = 当日入金 − 当日出金

⑩手续费，指当日交易所产生的全部费用（包括交割费）。目前，我国手续费的收取方式有两种：商品期货一般按每手若干元收取，金融期货一般按成交金额的一定比例收取。

在本结算单中，合约为金融期货。期货公司与该客户商定的当日交易手续费率为成交金额的 0.02%，其手续费为：

手续费 = ∑[(成交价 × 合约乘数 × 持仓手数] × 交易手续费率 = (2 971.2 × 1 + 2 971.6 × 3 + 3 000 × 5 + 3 010 × 7) × 300 × 0.02% = 2 877.36(元)

若为商品期货，且没有发生交割，则当日手续费 = ∑(持仓手数 × 每手手续费)。

⑪追加保证金：客户当保证金不足时须追加的金额，追加至可用资金大于等于 0。在本结算单中，可用资金大于 0，不需追加保证金。

4. 逐笔对冲交易结算单及其解读

(1) 逐笔对冲交易结算单见表 3 − 3。

表 3－3　　　　　　逐笔对冲交易结算单

客户号：	客户名称：张三	
日　期：20110117		

资　金　状　况				币种：人民币（元）	
上日结存：	1 368 227.65	当日结存：	1 527 050.29	可用资金：	69 154.69
出入金：	0.00	浮动盈亏：	－7 380.00	风 险 度：	95.45%
手续费：	2 877.36	客户权益：	1 519 670.29	追加保证金：	0.00
平仓盈亏：	161 700.00	保证金占用：	1 450 515.60	交割保证金：	0.00
可提资金：	69 154.69				

成　交　记　录　　　　单位：人民币元

成交日期	交易所	品种	交割期	买卖	成交价	手数	开平	成交额	手续费	投保	平仓盈亏	交易所成交号
20110117	中金所	沪深300	1101	买	2 971.200	1	开	891 360.00	178.27	投	0.00	
20110117	中金所	沪深300	1101	买	2 971.600	3	开	2 674 440.00	534.89	投	0.00	
20110117	中金所	沪深300	1101	买	3 000.000	5	开	4 500 000.00	900.00	投	0.00	
20110117	中金所	沪深300	1101	买	3 010.000	7	平	6 321 000.00	1 264.20	投	161 700.00	
共4条						16		14 386 800.00	2 877.36		161 700.00	

持　仓　汇　总　　　　单位：人民币元

交易所	品种	交割期	买持	买均价	卖持	卖均价	昨结算	今结算	浮动盈亏	持仓盯市盈亏	保证金占用	投保
中金所	沪深300	1101	9	2 987.333	0	0.000	3 108.000	2 984.600	－7 380.00	－7 380.00	1 450 515	
共1条			9		0				－7 380.00	0.00	1 450 515.60	

本公司提供数据以客户交易结算单为准，您若有异议，请在下一交易日开市前30分钟提出，否则视为对本账单所载事项的确认。

公司盖章：　　　　　　　　　　　　　客户签名（章）：

制表：结算001　　　　　　　　　　　　制表日期：

客户号：　　　　　　　　　　　　　　客户地址：

（2）逐笔对冲交易结算单解读。

①平仓盈亏＝Σ[（卖出成交价－买入成交价）×合约乘数×平仓手数]

$$=(3\,087-3\,010)\times300\times7$$

$$=161\,700(\text{元})$$

在本结算单中，客户买入平仓7手，成交价为3 010点，其历史卖出开仓价为 3 087 点。

②浮动盈亏 = Σ[(卖出成交价 - 当日结算价) ×合约乘数×卖出手数] + Σ[(当日结算价 - 买入成交价) ×合约乘数×买入手数] = (2 984.6 - 2 971.2) ×300 ×1 + (2 984.6 - 2 971.6) ×300 ×3 + (2 984.6 - 3 000) ×300 ×5 = -7 380(元)

③当日结存(逐笔对冲) = 上日结存(逐笔对冲) + 平仓盈亏(逐笔对冲) + 入金 - 出金 - 手续费(等)

= 1 368 227.65 + 161 700 - 2 877.36 = 1 527 050.29(元)

④客户权益(逐笔对冲) = 当日结存(逐笔对冲) + 浮动盈亏

= 1 527 050.29 - 7 380.00 = 1 519 670.29(元)

⑤可用资金 = 可提资金

= 客户权益 - 保证金占用

= 1 519 670.29 - 1 450 515.60 = 69 154.69 (元)

5. 风险度

风险度的计算是期货公司风险管理中的重要环节。目前各期货公司使用的系统不尽相同，因而存在几种不同的风险度算法，期货公司可以根据其管理需要选择不同的风险度计算方式。

业界广泛应用的是金仕达系统。该系统提供的风险度计算公式有好几种，而绝大多数期货公司采取了系统默认的算法，即：

风险度 = 保证金占用/客户权益 ×100%

该风险度越接近 100%，风险越大；等于 100%，则表明客户的可用资金为 0。由于客户的可用资金不能为负，也就是说，期货公司不允许客户风险度大于 100%，当风险度大于 100% 时，客户则会收到期货公司“追加保证金通知书”。

因此，在逐日盯市和逐笔对冲交易结算单表 3 - 2 和表 3 - 3 中：

风险度 = 保证金/客户权益 ×100% = 1 450 515.60/1 519 670.29 = 95.45%

【例 3 - 5】 10 月 17 日，某期货公司客户李先生的期货账户中持有 SR0905 空头合约 100 手。合约当日出现涨停单边市，结算时交易所提高了保证金收取比例，当日结算价为 3 083 元/吨，李先生的客户权益为 303 500 元。该期货公司 SR0905 的保证金比例为 17%。SR 是郑州商品交易所白糖期货合约的代码，交易单位为 10 吨/手。那么，客户李先生的结算分项为：

（1）保证金占用 = 当日结算价 × 合约乘数 × 持仓手数 × 公司要求的保证金比例

= 100 × 10 × 3 083 × 17% = 524 110（元）

（2）可用资金 = 客户权益 - 保证金占用

= 303 500 - 524 110 = -220 610（元）

（3）风险度 = 保证金占用/客户权益 × 100%

= 524 110/303 500 × 100% = 172.69%

这说明客户李先生至少须追加保证金 220 610 元。

若该期货公司已经向李先生发出了期货经纪合同中约定的追加保证金通知，但李先生在规定的时间内既没有追加保证金也没有自行平仓，则该期货公司可对李先生的 SR0905 合约执行强行平仓。该期货公司应该至少强行平仓 220 610/（10 × 17% × 3 083）手，即至少 43 手，才能使李先生的持仓风险率降至 100% 以下。

五 交割

（一）什么是交割

交割，是指期货合约到期时，按照期货交易所的规则和程序，交易双方通过该合约所载标的物所有权的转移，或者按照结算价进行现金差价结算，了结到期未平仓合约的过程。

（二）交割的作用

交割是联系期货与现货的纽带。尽管期货市场的交割量仅占总成交量的很小比例，但交割环节对期货市场的整体运行起着十分重要的作用。

期货交割是促使期货价格和现货价格趋向一致的制度保证。当市场过分投机，发生期货价格严重偏离现货价格时，交易者就会在期货、现货两个市场间进行套利交易。当期货价格过高而现货价格过低时，交易者在期货市场上卖出期货合约，在现货市场上买进商品，这样，现货需求增多，现货价格上升，期货合约供给增多，期货价格下降，期现价差缩小；当期货价格过低而现货价格过高时，交易者在期货市场上买进期货合约，在现货市场卖出商品，这样，期货需求增多，期货价格上升，现货供给增多，现货价格下降，使期现价差趋于正常。通过交割，期货、现货两个市场得以实现相互联动，期货价格最终与现货价格趋于一致，使期货市场真正发挥价格晴雨表的作用。

期货交割有实物交割和现金交割两种类型。以标的物所有权转移方式进行的交割为实物交割；按结算价进行现金差价结算的交割方式为现金交割。一般来说，商品期货以实物交割方式为主；股票指数期货、短期利率期货多采用现金交割方式。

（三）实物交割

1. 实物交割方式

实物交割，是指期货合约到期时，根据交易所的规则和程序，交易双方通过该期货合约所载标的物所有权的转移，了结未平仓合约的过程。实物交割方式包括集中交割和滚动交割两种。

（1）集中交割。集中交割也称为一次性交割，是指所有到期合约在交割月份最后交易日过后一次性集中交割的交割方式。

（2）滚动交割。滚动交割是指在合约进入交割月以后，在交割月第一个交易日至交割月最后交易日前一交易日之间进行交割的交割方式。滚动交割使交易者在交易时间的选择上更为灵活，可减少储存时间，降低交割成本。

目前，我国上海期货交易所采用集中交割方式，郑州商品交易所采用滚动交割和集中交割相结合的方式，即在合约进入交割月后就可以申请交割。另外，最后交易日过后，对未平仓合约进行一次性集中交割；大连商品交易所对黄大豆1号、黄大豆2号、豆粕、豆油、玉米合约采用滚动交割和集中交割相结合的方式，对棕榈油、线型低密度聚乙烯和聚氯乙烯合约采用集中交割方式。

2. 实物交割结算价

实物交割结算价，是指在实物交割时商品交收所依据的基准价格。交割商品计价以交割结算价为基础，再加上不同等级商品质量升贴水以及异地交割仓库与基准交割仓库的升贴水。

不同的期货交易所，以及不同的实物交割方式，对交割结算价的规定不尽相同。例如：郑州商品交易所采用滚动交割和集中交割相结合的方式（由于所有交割均在三个工作日内处理完毕，又称为三日交割法），交割结算价为期货合约配对日前十个交易日（含配对日）交易结算价的算术平均价。上海期货交易所铜铝采用集中交割方式，其交割结算价为期货合约最后交易日的结算价。大连商品交易所滚动交割的交割结算价为配对日结算价；集中交割的交割结算价是期货合约自交割月第一个交易日起至最后交易日所有成交价格的加权平均价。

3. 实物交割的流程

采用集中交割方式时，各期货合约最后交易日的未平仓合约必须进行交割。实物交割要求以会员名义进行。客户的实物交割必须由会员代理，并以会员名义在交易所进行。实物交割必不可少的环节包括：

第一，交易所对交割月份持仓合约进行交割配对。

第二，买卖双方通过交易所进行标准仓单与货款交换。买方通过其会员期货公司、交易所将货款交给卖方，而卖方则通过其会员期货公司、交易所将标准仓单交付给买方。

第三，增值税发票流转。交割卖方给对应的买方开具增值税发票，客户开具的增值税发票由双方会员转交、领取并协助核实，交易所负责监督。

4. 实物交割的标准仓单

在实物交割的具体实施中，买卖双方并不是直接进行实物商品的交收，而是交收代表商品所有权的标准仓单，因此，标准仓单在实物交割中扮演十分重要的角色。标准仓单，是指交割仓库开具并经期货交易所认定的标准化提货凭证。标准仓单经交易所注册后生效，可用于交割、转让、提货、质押等。

标准仓单的持有形式为“标准仓单持有凭证”。“标准仓单持有凭证”是交易所开具的代表标准仓单所有权的有效凭证，是在交易所办理标准仓单交割、交易、转让、质押、注销的凭证，受法律保护。标准仓单数量因交割、交易、转让、质押、注销等业务发生变化时，交易所收回原“标准仓单持有凭证”，签发新的“标准仓单持有凭证”。

在实践中，可以有不同形式的标准仓单，其中最主要的形式是仓库标准仓单。仓库标准仓单，是指依据交易所的规定，由指定交割仓库完成入库商品验收、确认合格后，在交易所标准仓单管理系统中签发给货主的，用于提取商品的凭证。除此之外，还有厂库标准仓单等形式。所谓厂库，是指某品种的现货生产企业的仓库经交易所批准并指定为期货履行实物交割的地点，而厂库标准仓单则是指经过交易所批准的、指定厂库按照交易所规定的程序签发的、在交易所标准仓单管理系统生成的实物提货凭证。

在我国大连商品交易所，豆粕、豆油、棕榈油期货除了可以采用仓库标准仓单外，还可采用厂库标准仓单。上海期货交易所的螺纹钢、线材期货合约也允许采用厂库标准仓单交割。郑州商品交易所的标准仓单分为通用标准仓单和非通用标准仓单。通用标准仓单，是指标准仓单持有人按照交易所的规定和程序可以到仓单载明品种所在的交易所任一交割仓库选择提货的财产凭证；非通用标准仓单是指仓单持有人按照交易所的规定和程序只能到仓单载明的交割仓库提取所对应货物的财产凭证。

（四）现金交割

现金交割，是指合约到期时交易双方按照交易所的规则、程序及其公布的交割结算价进行现金差价结算，了结到期未平仓合约的过程。

通常，股指期货与短期利率期货采用现金交割方式。中国金融期货交易所的股指期货合约采用现金交割，规定股指期货合约最后交易日收市后，交易所以交割结算价为基准，划付持仓双方的盈亏，了结所有未平仓合约。其中，股指期货交割结算价为最后交易日标的指数最后 2 小时的算术平均价。

（五）期转现

1. 什么是期转现

期货转现货交易（以下简称期转现交易），是指持有方向相反的同一品种同一月份合约的会员（客户）协商一致并向交易所提出申请，获得交易所批准后，分别将各自持有的合约按双方商定的期货价格（该价格一般应在交易所规定的价格波动范围内）由交易所代为平仓，同时按双方协议价格与期货合约标的物数量相当、品种相同、方向相同的仓单进行交换的行为。

期转现交易是国际期货市场中长期实行的交易方式，在商品期货、金融期货中都有着广泛应用。我国大连商品交易所、上海期货交易所和郑州商品交易所也已经推出了期转现交易。

买卖双方进行期转现有两种情况。第一种情况：在期货市场有反向持仓双方，拟用标准仓单或标准仓单以外的货物进行期转现。第二种情况：买卖双方为现货市场的贸易伙伴，有远期交货意向，并希望远期交货价格稳定。双方可以先在期货市场上选择与远期交收货物最近的合约月份建仓，建仓量和远期货物量相当，建仓时机和价格分别由双方根据市况自行决定，到希望交收货的时候，进行非标准仓单的期转现。这相当于通过期货市场签订一个远期合同，一方面实现了套期保值的目的，另一方面避免了合同违约的可能。

2. 期转现交易的优越性

期转现交易的优越性在于：

（1）加工企业和生产经营企业利用期转现可以节约期货交割成本，如搬运、整理和包装等交割费用；可以灵活商定交货品级、地点和方式；可以提高资金的利用效率。加工企业可以根据需要分批、分期地购回原料，减轻资金压力，减少库存量；生产经营企业也可以提前回收资金。

（2）期转现比“平仓后购销现货”更便捷。期转现使买卖双方在确定期货平仓价格的同时，确定了相应的现货买卖价格，由此可以保证期货与现货市场风险同时锁定。

（3）期转现比远期合同交易和期货实物交割更有利。远期合同交易有违约问题和被迫履约问题，期货实物交割存在交割品级、交割时间和地点的选择等没有灵活性问题，而且成本较高。期转现能够有效地解决上述问题。

3. 期转现交易的基本流程

（1）寻找交易对手。拟进行期转现的一方，可自行找期转现对方，或通过交易所发布期转现意向。

（2）交易双方商定价格。找到对方后，双方首先商定平仓价（须在审批日期货价格限制范围内）和现货交收价格。

（3）向交易所提出申请。买卖双方到交易所申请办理期转现手续，填写交易所统一印制的期转现申请单；用非标准仓单交割的，需提供相关的现货买卖协议等证明。

（4）交易所核准。交易所接到期转现申请和现货买卖协议等资料后进行核对，符合条件的，予以批准，并在批准当日将买卖双方期货头寸平仓。不符合条件的，通知买卖双方会员，会员要及时通知客户。

（5）办理手续。如果用标准仓单期转现，批准日的下一日，买卖双方到交易所办理仓单过户和货款划转，并缴纳规定手续费。如果用非标准仓单进行期转现，买卖双方按照现货买卖协议自行进行现货交收。

（6）纳税。用标准仓单期转现的，买卖双方在规定时间到税务部门办理纳税手续。买卖双方各自负担标准仓单期转现中仓单转让环节的手续费。

4. 期转现交易实例

【例 3－6】在优质强筋小麦期货市场上，甲为买方，开仓价格为 1 900元/吨；乙为卖方，开仓价格为 2 100 元/吨。小麦搬运、储存、利息等交割成本为 60 元/吨，双方商定的平仓价为 2 040 元/吨，商定的交收小麦价格比平仓价低 40 元/吨，即 2 000 元/吨。期转现后，甲实际购入小麦价格 1 860 元/吨 = 2 000 元/吨 －（2 040 元/吨 － 1 900 元/吨）；乙实际销售小麦价格 2 060 元/吨 = 2 000 元/吨 +（2 100 元/吨 － 2 040元/吨）。

如果双方不进行期转现而在期货合约到期时进行实物交割，则甲按开仓价 1 900 元/吨购入小麦价格；乙按照开仓价 2 100 元/吨销售小麦，扣除交割成本 60 元/吨，实际售价为 2 040 元/吨。通过比较可知，甲期转现操作的实际采购成本 1 860 元/吨比实物交割成本 1 900 元/吨低 40 元/吨；乙期转现操作的实际售价 2 060 元/吨比实物交割的实际售价 2 040 元/吨高 20 元/吨。通过期转现交易，甲少花 40 元/吨，乙多卖 20 元/吨，期转现给双方带来的好处总和为 60 元/吨。

期转现操作中应注意的事项：用标准仓单期转现，要考虑仓单提前交收所节省的利息和储存等费用；用标准仓单以外的货物期转现，要考虑节省的交割费用、仓储费和利息以及货物的品级差价。买卖双方要先看现货，确定交收货物和期货交割标准品级之间的价差。商定平仓价和交货价的差额一般要小于节省的上述费用总和，这样期转现对双方都有利。

第四章
套期保值

规避风险是期货市场的基本功能之一，是通过套期保值操作来实现的。本章将着重介绍套期保值的定义、种类和应用，分析基差变动对套期保值效果的影响、套期保值操作需注意的事项，以及影响基差的因素、基差交易的应用等。

第一节 套期保值的概念与原理

一 套期保值的定义

企业经营中会面临各种风险，如价格风险、政治风险、法律风险、操作风险、信用风险等。面对风险，企业可以选择消极躲避风险、预防风险、分散风险、转移风险等多种手段管理风险。套期保值本质上是一种转移风险的方式，是由企业通过买卖衍生工具将风险转移到其他交易者的方式。

套期保值活动主要转移价格风险和信用风险。价格风险主要包括商品价格风险、利率风险、汇率风险和股票价格风险等，是企业经营中最常见的风险。在市场经济中，价格受供求等各种因素的变化，有时会大起大落，这对企业的经营活动往往会带来较大的冲击，如果缺少应对措施，一旦出现较大的不利变化，企业的利润会急剧缩水甚至出现亏损、破产的情形。企业通过套期保值，可以减小价格风险对企业经营活动的影响，实现稳健经营。在本章中，我们将重点讨论套期保值是如何转移价格风险的。

套期保值（Hedging），又称避险、对冲等。广义上的套期保值，是指企业利用一个或一个以上的工具进行交易，预期全部或部分对冲其生产经营中所面临的价格风险的方式。在该定义中，套期保值交易选取的工具是比较广的，通常有期货、期权、远期、互换等衍生工具。

在本书中，我们将主要讨论期货的套期保值（Futures Hedging）。期货的套期保值是指企业通过持有与其现货市场头寸相反的期货合约，或将期货合约作为其现货市场未来要进行的交易的替代物，以期对冲价格风险的方式。

二　套期保值的原理

套期保值之所以能够起到风险对冲的作用，其根本的原理在于：期货价格与现货价格受到相似的供求等因素影响，两者的变动趋势趋同，这样的话，通过套期保值，无论价格是涨还是跌，总会出现一个市场盈利而另一个市场亏损的情形，盈亏相抵，就可以规避因为价格波动而给企业带来的风险，实现稳健经营。

要实现“风险对冲”，在套期保值操作中应满足以下条件：

（一）在套期保值数量选择上，要使期货与现货市场的价值变动大体相当

在期货价格与现货价格变动趋同前提下，企业可选择与其现货数量

相当的期货合约数量，保证期货与现货两个市场的价值变动大体相当。套期保值中期货合约所代表的数量与被套期保值的现货数量之间的比率，即套期保值比率（Hedge Ratio）通常为1。例如，某贸易商签订了2万吨的大豆进口合同，价格已确定下来。为了防止日后大豆价格下跌，影响这批大豆的销售收益，在利用大豆期货做套期保值时，就要做到卖出大豆期货合约的规模应与2万吨相当。比如，大豆期货合约的交易单位为每手10吨，则需要卖出的期货合约数量就是2 000手。

如果不存在与被套期保值的商品或资产相同的期货合约，企业可以选择其他的相关期货合约进行套期保值，选择的期货合约头寸的价值变动与实际的、预期的现货头寸的价值变动大体上相当。这种选择与被套期保值商品或资产不相同但相关的期货合约进行的套期保值，称为交叉套期保值（Cross Hedging）。例如，企业利用螺纹钢期货对钢坯现货进行的套期保值。一般的，选择作为替代物的期货品种最好是该现货商品或资产的替代品，相互替代性越强，交叉套期保值交易的效果就会越好。

（二）在期货头寸方向的选择上，应与现货头寸相反或作为现货未来交易的替代物

现货头寸可以分为多头（Long）和空头（Short）两种情况。当企业持有实物商品或资产，或者已按固定价格约定在未来购买某商品或资产时，该企业处于现货的多头。例如，榨油厂持有豆油库存或证券公司持有的股票组合，属于现货多头的情形。还有，某建筑企业已与某钢材贸易商签订购买钢材的合同，虽未实现交收，但已经确立了价格，这种情形也属于现货的多头。当企业已按某固定价格约定在未来出售某商品或资产，但尚未持有实物商品或资产时，该企业处于现货的空头。例如，某钢材贸易商与某房地产商签订合同，约定在三个月后按某价格提供若干吨钢材，但手头尚未有钢材现货的，该钢材贸易商就是处于现货的空头。当企业处于现货多头时，企业在套期保值时要在期货市场建立空头头寸，即卖空。当处于现货空头时，企业要在期货市场建立多头头寸进行套期保值。

不过，有时企业在现货市场既不是多头，也不是空头，而是计划在

未来买入或卖出某商品或资产。这种情形也可以进行套期保值，在期货市场建立的头寸是作为现货市场未来要进行的交易的替代物。此时，期货市场建立的头寸方向与未来要进行的现货交易的方向是相同的。例如，某榨油厂预计下个季度将生产豆油 6 000 吨，为了规避豆油价格下跌的风险，对于这批未来要出售的豆油进行套期保值，卖出豆油期货合约。其在期货市场建立的空头头寸是现货市场未来出售的豆油的替代物。

期货头寸方向的选择非常关键，一旦方向处理错误，企业不仅不能实现风险对冲，而且会使价格风险加倍增大。例如，一个白糖经销商有一批白糖库存（即现货多头），如果同时在期货市场买入建仓，一旦价格下跌，现货亏损同时期货也会亏损，这样不仅不会存在风险对冲的关系，而且会使企业面临的价格风险加倍。

（三）期货头寸持有时间段与现货承担风险的时间段对应

当企业在现货市场的头寸已经了结或者现货交易已经实现，企业应该将套期保值的期货头寸进行平仓，或者通过到期交割的方式同时将现货头寸和期货头寸进行了结。例如，某钢材贸易商持有一批钢材现货，他可通过在期货市场卖空进行套期保值。一旦该贸易商出售了该批钢材，便不再承担该批钢材价格变动的风险，此时他应同时将期货空头头寸平仓。该贸易商也可以持有期货合约到期进行交割，以实物交收的方式将持有的钢材在期货市场卖出，同时了结现货和期货头寸。如果企业的现货头寸已经了结，但仍保留着期货头寸，那么其持有的期货头寸就变成了投机性头寸。如果将期货头寸提前平仓，那么企业的现货头寸将处于风险暴露状态，一旦价格剧烈波动，就会影响其经营的稳健性。

这种时间段上的对应，并不一定要求期货合约月份的选择与现货市场承担风险的时期完全对应起来，通常合约月份要等于或远于这一时间段。例如，5 月初某企业计划在 3 个月后卖出一批铜，为了防范铜价下跌风险，企业做卖出套期保值。这是不是说，该企业在合约月份选择上，一定要选择卖出 8 月份的铜期货合约呢？不一定。企业可以选择 8 月份合约，也可以选择 8 月份之后的合约。因为不同交割月份的合约通常在价格变动上也具有一致性，同样可以起到风险对冲的效果。而且，在有的期货品种上，可能没有8月份的期货合约，那只能选择与其临近的较远期的合约。在具体合约月份的选择上还要考虑合约流动性。流动性不足的合约，会给企业开仓和平仓带来困难，影响套期保值效果。例如，在上面例子中，8月份的合约在临近到期时可能不够活跃，那么选择活跃的较远期的合约更为有利。有时企业套期保值的时间跨度特别长，例如，石油开采企业可能对未来5年甚至更长的时间的原油生产进行套期保值，此时市场上尚没有对应的远月期货合约挂牌，那么在合约选择上，可以先买入目前挂牌的1年后交割的合约，在它到期之前进行平仓，同时在更远期的合约上建仓。这种操作称为展期，即用远月合约调换近月合约，将持仓向后移。

三 正确理解套期保值

套期保值的本质是“风险对冲”，以降低风险对企业经营活动的影响，实现其稳健经营。因此，在评价套期保值效果时，应将期货头寸的盈亏与现货盈亏作为一个整体进行评价，两者冲抵的程度越大，规避风险的效果也就越好。在我国套期保值实践中，经常出现的一种情形是，一旦期货市场出现亏损，就认为套期保值是失败的。这实际上是一种片面、错误的认识，是对套期保值的“风险对冲”本质认识不足。如果仅以期货头寸盈亏来评价套期保值效果，会导致企业或套期保值操作人员的套期保值行为目标扭曲，从而出现套期保值“投机化”的倾向。

另外，对企业而言，套期保值作为企业规避价格风险的可选择手段，并不一定适合所有企业。这是因为，套期保值操作是一项专业性极高的操作，且在操作中也要涉及诸多成本，例如机构及人员费用、管理费用、资金占用成本等。因此，企业在权衡是否进行套期保值时，要进行收益与成本的分析。如果套期保值成本过高，即使企业面临价格风险，也不倾向于利用期货市场。从这个角度看，套期保值操作具有规模经济的特点，即对规模大的企业而言，从事套期保值的平均成本要低于规模小的企业。

在企业的整个经营过程中，是否要进行套期保值，在多大程度上进行套期保值，取决于企业对未来价格的判断、企业自身风险的可承受程度以及企业的风险偏好程度。如果价格波动幅度不大或企业抗风险能力较强，价格的较大波动对其利润影响不大，再或者企业希望承担一定风险来获取更高的回报，那么，在这些情况下，企业就不必进行套期保值操作。

第二节 套期保值的种类

套期保值的目的是规避价格波动风险，而价格的变化无非是下跌和上涨两种情形，对应的，套期保值可以分为卖出套期保值和买入套期保值。卖出套期保值（Selling Hedging），又称空头套期保值（Short Hedging），是指套期保值者通过在期货市场建立空头头寸，预期对冲其目前持有的或者未来将卖出的商品或资产的价格下跌风险的操作。买入套期保值（Buying Hedging），又称多头套期保值（Long Hedging），是指套期保值者通过在期货市场建立多头头寸，预期对冲其现货商品或资产空头，或者未来将买入的商品或资产的价格上涨风险的操作。

卖出套期保值与买入套期保值的区别如表 4－1 所示。

表 4－1　　卖出套期保值与买入套期保值的区别

市场 套期保值种类	现货市场	期货市场	目的
卖出套期保值	现货多头或未来要卖出现货	期货空头	防范现货市场价格下跌风险
买入套期保值	现货空头或未来要买入现货	期货多头	防范现货市场价格上涨风险

一　卖出套期保值

卖出套期保值的操作主要适用于以下情形：

第一，持有某种商品或资产（此时持有现货多头头寸），担心市场价格下跌，使其持有的商品或资产的市场价值下降，或者其销售收益下降。

第二，已经按固定价格买入未来交收的商品或资产（此时持有现货多头头寸），担心市场价格下跌，使其商品或资产市场价值下降或其销售收益下降。

第三，预计在未来要销售某种商品或资产，但销售价格尚未确定，担心市场价格下跌，使其销售收益下降。

【例 4 –1】10 月初，某地玉米现货价格为 1 710 元/吨，当地某农场年产玉米 5 000 吨。该农场对当前价格比较满意，担心待新玉米上市后，销售价格可能会下跌，该农场决定进行套期保值交易。10 月 5 日该农场卖出 500 手（每手 10 吨）第二年 1 月份交割的玉米期货合约进行套期保值，成交价格为 1 680 元/吨。到了 11 月，随着新玉米的大量上市，以及养殖业对玉米需求疲软，玉米价格开始大幅下滑。11 月 5 日，该农场将收获的 5 000 吨玉米进行销售，平均价格为 1 450 元/吨，与此同时将期货合约买入平仓，平仓价格为 1 420 元/吨。

套期保值结果见表 4 –2。

表 4 –2　　卖出套期保值案例（价格下跌情形）

时间＼市场	现货市场	期货市场
10 月 5 日	市场价格 1 710 元/吨	卖出第二年 1 月份玉米期货合约，1 680 元/吨
11 月 5 日	平均售价 1 450 元/吨	买入平仓玉米期货合约，1 420 元/吨
盈亏	相当于亏损 260 元/吨	盈利 260 元/吨

在该例子中，该农场通过在期货市场建立一个替代性的头寸，即空头头寸，进行卖出套期保值操作以规避价格下跌风险。由于现货玉米价格下跌，该农场在玉米收获时，每吨玉米少赚 260 元，可视为现货市场亏损 260 元/吨。期货空头头寸因价格下跌而获利 260 元/吨，现货市场的亏损完全被期货市场的盈利对冲。通过套期保值操作，该农场玉米的实际售价相当于是 1 450 + 260 = 1 710 元/吨，即与 10 月初计划进行套期保值操作时的现货价格相等。通过套期保值操作，该农场不再受未来

价格变动不确定性的影响，从而保持了经营的稳定性。如果该农场不进行套期保值，价格下跌将导致收益减少 260 元/吨，这将减少农场的利润，甚至会导致亏损。

在该例子中，我们还可以考虑市场朝着相反的方向变化，即价格出现上涨的情形。假设经过一个月后，现货价格涨至 1 950 元/吨，期货价格涨至 1 920 元/吨。该套期保值结果见表 4－3。

表 4－3　卖出套期保值案例（价格上涨情形）

市场 / 时间	现货市场	期货市场
10 月 5 日	市场价格 1 710 元/吨	卖出第二年 1 月份玉米期货合约，1 680 元/吨
11 月 5 日	平均售价 1 950 元/吨	买入平仓玉米期货合约，1 920 元/吨
盈亏	相当于盈利 240 元/吨	亏损 240 元/吨

在这种情形下，因价格上涨该农场玉米现货销售收益增加 240 元/吨，但这部分现货的盈利被期货市场的亏损所对冲。通过套期保值，该农场的玉米实际的售价仍为 1 950－240＝1 710 元/吨，与最初计划套期保值时的现货价格相等。在该例子中，该农场似乎不进行套期保值操作会更好些，因为可以实现投机性的收益 240 元/吨。但需要注意的是，农场参与套期保值操作的目的是为了规避价格不利变化的风险，而非获取投机性收益。事实上，套期保值操作在规避风险的同时，也放弃了获取投机性收益的机会。如果该农场不进行套期保值操作，虽然可以在价格有利变化时获取投机性收益，但也要承担价格不利变化时的风险，这将增加其经营结果的不确定性。

二　买入套期保值

买入套期保值的操作主要适用于以下情形：

第一，预计未来要购买某种商品或资产，购买价格尚未确定时，担心市场价格上涨，使其购入成本提高。

第二，目前尚未持有某种商品或资产，但已按固定价格将该商品或资产卖出（此时处于现货空头头寸），担心市场价格上涨，影响其销售收益或者采购成本。

【例 4 –2】 某一铝型材厂的主要原料是铝锭，某年 3 月初铝锭的现货价格为 16 430 元/吨。该厂计划 5 月份需使用 500 吨铝锭。由于目前库存已满且能满足当前生产使用，如果现在购入，要承担仓储费和资金占用成本，而如果等到 5 月份购买又可能面临价格上涨风险。于是该厂决定进行铝的买入套期保值操作。3 月 1 日，该厂以 17 310 元/吨的价格买入 100 手（每手 5 吨）6 月份到期的铝期货合约。到了 5 月 1 日，现货市场铝锭价格上涨至 17 030 元/吨，期货价格涨至 17 910 元/吨。该铝型材厂按照当前的现货价格购入 500 吨铝锭，同时将期货多头头寸对冲平仓，结束套期保值。该铝型材厂的套期保值结果如表 4 –4 所示。

表 4 –4　　买入套期保值案例（价格上涨情形）

市场 / 时间	现货市场	期货市场
3 月 1 日	市场价格 16 430 元/吨	买入 6 月份铝期货合约，17 310 元/吨
5 月 1 日	买入价格 17 030 元/吨	卖出平仓铝期货合约，17 910 元/吨
盈亏	相当于亏损 600 元/吨	盈利 600 元/吨

在该案例中，该铝型材厂在过了 2 个月后以 17 030 元/吨的价格购进铝锭，比先前 3 月初买进铝锭多支付了 600 元/吨的成本，相当于亏损 600 元/吨。但在期货交易中盈利 600 元/吨，刚好与现货市场的亏损相对冲。通过套期保值，该铝型材厂实际购买铝锭的成本为 17 030 − 600 = 16 430 元/吨，与 3 月初现货价格水平完全一致，相当于将 5 月初要购买的铝锭价格锁定在 3 月初的水平，完全规避了铝锭价格上涨的风险。如果不进行套期保值，该铝型材厂将遭受铝锭成本上涨 600 元/吨的损失，影响其生产利润。

假如 5 月初铝锭的价格不涨反跌，现货、期货都下跌了 600 元/吨，则该铝型材厂的套期保值结果如表 4 –5 所示。

在这种情形下，因价格下跌该铝型材厂铝锭购入成本下降 600 元/吨，但这部分现货的盈利被期货市场的亏损所对冲。通过套期保值，该铝型材厂铝锭实际的采购价为 15 830 + 600 = 16 430 元/吨，与 3 月初计划套期保值时的现货价格相等。

表 4－5　　买入套期保值案例（价格下跌情形）

时间＼市场	现货市场	期货市场
3 月初	市场价格 16 430 元/吨	买入 5 月份铝期货合约，17 310 元/吨
5 月初	买入价格 15 830 元/吨	卖出平仓铝期货合约，16 710 元/吨
盈亏	相当于盈利 600 元/吨	亏损 600 元/吨

第三节　基差与套期保值效果

在上节中，我们所举的卖出和买入套期保值的例子，均假设期货价格与现货价格变动幅度一致，两个市场的盈亏完全冲抵，这种套期保值被称为完全套期保值或理想套期保值（Perfect Hedging）。事实上，盈亏完全冲抵是一种理想化的情形，现实中两者变动幅度并不完全一致，从而影响套期保值的效果，导致不完全套期保值或非理想套期保值（Imperfect Hedging）。

在此，我们引入“基差”的概念，来描述期货价格与现货价格的关系，进而分析它对套期保值效果的影响。

一　基差的定义

基差是某一特定地点某种商品或资产的现货价格与相同商品或资产的某一特定期货合约价格间的价差。用公式可简单地表示为：基差＝现货价格－期货价格。例如，9 月 26 日，长江有色网 1#铜的价格对上海期货交易所 12 月铜期货价格的基差为－400 元/吨，意味着长江有色市场 1 号铜价格要比上海期货交易所 12 月铜期货价格低 400 元/吨。

不同的交易者，由于关注的商品品质不同，参考的期货合约月份不同，以及现货地点不同，所关注的基差也会不同。例如，某铜企业因为在 5 月份的铜期货合约上进行了套期保值交易，所以该企业关心的基差就是相对于 5 月份的铜期货合约的基差。

二　基差走强与基差走弱

通常用“强”（Strength）或“弱”（Weakness）来评价基差的变化。当基差变化时，称为“走强（Stronger）”。如图 4－1，基差从－100 元/吨变为－50 元/吨、从－20 元/吨变为 40 元/吨、从 50 元/吨变为 100 元/吨这三种情形均为基差走强；如图 4－2，基差从－50 元/吨变为－100 元/吨、从 100 元/吨变为 50 元/吨、从 40 元/吨变为－20 元/吨这三种情形均为基差“走弱（Weaker）”。

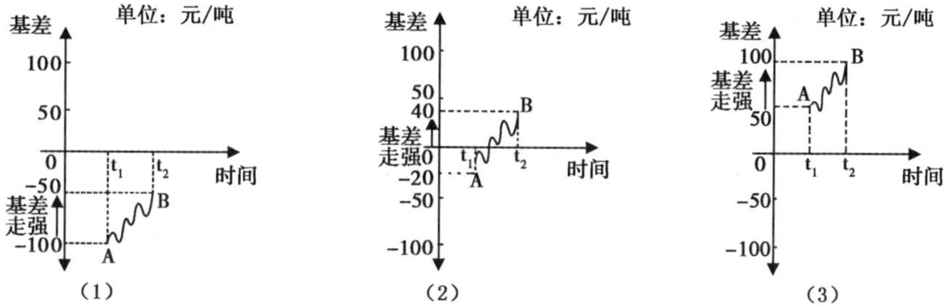

图 4－1　基差走强的图示

注：A 和 B 分别表示在 t_1 和 t_2 两个时点上的基差，箭头代表基差变动的方向。

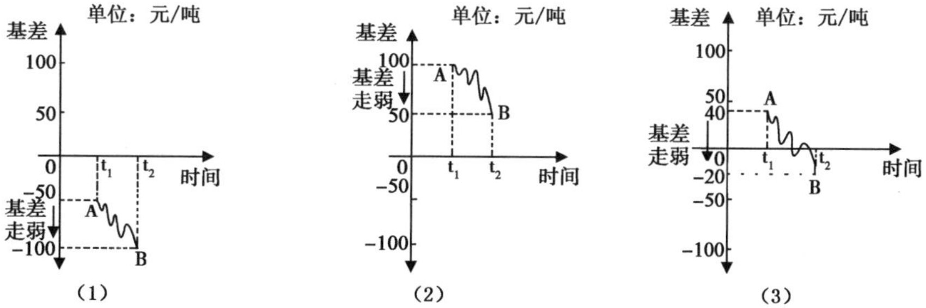

图 4－2　基差走弱的图示

注：A 和 B 分别表示在 t_1 和 t_2 两个时点上的基差，箭头代表基差变动的方向。

三 基差变动与套期保值效果

下面我们将通过卖出套期保值和买入套期保值的案例来说明基差变动与套期保值效果之间的关系。

（一）基差变动与卖出套期保值

【例4－3】5月初某糖厂与饮料厂签订销售合同，约定将在8月初销售100吨白糖，价格按交易时的市价计算。目前，白糖现货价格为5 500元/吨。该糖厂担心未来糖价会下跌，于是卖出10手（每手10吨）9月份白糖期货合约，成交价格为5 800元/吨。至8月初交易时，现货价跌至每吨5 000元/吨，与此同时，期货价格跌至5 200元/吨。该糖厂按照现货价格出售100吨白糖，同时按照期货价格将9月份白糖期货合约对冲平仓。套期保值结果见表4－6。

表4－6　卖出套期保值案例（基差走强情形）

时间＼市场	现货市场	期货市场	基差
5月初	市场价格5 500元/吨	卖出9月份白糖期货合约，5 800元/吨	－300元/吨
8月初	卖出价格5 000元/吨	买入平仓白糖期货合约，5 200元/吨	－200元/吨
盈亏	相当于亏损500元/吨	盈利600元/吨	走强100元/吨

在该案例中，由于现货价格下跌幅度小于期货价格下跌幅度，基差走强100元/吨。期货市场盈利600元/吨，现货市场亏损500元/吨，两者相抵后存在净盈利100元/吨。通过套期保值，该糖厂白糖的实际售价相当于是：现货市场实际销售价格＋期货市场每吨盈利＝5 000＋600＝5 600元。该价格要比5月初的5 500元/吨的现货价格高100元/吨，而这100元/吨正是基差走强的变化值。这表明，进行卖出套期保值，如果基差走强，两个市场盈亏相抵后存在净盈利100元/吨，它可以使套期保值者获得一个更为理想的价格。

【例 4－4】5 月初某地钢材价格为 4 380 元/吨。某经销商目前持有 5 000 吨钢材存货尚未出售。为了防范钢材价格下跌风险，该经销商卖出 500 手（每手 10 吨）11 月份螺纹钢期货合约进行套期保值，成交价格为 4 800 元/吨。到了 8 月初，钢材价格出现上涨，该经销商按 4 850 元/吨的价格将该批现货出售，与此同时，将期货合约对冲平仓，成交价格为 5 330 元/吨。套期保值结果见表 4－7。

表 4－7　　卖出套期保值案例（基差走弱情形）

时间＼市场	现货市场	期货市场	基差
5 月初	市场价格 4 380 元/吨	卖出 11 月份螺纹钢期货合约，4 800 元/吨	－420 元/吨
8 月初	卖出价格 4 850 元/吨	买入平仓螺纹钢期货合约，5 330元/吨	－480 元/吨
盈亏	相当于盈利 470 元/吨	亏损 530 元/吨	走弱 60 元/吨

在该案例中，由于现货价格上涨幅度小于期货价格上涨幅度，基差走弱 60 元/吨。期货市场亏损 530 元/吨，现货市场盈利 470 元/吨，两者相抵后存在净亏损 60 元/吨。通过套期保值，该经销商的钢材的实际售价相当于：现货市场实际销售价格－期货市场每吨亏损＝4 850－530＝4 320 元/吨。该价格要比 5 月初的 4 380 元/吨的现货价格低 60 元/吨，而这 60 元/吨正是基差走弱的变化值。这表明，进行卖出套期保值，如果基差走弱，两个市场盈亏相抵后存在净亏损，它将使套期保值者承担基差变动不利的风险，其价格与其预期价格相比要略差一些。

（二）基差变动与买入套期保值

【例 4－5】5 月初，某饲料公司预计 3 个月后需要购入 3 000 吨豆粕。为了防止豆粕价格上涨，该饲料公司买入 9 月份豆粕期货合约 300 手（每手 10 吨），成交价格为 2 910 元/吨。当时现货市场豆粕价格为 3 160元/吨。至 8 月份，豆粕现货价格上涨至 3 600 元/吨，该饲料公司按此价格采购 3 000 吨豆粕，与此同时，将豆粕期货合约对冲平仓，成交价格为 3 280 元/吨。套期保值结果见表 4－8。

表4－8　　　　买入套期保值案例（基差走强情形）

市场 时间	现货市场	期货市场	基差
5月初	市场价格3 160元/吨	买入9月份豆粕期货合约，2 910元/吨	250元/吨
8月初	买入价格3 600元/吨	卖出平仓豆粕期货合约，3 280元/吨	320元/吨
盈亏	相当于亏损440元/吨	盈利370元/吨	走强70元/吨

在该案例中，由于现货价格上涨幅度大于期货价格上涨幅度，基差走强70元/吨。期货市场盈利370元/吨，现货市场亏损440元/吨，两者相抵后存在净亏损70元/吨。通过套期保值，该饲料公司的豆粕的实际购入价相当于：现货市场实际采购价格－期货市场每吨盈利＝3 600－370＝3 230元/吨。该价格要比5月初的3 160元/吨的现货价格高70元/吨，而这70元/吨正是基差走强的变化值。这表明，进行买入套期保值，如果基差走强，两个市场盈亏相抵后存在净亏损，它将使套期保值者承担基差变动不利的风险，其价格与其预期价格相比要略差一些。

【例4－6】3月初，某轮胎企业为了防止天然橡胶原料价格进一步上涨，买入7月份天然橡胶期货合约100手（每手10吨），成交价格为24 000元/吨，对其未来生产所需要的1 000吨天然橡胶进行套期保值。当时现货市场天然橡胶价格为23 000元/吨。之后天然橡胶价格未涨反跌，至6月初，天然橡胶现货价格跌至20 000元/吨。该企业按此价格购入天然橡胶现货1 000吨，与此同时，将天然橡胶期货合约对冲平仓，成交价格为21 200元/吨。套期保值结果见表4－9。

表4－9　　　　买入套期保值案例（基差走弱情形）

市场 时间	现货市场	期货市场	基差
3月初	市场价格23 000元/吨	买入7月份天然橡胶期货合约，24 000元/吨	－1 000元/吨
6月初	买入价格20 000元/吨	卖出平仓天然橡胶期货合约，21 200元/吨	－1 200元/吨

续表

时间＼市场	现货市场	期货市场	基 差
盈亏	相当于盈利 3 000 元/吨	亏损 2 800 元/吨	走弱 200 元/吨

在该案例中，由于现货价格下跌幅度大于期货价格下跌幅度，基差走弱 200 元/吨。期货市场亏损 2 800 元/吨，现货市场盈利 3 000 元/吨，两者相抵后存在净盈利 200 元/吨。通过套期保值，该轮胎企业的天然橡胶的实际购入价相当于是：现货市场实际采购价格 + 期货市场每吨亏损 = 20 000 + 2 800 = 22 800（元/吨）。该价格要比 3 月初的 23 000 元/吨的现货价格低 200 元/吨，而这 200 元/吨正是基差走弱的变化值。这表明，进行买入套期保值，如果基差走弱，两个市场盈亏相抵后存在净盈利，它将使套期保值者获得的价格比其预期价格还要更理想。

根据以上分析，我们可以将买入套期保值和卖出套期保值在基差不同变化情形下的效果进行概括，如表 4 – 10 所示。

表 4 – 10　　基差变动与套期保值效果关系

	基差变化	套期保值效果
卖出套期保值	基差不变	完全套期保值，两个市场盈亏刚好完全相抵
	基差走强	不完全套期保值，两个市场盈亏相抵后存在净盈利
	基差走弱	不完全套期保值，两个市场盈亏相抵后存在净亏损
买入套期保值	基差不变	完全套期保值，两个市场盈亏刚好完全相抵
	基差走强	不完全套期保值，两个市场盈亏相抵后存在净亏损
	基差走弱	不完全套期保值，两个市场盈亏相抵后存在净盈利

四　影响基差的因素

从上面的分析可以看到，基差变动会给套期保值的效果带来不确定性，这称为基差风险。尽管如此，如果不进行套期保值的话，企业将承担现货价格波动的风险，这个风险要比“价差的变动”——基差变动幅度大。套期保值的实质是用较小的基差风险代替较大的现货价格风险。

既然基差变动会影响套期保值效果，那么如果能够了解基差产生及变动的原因，就可以预测基差的变化，从而使得风险对冲得更为充分，甚至可以获取对冲之后的净盈利。

基差的大小主要与持仓费有关。持仓费（Carrying Charge），又称为持仓成本（Cost of Carry），是指为拥有或保留某种商品、资产等而支付的仓储费、保险费和利息等费用总和。持仓费高低与距期货合约到期时间长短有关，距交割时间越近，持仓费越低。理论上，当期货合约到期时，持仓费会减小到零，基差也将变为零。

当期货价格高于现货价格或者远期期货合约价格高于近期期货合约价格时，这种市场状态称为正向市场（Normal Market 或 Contango），此时基差为负值。正向市场主要反映了持仓费。持仓费与期货价格、现货价格之间的关系可通过下面的例子来说明。

假定某企业在未来 3 个月后需要某种商品，它有两种选择：一是立即买入 3 个月后交割的该商品的期货合约，一直持有并在合约到期时交割；二是立即买入该商品的现货，将其储存 3 个月后使用。买入期货合约本身除要缴纳保证金而产生资金占用成本外，不需要更多的成本。而买入现货意味着必须支付从购入商品到使用商品期间的仓储费、保险费以及资金占用的利息成本。如果期货价格与现货价格相同，很显然企业都会选择在期货市场而不愿意在现货市场买入商品，这会造成买入期货合约的需求增加，现货市场的需求减少，从而使期货价格上升现货价格下降，直至期货合约的价格高出现货价格的部分与持仓费相同，这时企业选择在期货市场还是在现货市场买入商品是没有区别的。因此，在正向市场中，期货价格高出现货价格的部分与持仓费的高低有关，持仓费体现的是期货价格形成中的时间价值。持仓费的高低与持有商品的时间长短有关，一般来说，距离交割的期限越近，持有商品的成本就越低，期货价格高出现货价格的部分就越少。当交割月到来时，持仓费将降至零，期货价格和现货价格将趋同。

当现货价格高于期货价格或者近期期货合约价格高于远期期货合约价格时，这种市场状态称为反向市场，或者逆转市场（Inverted Market）、现货溢价（Backwardation），此时基差为正值。反向市场的出现主要有两个原因：一是近期对某种商品或资产需求非常迫切，远大于近期产量及库存量，使现货价格大幅度增加，高于期货价格；二是预计将来该商品的供给会大幅度增加，导致期货价格大幅度下降，低于现货价格。反向市场的价格关系并非意味着现货持有者没有持仓费的支出，只要持有现货并储存到未来某一时期，仓储费、保险费、利息成本的支出就是必不可少的。只不过，在反向市场上，由于市场对现货及近期月份合约需求迫切，购买者愿意承担全部持仓费来持有现货而已。在反向市场上，随着时间的推进，现货价格与期货价格如同在正向市场上一样，会逐步趋同，到交割期趋向一致。

套期保值者可以通过对持仓费、供求等因素的分析，利用历史上数年的基差变化数据进行预测，从而达到更理想的套期保值效果。

五 规避基差风险的操作方式

如前所述，套期保值会面临基差风险。那么，有没有一种交易方式能够较好地降低基差变动带来的不确定性呢？有，它是随着点价交易的出现而出现的，是一种将点价交易与套期保值结合在一起的操作方式。

（一）点价交易

点价交易（Pricing），是指以某月份的期货价格为计价基础，以期货价格加上或减去双方协商同意的升贴水来确定双方买卖现货商品的价格的定价方式。点价交易从本质上看是一种为现货贸易定价的方式，交易双方并不需要参与期货交易。目前，在一些大宗商品贸易中，如大豆、铜、石油等贸易，点价交易已经得到了普遍应用。例如，在大豆的国际贸易中，通常以芝加哥期货交易所（CBOT）的大豆期货价格作为点价的基础；在铜精矿和阴极铜的贸易中通常利用伦敦金属交易所（LME）或纽约商品交易所（COMEX）的铜期货价格作为点价的基础。之所以使用期货市场的价格来为现货交易定价，主要是因为期货价格是通过集中、公开竞价方式形成的，价格具有公开性、连续性、预测性和权威性。使用大家都公认的、合理的期货价格来定价，可以省去交易者搜寻价格信息、讨价还价的成本，提高交易的效率。

与传统的贸易不同，在点价交易中，贸易双方并非直接确定一个价格，而是以约定的某月份期货价格为基准，在此基础上加减一个升贴水来确定。升贴水的高低，与点价所选取的期货合约月份的远近、期货交割地与现货交割地之间的运费以及期货交割商品品质与现货交割商品品质的差异有关。在国际大宗商品贸易中，由于点价交易被普遍应用，升贴水的确定也是市场化的，有许多经纪商提供升贴水报价，交易商可以很容易确定升贴水的水平。

根据确定具体时点的实际交易价格的权利归属划分，点价交易可分为买方叫价交易和卖方叫价交易，如果确定交易时间的权利属于买方，称为买方叫价交易，若权利属于卖方的则为卖方叫价交易。

（二）点价交易与套期保值的结合

因为在实施点价之前，双方所约定的期货基准价格是不断变化的，所以交易者仍然面临价格变动风险。为了有效规避这一风险，交易者可以将点价交易与套期保值结合在一起进行操作。

【例 4－7】 10 月 20 日，中国某榨油厂与美国某贸易商签订进口合同，约定进口大豆的到岸价为“CBOT 的 1 月大豆期货合约＋CNF100 美分”，即在 1 月份 CBOT 大豆期货价格的基础上加上 100 美分/蒲式耳的升水，以此作为进口到岸价格，并约定由该榨油厂在 12 月 15 日装船前根据 CBOT 期货盘面价格自行点价确定。合同确立后，大豆的进口到岸价格实际上并未确定下来，如果在榨油厂实施点价之前，1 月份 CBOT 大豆期货价格上涨，该榨油厂就要接受此高价。为了规避这一风险，该榨油厂在签订进口合同同时，在 CBOT 上买入等数量的 1 月份大豆期货合约进行套期保值。

到了 12 月 15 日，该贸易商完成大豆装船，并通知该榨油厂点价。该油厂在 1 月份 CBOT 大豆期货上分批完成点价，均价为 1 030 美分/蒲式耳。该批大豆的进口到岸价也相应确定下来，为 1 030＋100＝1 130（美分/蒲式耳）。该榨油厂按该价格向贸易商结清货款。与此同时，该榨油厂将套期保值头寸卖出平仓，结束交易。

在实际操作中，为了保证能够按照所点的期货价格将期货头寸进行平仓，榨油厂和贸易商可以申请期转现交易，将双方期货套期保值头寸的平仓价确定在所点的价位上。

在该案例中，假设在签订进口合同时期货价格为800美分/蒲式耳，这意味着，如果不进行套期保值，在该榨油厂实施点价时，由于期货价格上涨至1 030美分/蒲式耳，该榨油厂要承担相当于230美分/蒲式耳的损失。如果在签订合同同时进行买入套期保值，即使点价期间价格上涨，其期货套期保值头寸因价格上涨所带来的盈利可以弥补现货上的损失，从而较好地规避价格风险。

由于是点价交易与套期保值操作相结合，套期保值头寸了结的时候，对应的基差基本上等于点价交易时确立的升贴水。这就保证了在套期保值建仓时，就已经知道了平仓时的基差，从而减少了基差变动的不确定性，降低了基差风险。

六　企业开展套期保值业务需注意的事项

套期保值操作虽然可以在一定程度上规避价格风险，但并非意味着企业做套期保值就是进了“保险箱”。事实上，在套期保值操作上，企业除了面临基差变动风险之外，还会面临诸如流动性风险、现金流风险、操作风险等各种风险。这需要企业针对套期保值业务设置专门的人员和组织机构，制定相应的规章和风险管理制度等。

企业在套期保值业务上，需要在以下几个方面予以关注。

第一，企业在参与期货套期保值之前，需要结合自身情况进行评估，以判断是否有套期保值需求，以及是否具备实施套期保值操作的能力。

第二，企业应完善套期保值的机构设置。要保证套期保值效果，规范的组织体系是科学决策、高效执行和风险控制的重要前提和基本保障。

第三，企业需要具备健全的内部控制制度和风险管理制度。

第四，加强对套期保值交易中现金流风险、流动性风险和操作风险等的管理。

第五章
期货投机与套利交易

第一节 期货投机交易

一 期货投机的概念

期货投机是指交易者通过预测期货合约未来价格变化，以在期货市场上获取价差收益为目的的期货交易行为。

期货投机与套期保值的区别主要有以下三点。

（一）从交易目的来看

期货投机交易是以赚取价差收益为目的；而套期保值交易是利用期货市场规避现货价格波动的风险。

（二）从交易方式来看

期货投机交易是在期货市场上进行买空卖空，从而获得价差收益；

套期保值交易则是在期货市场上建立现货市场的对冲头寸，以期达到对冲现货市场的价格波动风险。

（三）从交易风险来看

期货投机者在交易中通常是为博取价差收益而主动承担相应的价格风险；套期保值者则是通过期货交易规避现货价格风险。因此，从交易者的风险态度看，期货投机者大多是价格风险偏好者，套期保值者大多是价格风险厌恶者。

二 期货投机者的类型

根据不同的划分标准，期货投机者大致可分为以下两种类型。

（一）按交易主体划分

按交易主体划分，期货投机者可分为机构投机者和个人投机者。机构投机者是指用自有资金或者从分散的公众手中筹集的资金专门进行期货投机活动的机构，主要包括各类基金、金融机构、工商企业等。个人投机者则是指以自然人身份从事期货投机交易的投机者。

（二）按持有头寸方向划分

按持有头寸方向划分，期货投机者可分为多头投机者和空头投机者。在交易中，投机者根据对未来价格波动方向的预测确定交易头寸的方向。若投机者预测价格上涨买进期货合约，持有多头头寸，被称为多头投机者；若投机者预测价格下跌卖出期货合约，持有空头头寸，则被称为空头投机者。

三 期货投机交易的常见操作方法

（一）开仓阶段

1. 入市时机选择

第一步，通过基本面分析法，判断某品种期货合约价格将会上涨还是下跌。如果是上涨，进一步利用技术分析法分析升势有多大，持续时间有多长；如果是下跌，则可进一步利用技术分析法分析跌势有多大，持续时间有多长。

第二步，权衡风险和获利前景。投机者在决定入市时，要充分考虑自身承担风险的能力，并且只有在获利的概率较大时，才能入市。

第三步，决定入市的具体时间。期货价格变化很快，入市时间的确定尤其重要。即使对市场发展趋势的分析准确无误，但如果入市时间选择不当，在预测的趋势尚未出现之前买卖合约，仍会使投机者蒙受惨重损失。技术分析法对选择入市时间有一定作用。投机者通过基本面分析认为从长期来看期货价格将上涨（下跌），如果此时的合约价格却持续下跌（上升），则可能是投机者的分析出现了偏差，过高地估计了某些供求因素，也可能是一些短期因素对行情具有决定性的影响，使价格变动方向与长期趋势出现了暂时的背离。

建仓时应注意，只有在市场趋势已明确上涨时，才适宜买入期货合约；在市场趋势已明确下跌时，才适宜卖出期货合约。如果趋势不明朗或不能判定市场发展趋势，不要匆忙建仓。

2. 金字塔式建仓

金字塔式建仓是一种增加合约仓位的方法，即如果建仓后市场行情走势与预期相同并已使投机者获利，可增加持仓。增仓应遵循以下两个原则：（1）只有在现有持仓已盈利的情况下，才能增仓；（2）持仓的增加应渐次递减。金字塔式建仓的特点是将不断买入（卖出）的期货合约的平均价格保持在较低（高）水平。

【例 5－1】某投机者预计 9 月份大豆期货合约价格将上升，故买入

7手（10吨/手），成交价格为4 310元/吨，此后合约价格迅速上升到4 350元/吨，首次买入的7手合约已经为他带来浮动盈利10×7×（4 350－4 310）＝2 800（元）。为进一步利用该价位的有利变动，该投机者再次买入5手9月份合约，持仓总数增加到12手，12手合约的平均买入价为（4 310×70＋4 350×50）/120＝4 326.7（元/吨）。当市场价格再次上升到4 385元/吨时，又买入3手合约，持仓总计15手，所持仓的平均价格为4 338.3元/吨。当市价上升到4 405元/吨再买入2手，所持有合约总数为17手，平均买入价为4 346.2元/吨。当市价上升到4 425元/吨再买入1手，所持有合约总数为18手，平均买入价为4 350.6元/吨。操作过程见表5－1。

表5－1　　金字塔式买入

价格（元/吨）	持仓数（手）	平均价（元/吨）
4 425	×	4 350.6
4 405	×　×	4 346.2
4 385	×　×　×	4 338.3
4 350	×　×　×　×　×	4 326.7
4 310	×　×　×　×　×　×　×	4 310.0

本例中，采取金字塔式建仓策略买入合约时持仓的平均价虽有所上升，但升幅远小于合约市场价格的升幅，市场价格回落时，持仓不至于受到严重威胁，投机者有充足的时间卖出合约并获得利润。例如，如果市场价格上升到4 425元/吨后开始回落，跌到4 370元/吨，该价格仍然高于平均价4 350.6元/吨，立即卖出18手合约仍可获利（4 370－4 350.6）×18×10＝3 492元。

金字塔式卖出的做法可以照此类推。

如果建仓后，市场价格变动有利，投机者增加仓位不按金字塔式行事，而是每次买入或卖出的合约份数总是大于前一次的合约份数，即采用倒金字塔式建仓，合约的平均价就会接近最新成交价，则只要价格稍有下降或上升，便会吞食所有利润，甚至亏损，因而不建议采用倒金字塔式的方法进行买入或卖出。

3. 合约交割月份的选择

建仓时除了要决定买卖何种合约及何时买卖，还必须选择合适的合约交割月份。

投机者在选择合约的交割月份时，通常要注意以下两个问题：一是合约的流动性；二是远月合约价格与近月合约价格之间的关系。

根据合约流动性不同，可将期货合约分为活跃月份合约和不活跃月份合约两种。一般来说，期货投机者在选择合约月份时，应选择交易活跃的合约，避开不活跃的合约。活跃的月份具有较高的市场流动性，方便投机者在合适的价位对所持头寸进行平仓；而如果合约不活跃，投机者想平仓时，经常需等较长的时间或接受不理想的价差。

在正向市场中，远月合约的价格高于近月合约的价格。对商品期货而言，一般来说，当市场行情上涨且远月合约价格相对偏高时，若远月合约价格上升，近月合约价格也会上升，以保持与远月合约间正常的持仓费用关系，且近月合约的价格上升可能更多；当市场行情下降时，远月合约的跌幅不会小于近月合约，因为远月合约对近月合约的升水通常与近月合约间相差的持仓费大体相当。所以，多头投机者应买入近月合约；空头投机者应卖出远月合约。

在反向市场中，远月合约的价格低于近月合约的价格。对商品期货而言，一般来说，当市场行情上涨且远月合约价格相对偏低时，若近月合约价格上升，远月合约的价格也上升，且远月合约价格上升可能更多；如果市场行情下降，则近月合约受的影响较大，跌幅很可能大于远月合约。所以，做多头的投机者宜买入交割月份较远的远月合约，行情看涨时可获得较多利润；而做空头的投机者宜卖出交割月份较近的近月合约，行情下跌时可获得较多利润。不过，当现货供应极度紧张而出现的反向市场情况下，可能会出现近月合约涨幅大于远月合约的局面，投机者对此也要多加注意，避免进入交割期发生违约风险。

（二）平仓阶段

投机者建仓后应密切关注行情的变动，适时平仓。行情变动有利时，通过平仓获取投机利润；行情变动不利时，通过平仓可以限制损失。

投机者在交易出现损失，并且损失已经达到事先确定的数额时，应立即对冲平仓了结，认输离场。赌博心理过重，只会造成更大损失。在行情变动有利时，不必急于平仓获利，而应尽量延长持仓时间，充分获取市场有利变动产生的利润。这就要求投机者能够灵活运用止损指令实现限制损失、累积盈利。

止损指令是实现“限制损失、累积盈利”的有力工具。只要止损单运用得当，就可以为投机者提供必要的保护。止损单中的价格一般不能太接近于市场价格，以免价格稍有波动就不得不平仓，但也不能离市场价格太远，否则易遭受不必要的损失。止损单中价格的选择，可以利用技术分析法来确定。下面是小麦期货交易中运用止损指令的例子。

【例 5 -2】某投机者决定做小麦期货合约的投机交易，并确定其最大损失额为 50 元/吨。以 2 550 元/吨买入 20 手合约后，又下达一个卖出的止损指令，价格定于 2 500 元/吨。如果市价下跌，一旦达到 2 500 元/吨，该合约便会以止损价格或更好的价格平仓。通过该指令，投机者的交易可能会亏损，但损失额仅限于 50 元/吨左右。

止损指令下达后，如果市场行情走势符合投机者预期，价格朝有利方向变动，投机者就可继续持有手中头寸，直至市场趋势出现逆转为止，如例 5 -3 所示。

【例 5 -3】某投机者决定进行小麦期货合约的投机交易，以 2 550 元/吨买入 20 手合约。成交后市价上涨到每吨 2 610 元。因预测价格仍将上涨，投机者决定继续持有该合约。为防止市价下跌侵蚀已获得的利润，投机者下达一份止损单，价格定于 2 590 元/吨。如果市价下跌，一旦达到 2 590 元/吨，该合约便会以止损价格或更好的价格平仓。通过止损，投机者的利润虽有减少，但仍然有 40 元/吨左右的利润。如果价格继续上升，该止损指令自动失效，投机者可进一步扩大利润。

以上做法，既可限制损失，又可累积盈利，以充分利用市场价格的有利变动。例 5 -4 是对前两例的综合分析。

【例 5 -4】某投机者决定做小麦期货合约的投机交易，以 2 550 元/吨买入 20 手合约。成交后立即下达一份止损单，价格定于 2 500 元/吨。此后市价下跌，可以将损失限制到每吨 50 元左右。若价格上升，在价格上升到 2 610 元/吨时，投机者可取消上一止损指令，下达一份新的止损指令，价格定于 2 590 元/吨。若市价回落，可以保证获得 40 元/吨左右的利润。若市价继续上升，当上升到 2 630 元/吨，则可再取消前一止损指令，再重新下达一份止损指令，价格定于 2 600 元/吨。此时，即便价格下跌，也可保证 50 元/吨的利润。依此类推。

同样，如果投机者做空头交易，卖出合约后可以下达买入合约的止损指令，并在市场行情有利变动时不断调整指令价格，下达新的止损指令，达到限制损失累积盈利的目的。可见，止损指令是期货投机中广泛运用的工具。

第二节 期货套利交易

一 期货套利的定义与作用

（一）期货套利的定义

根据套利是否涉及现货市场，期货套利可分为价差套利（Spread）和期现套利（Arbitrage）。所谓价差套利，是指利用期货市场上不同合约之间的价差进行的套利交易。价差套利包括跨期套利、跨品种套利和跨市套利。期现套利，是指利用期货市场与现货市场之间不合理价差，通过在两个市场上进行反向交易，待价差趋于合理而获利的交易。

（二）期货价差套利的作用

期货价差套利的存在对期货市场的健康发展起到了重要作用，主要表现在以下两个方面：

第一，期货价差套利行为有助于不同期货合约价格之间合理价差关系的形成。期货价差套利交易的获利来自于对不合理价差的发现和利用，套利者会时刻注意市场动向。如果发现相关期货合约价差存在异常，则会通过套利交易获取利润。而这种套利行为，客观上会对相关期货合约价格产生影响，促使价差趋于合理。

第二，期货价差套利行为有助于提高市场流动性。期货价差套利交易客观上能扩大期货市场的交易量，承担价格变动的风险，提高期货交易的活跃程度，并且有助于其他交易者的正常进出和套期保值操作的顺利实现，有效降低市场风险，促进交易的流畅化和价格的理性化，因而起到了市场润滑剂和减震剂的作用。

二 价差与期货价差套利

（一）期货价差的定义

期货价差，是指期货市场上两个不同月份或不同品种期货合约之间的价格差。与投机交易不同，在期货价差套利中，交易者不关注某一个期货合约的价格向哪个方向变动，而是关注相关期货合约之间的价差是否在合理的区间范围内。如果价差不合理，交易者可利用这种不合理的价差对相关期货合约进行方向相反的交易，等价差趋于合理时再同时将两个合约平仓获取收益。

期货价差套利的交易者要同时在相关合约上进行方向相反的交易，即同时建立一个多头头寸和一个空头头寸，这是套利交易的基本原则，如果缺少了多头头寸或空头头寸，就像一个人缺了一条腿无法正常走路。因此，期货价差套利中建立的多头和空头头寸被形象地称为套利的“腿”（Legs，也可称为“边”）。

大多数期货价差套利活动都是由买入和卖出两个相关期货合约构成，因而套利交易通常具有两条“腿”。但也有例外，例如跨品种套利中，如果涉及的相关商品不止两种，比如在大豆、豆粕和豆油三个期货合约间进行的套利活动，可能包含了一个多头、两个空头或者一个空头、两个多头，在这种情况下，套利交易可能会有三条“腿”。

（二）价差的计算与价差的变化

价差的变化直接关系到套利的盈亏。我们首先确定一下价差的计算方法。建仓时的价差是用价格较高的期货合约减去价格较低的期货合约，计算平仓时的价差时，也要与建仓时两合约相减的顺序保持一致。只有按照相同的口径计算价差，才能够判断价差是扩大了还是缩小了，然后结合自己套利操作的方向来判断套利的盈亏。

以跨期套利为例，当市场为正向市场时，远月合约价格高于近月合约价格，价差就等于前者减后者。如果市场为反向市场，远月合约价格低于近月合约价格，价差就是后者减前者。在计算平仓时的价差时，不管市场是正向还是反向的，仍要按建仓时两合约相减的顺序计算。例如，如果建仓时是正向市场，价差用远月合约减近月合约，那么该套利在平仓时，也要用远月合约减近月合约来计算价差。

【例 5 -5】某套利者买入 5 月份铝期货合约的同时卖出 6 月份的铝期货合约，价格分别为 13 730 元/吨和 13 830 元/吨，6 月份价格高于 5 月份价格，因此价差为 6 月份价格减去 5 月份价格，即 100 元/吨。

为保持一致性，计算平仓时的价差，也要用建仓时价格较高的合约平仓价格减去建仓时价格较低的合约平仓价格。例如，上述套利者建仓之后，5 月份铝期货价格上涨至 14 010 元/吨，6 月份涨幅相对较小，为 13 870 元/吨，如果套利者按照此价格同时将两个合约对冲了结该套利交易，则在平仓时的价差仍应该用 6 月份的价格减去 5 月份的价格，即为 -140 元/吨（而不应该用 5 月份价格减去 6 月份的价格，即 140 元/吨）。因为只有计算方法一致，才能恰当地比较价差的变化。

由于期货价差套利交易是利用相关期货合约间不合理的价差来进行的，价差能否在套利建仓之后“回归”正常，会直接影响套利交易的盈亏和套利的风险。具体来说，如果套利者认为某两个相关期货合约的价差过大时，会预期套利建仓后该价差将缩小（Narrow）；同样，如果套利者认为某两个相关期货合约的价差过小时，会预期套利建仓后价差将扩大（Widen）。

如果当前（或平仓时）价差大于建仓时价差，则为价差扩大；相反，如果当前（或平仓时）价差小于建仓时价差，则为价差缩小。

【例 5 -6】某套利者在 8 月 1 日买入 9 月份白糖期货合约的同时卖出 11 月份白糖期货合约，价格分别为 5 120 元/吨和 5 220 元/吨，到 8 月 15 日，9 月份和 11 月份白糖期货价格分别变为 5 390 元/吨和 5 450 元/吨，价差变化如下：

8 月 1 日建仓时的价差 =5 220 -5 120 =100（元/吨）

8 月 15 日的价差 =5 450 -5 390 =60（元/吨）

由此可以判断，8 月 15 日的价差相对于建仓时缩小了，价差缩小 40 元/吨。

价差扩大与缩小的具体情况见表 5 - 2。

表 5 - 2　　价差扩大与缩小的具体情况

	价差变化的具体情形
价差扩大	正的程度增加；零变为正
价差缩小	正的程度减少；正变为零或负；零变为负

需要注意两点：第一，因为价差是以建仓时价格较高的一边减去价格较低的一边，所以建仓时的价差总是正的或者是零；第二，假设建仓时价差为 100，如果后来价差变为 - 120，从绝对值看，好像价差扩大了，但正负号的变化表示的是建仓时和平仓时两个合约的大小关系发生了逆转，比如说原来 A 合约高于 B 合约 100，现在 A 合约与 B 合约价差不断缩小，甚至出现 A 合约价格低于 B 合约价格的情形，这是价差缩小非常显著的情况。

（三）价差变动与套利盈亏计算

在计算期货价差套利盈亏时，可分别计算每个期货合约的盈亏，然后进行加总，得到整个套利交易的盈亏。

【例 5 - 7】某套利者以 2 326 元/吨的价格买入 1 月的螺纹钢期货，同时以 2 570 元/吨的价格卖出 5 月的螺纹钢期货。持有一段时间后，该套利者以 2 316 元/吨的价格将 1 月合约卖出平仓，同时以 2 553 元/吨的价格将 5 月合约买入平仓。该套利交易的盈亏计算如下：

1 月份的螺纹钢期货合约：亏损 = 2 326 - 2 316 = 10 （元/吨）

5 月份的螺纹钢期货合约：盈利 = 2 570 - 2 553 = 17 （元/吨）

套利结果 = - 10 + 17 = 7 （元/吨）

期货价差套利交易后套利者每吨螺纹钢盈利 7 元/吨。

（四）价差扩大与买入套利

根据套利者对相关合约中价格较高的一边的买卖方向不同，期货价差套利可分为买入套利和卖出套利。

如果套利者预期两个或两个以上期货合约的价差将扩大，则套利者将买入其中价格较高的合约，同时卖出价格较低的合约，我们称这种套利为买入套利（Buy Spread）。如果价差变动方向与套利者的预期相同，则套利者同时将两份合约平仓而获利。

【例 5-8】 1 月 4 日，某套利者以 250 元/克卖出 4 月份黄金期货，同时以 261 元/克买入 9 月份黄金。假设经过一段时间之后，2 月 4 日，4 月份价格变为 255 元/克，同时 9 月份价格变为 272 元/克，该套利者同时将两合约对冲平仓，套利结果可用两种方法来分析。

方法一： 分别对两合约的盈亏进行计算，然后加总计算净盈亏，计算结果如下。

4 月份的黄金期货合约：亏损 = 255 - 250 = 5（元/克）

9 月份的黄金期货合约：盈利 = 272 - 261 = 11（元/克）

套利结果 = -5 + 11 = 6（元/克）

该套利交易可获得净盈利 6 元/克。

方法二： 使用价差的概念来计算盈亏。

该套利者买入的 9 月份黄金的期货价格要高于 4 月份，可以判断是买入套利。价差从建仓的 11 元/克变为平仓的 17 元/克，价差扩大了 6 元/克，因此，可以判断该套利者的净盈利为 6 元/克。交易结果见表5-3。

表 5-3　　买入套利　　单位：元/克

		1月4日	2月4日	方法一
合约月份	4月	卖：250	买：255	亏损：250 - 255 = -5
	9月	买：261	卖：272	盈利：272 - 261 = 11
总盈亏				-5 + 11 = 6
方法二	套利方式	建仓价格比较：9 月份价格 > 4 月份价格	建仓买入 9 月份合约	买入套利
	价差变化	261 - 250 = 11	272 - 255 = 17	价差扩大
总盈亏				17 - 11 = 6

（五）价差缩小与卖出套利

如果套利者预期两个或两个以上相关期货合约的价差将缩小，套利者可通过卖出其中价格较高的合约，同时买入价格较低的合约进行套利，我们称这种套利为卖出套利（Sell Spread）。例如，如果套利者以250元/克买入4月份黄金期货，以261元/克卖出9月份黄金期货，这种套利就是卖出套利。

【例5－9】 1月4日，某套利者以250元/克买入4月份黄金期货，同时以261元/克卖出9月份黄金期货。假设经过一段时间之后，2月4日，4月份价格变为256元/克，同时9月份价格变为265元/克时，该套利者同时将两合约对冲平仓，套利结果可用两种方法来分析。

方法一： 分别对两合约的盈亏进行计算，然后加总计算净盈亏，计算结果如下：

4月份的黄金期货合约：盈利＝256－250＝6（元/克）

9月份的黄金期货合约：亏损＝265－261＝4（元/克）

套利结果＝6＋(－4)＝2(元/克)

该套利可以获取净盈利2元/克。

方法二： 使用价差的概念来计算盈亏。从套利操作方式上，可以看到该套利者卖出的9月份黄金期货价格要高于买入的4月份黄金期货价格，因而是卖出套利。价差从建仓时的11元/克变为平仓时的9元/克，价差缩小了2元/克，因此，可以判断该套利者的净盈利为2元/克。交易结果见表5－4。

表5－4　　卖出套利　　单位：元/克

		1月4日	2月4日	方法一
合约月份	4月	买：250	卖：256	盈利：256－250＝6
	9月	卖：261	买：265	亏损：265－261＝4
总盈亏				6＋（－4）＝2
方法二	套利方式	建仓价格比较：9月份价格>4月份价格	建仓卖出9月份合约	卖出套利
	价差变化	261－250＝11	265－256＝9	价差缩小
总盈亏				11－9＝2

第三节 期货套利的基本策略

期货价差套利根据所选择的期货合约的不同，又可分为跨期套利、跨品种套利和跨市套利。

一 跨期套利（牛市、熊市、蝶式）

跨期套利，是指在同一市场（交易所）同时买入、卖出同一期货品种的不同交割月份的期货合约，以期在有利时机同时将这些期货合约对冲平仓获利。跨期套利与现货市场价格无关，只与期货可能发生的升水和贴水有关。在实际操作中，根据套利者对不同合约月份中近月合约与远月合约买卖方向的不同，跨期套利可分为牛市套利、熊市套利和蝶式套利。

（一）牛市套利（Bull Spread）

当市场出现供给不足、需求旺盛或者远期供给相对旺盛的情形，导致较近月份合约价格上涨幅度大于较远月份合约价格的上涨幅度，或者较近月份合约价格下降幅度小于较远月份合约价格的下跌幅度，无论是正向市场还是反向市场，在这种情况下，买入较近月份的合约同时卖出较远月份的合约进行套利，盈利的可能性比较大，我们称这种套利为牛市套利。一般来说，牛市套利对可储存且作物年度相同的商品较为有效。例如，买入5月棉花期货同时卖出9月棉花期货。可以适用于牛市套利的可储存商品通常有小麦、棉花、大豆、糖、铜等。对于不可储存的商品，如活牛、生猪等，不同交割月份的商品期货价格间的相关性很低或不相关，则不适合进行牛市套利。

【例 5-10】设 10 月 26 日，次年 5 月份棉花合约价格为 12 075 元/吨，次年 9 月份合约价格为 12 725 元/吨，两者价差为 650 元/吨。交易者预计棉花价格将上涨，5 月与 9 月的期货合约的价差将有可能缩小。于是买入 50 手 5 月份棉花期货合约的同时卖出 50 手 9 月份棉花期货合约。12 月 26 日，5 月和 9 月的棉花期货价格分别上涨为 12 555 元/吨和 13 060 元/吨，两者的价差缩小为 505 元/吨。交易者同时将两种期货合约平仓，完成套利交易。交易结果见表 5-5。

表 5-5　　牛市套利策略

10 月 26 日	买入 50 手 5 月份棉花期货合约，价格为 12 075 元/吨	卖出 50 手 9 月份棉花期货合约，价格为 12 725 元/吨	价差 650 元/吨
12 月 26 日	卖出 50 手 5 月份棉花期货合约，价格为 12 555 元/吨	买入 50 手 9 月份棉花期货合约，价格为 13 060 元/吨	价差 505 元/吨
每条“腿”的盈亏状况	盈利 480 元/吨	亏损 335 元/吨	价差缩小 145 元/吨
最终结果	盈利 145 元/吨，总盈利为 145 元/吨 ×50 手 ×5 吨/手 =36 250 元		

注：1 手 =5 吨。

该例中，交易者预计棉花期货价格将上涨，若两个月后，棉花期货价格的走势与交易者的判断一致，则最终交易结果使套利者获得 36 250 元的盈利。现假设，若两个月后棉花价格并没有出现交易者预期的上涨行情，而是出现一定程度的下跌，交易者的交易情况见例 5-11。

【例 5-11】设 10 月 26 日，次年 5 月份棉花合约价格为 12 075 元/吨，次年 9 月份合约价格为 12 725 元/吨，两者价差为 650 元/吨。交易者预计棉花价格将上涨，5 月与 9 月的期货合约的价差将有可能缩小。于是，交易者买入 50 手 5 月份棉花合约的同时卖出 50 手 9 月份棉花合约。12 月 26 日，5 月和 9 月的棉花期货价格不涨反跌，价格分别下跌至 11 985 元/吨和 12 480 元/吨，两者的价差缩小为 495 元/吨。交易者同时将两种期货合约平仓，从而完成套利交易。交易结果见表 5-6。

表 5－6　　牛市套利策略

10 月 26 日	买入 50 手 5 月份棉花期货合约，价格为 12 075 元/吨	卖出 50 手 9 月份棉花期货合约，价格为 12 725 元/吨	价差 650 元/吨
12 月 26 日	卖出 50 手 5 月份棉花期货合约，价格为 11 985 元/吨	买入 50 手 9 月份棉花期货合约，价格为 12 480 元/吨	价差 495 元/吨
每条“腿”的盈亏状况	亏损 90 元/吨	盈利 245 元/吨	价差缩小 155 元/吨
最终结果	盈利 155 元/吨，总盈利为 155 元/吨 ×50 手 ×5 吨/手 =38 750 元		

注：1 手 =5 吨。

该例中，交易者预计棉花期货价格将上涨，两个月后棉花期货价格不涨反跌，虽然棉花价格走势与交易者的判断相反，但最终交易结果仍然使套利者获得了 38 750 元的盈利。

在上述两个例子中，可以发现，只要两个月份合约的价差趋于缩小，交易者就可以实现盈利，而与棉花期货价格的涨跌无关。同样，也可以使用买入套利或卖出套利的概念对这两个例子进行判断。该交易者进行的都是卖出套利操作，两种情况下价差分别缩小 145 元/吨和 155 元/吨。因此，可以很容易判断出这两种情况下该套利者每吨盈利 145 元和 155 元，250 吨总盈利为 36 250 元和 38 750 元。

由上述两例可以看出，该套利交易是在正向市场进行的。如果是反向市场，因为牛市套利是买入较近月份合约的同时卖出较远月份合约，在这种情况下，牛市套利可看成是买入套利，则只有在价差扩大时才能够盈利。

在进行牛市套利时，需要注意的是：在正向市场上，牛市套利的损失相对有限而获利的潜力巨大。因为在正向市场进行牛市套利，实质上是卖出套利，而卖出套利获利的条件是价差要缩小。如果价差扩大的话，该套利可能会亏损，但是由于在正向市场上价差变大的幅度要受到持仓费水平的制约，价差如果过大超过了持仓费，就会产生套利行为，会限制价差扩大的幅度。而价差缩小的幅度则不受限制，在上涨行情中很有可能出现较近月份合约价格大幅度上涨远远超过较远月份合约的可能性，使正向市场变为反向市场，价差可能从正值变为负值，价差会大幅度缩小，使牛市套利获利巨大。

（二）熊市套利（Bear Spread）

当市场出现供给过剩，需求相对不足时，一般来说，较近月份的合约价格下降幅度要大于较远月份合约价格的下降幅度，或者较近月份的合约价格上升幅度小于较远月份合约价格的上升幅度。无论是在正向市场还是在反向市场，在这种情况下，卖出较近月份的合约同时买入较远月份的合约进行套利，盈利的可能性比较大，我们称这种套利为熊市套利。在进行熊市套利时需要注意，当较近月份合约的价格已经相当低时，以至于不可能进一步偏离较远月份合约时，进行熊市套利是很难获利的。

【例5－12】设交易者在7月8日看到，11月份上海期货交易所天然橡胶期货合约价格为12 955元/吨，次年1月份合约价格为13 420元/吨，前者比后者低465元/吨。交易者预计天然橡胶价格将下降，11月与次年1月的期货合约的价差将有可能扩大。于是卖出60手（1手为5吨）11月份天然橡胶期货合约的同时买入60手次年1月份合约。到了9月8日，11月和次年1月的天然橡胶期货价格分别下降为12 215元/吨和12 775元/吨，两者的价差为560元/吨，价差扩大。交易者同时将两种期货合约平仓，完成套利交易。交易结果见表5－7。

表5－7　　熊市套利策略

7月8日	卖出60手11月份天然橡胶期货合约，价格为12 955元/吨	买入60手次年1月份天然橡胶期货合约，价格为13 420元/吨	价差465元/吨
9月8日	买入60手11月份天然橡胶期货合约，价格为12 215元/吨	卖出60手次年1月份天然橡胶期货合约，价格为12 775元/吨	价差560元/吨
每条“腿”的盈亏状况	盈利740元/吨	亏损645元/吨	价差扩大95元/吨
最终结果	盈利95元/吨，总盈利为95元/吨×60手×5吨/手＝28 500元		

注：1手＝5吨。

该例中，交易者预计天然橡胶期货价格将下跌，若两个月后，天然橡胶期货价格的走势与交易者的判断一致，则最终交易结果使套利者获得28 500元的盈利。现假设，若两个月后天然橡胶期货价格并没有像交易者预计的那样下跌，而是出现了上涨行情，交易情况见例5－13。

【例5－13】设交易者在7月8日看到，11月份上海期货交易所天然橡胶期货合约价格为12 955元/吨，次年1月份合约价格为13 420元/吨，前者比后者低465元/吨。交易者预计天然橡胶期货价格将下降，11月与次年1月期货合约的价差将有可能扩大。于是，交易者卖出60手（1手为5吨）11月份天然橡胶期货合约的同时买入60手次年1月份合约。到了9月8日，11月和次年1月的天然橡胶期货价格不降反涨，价格分别上涨至13 075元/吨和13 625元/吨，两者的价差为550元/吨，价差扩大。交易者同时将两种期货合约平仓，从而完成套利交易。交易结果见表5－8。

表5－8　　熊市套利策略

7月8日	卖出60手11月份天然橡胶期货合约，价格为12 955元/吨	买入60手次年1月份天然橡胶期货合约，价格为13 420元/吨	价差465元/吨
9月8日	买入60手11月份天然橡胶期货合约，价格为13 075元/吨	卖出60手次年1月份天然橡胶期货合约，价格为13 625元/吨	价差550元/吨
每条"腿"的盈亏状况	亏损120元/吨	盈利205元/吨	价差扩大85元/吨
最终结果	盈利85元/吨，总盈利为85元/吨×60手×5吨/手＝25 500元		

注：1手＝5吨。

该例中，交易者预计天然橡胶期货价格将下跌，两个月后天然橡胶价格不跌反涨，虽然天然橡胶期货价格走势与交易者的判断相反，但最终交易结果仍然使套利者获得了25 500元的盈利。

在上述两个例子中，可以发现，只要天然橡胶两个合约月份的价差趋于扩大，交易者就可以实现盈利，而与天然橡胶期货价格的涨跌无关。因此，我们也可以使用买入套利或卖出套利的概念对这两个例子进行判断。该交易者进行的是买进套利，价差分别扩大了95元/吨和85元/吨，因此，可以判断该套利者每吨盈利分别为95元和85元，总盈利分别为28 500元和25 500元。

由上述两个例子可以判断，套利是在正向市场进行的。如果是反向市场，熊市套利交易者卖出较近月份合约的同时买入较远月份合约，属于卖出套利的情形，则只有在两个合约价差缩小时才能够盈利。

（三）蝶式套利（Butterfly Spread）

蝶式套利是跨期套利中的又一种常见形式。它是由共享居中交割月份一个牛市套利和一个熊市套利组合而成。由于较近月份和较远月份的期货合约分别处于居中月份的两侧，形同蝴蝶的两个翅膀，故称之为蝶式套利。

蝶式套利的具体操作方法是：买入（或卖出）较近月份合约，同时卖出（或买入）居中月份合约，并买入（或卖出）较远月份合约，其中，居中月份合约的数量等于较近月份和较远月份合约数量之和。这相当于在较近月份合约与居中月份合约之间的牛市（或熊市）套利和在居中月份与较远月份合约之间的熊市（或牛市）套利的一种组合。例如，套利者同时买入 20 手 5 月份玉米合约、卖出 60 手 7 月份玉米合约、买入 40 手 9 月份玉米合约。

蝶式套利与普通跨期套利的相似之处，是认为同一商品但不同交割月份之间的价差出现了不合理的情况。不同之处在于，普通跨期套利只涉及两个交割月份合约的价差，而蝶式套利认为居中交割月份的期货合约价格与两旁交割月份合约价格之间的相关关系出现了不合理价差。

【例 5－14】 2 月 1 日，3 月份、5 月份、7 月份的大豆期货合约价格分别为 4 450 元/吨、4 530 元/吨和 4 575 元/吨，某交易者认为 3 月份和 5 月份之间的价差过大，而 5 月份和 7 月份之间的价差过小，预计 3 月份和 5 月份的价差会缩小而 5 月份与 7 月份的价差会扩大，于是该交易者以该价格同时买入 150 手（1 手为 10 吨）3 月份合约、卖出 350 手 5 月份合约、买入 200 手 7 月份大豆期货合约。到了 2 月 18 日，三个合约的价格均出现不同幅度的下跌，3 月份、5 月份和 7 月份的合约价格分别跌至 4 250 元/吨、4 310 元/吨和 4 370 元/吨，于是该交易者同时将三个合约平仓。在该蝶式套利操作中，套利者的盈亏状况见表5－9。

表 5-9　　蝶式套利策略

	3 月份合约	5 月份合约	7 月份合约
2 月 1 日	买入 150 手，4 450 元/吨	卖出 350 手，4 530 元/吨	买入 200 手，4 575 元/吨
2 月 18 日	卖出 150 手，4 250 元/吨	买入 350 手，4 310 元/吨	卖出 200 手，4 370 元/吨
各合约盈亏状况	亏损 200 元/吨 总亏损为 200×150×10=300 000 元	盈利 220 元/吨 总盈利为 220×350×10=770 000 元	亏损 205 元/吨 总亏损为 205×200×10=410 000 元
净盈亏	净盈利=-300 000+770 000-410 000=60 000 元		

注：1 手=10 吨。

可见，蝶式套利是两个跨期套利互补平衡的组合，可以说是“套利的套利”。蝶式套利与普通跨期套利相比，从理论上看风险和收益都较小。

二　跨品种套利

跨品种套利，是指利用两种或三种不同的但相互关联的商品之间的期货合约价格差异进行套利，即同时买入或卖出某一交割月份的相互关联的商品期货合约，以期在有利时机同时将这些合约对冲平仓获利。跨品种套利又可分为两种情况：一是相关商品之间的套利；二是原材料与成品之间的套利。

（一）相关商品间的套利

一般来说，商品的价格总是围绕其内在价值上下波动，而不同的商品因其内在的某种关联，如需求替代品、需求互补品、生产替代品或生产互补品等，使得他们的价格存在着某种稳定的合理的比值关系。但由于受市场、季节、政策等因素的影响，这些相关联的商品之间的比值关系又经常偏离合理的区间，表现为一种商品被高估，另一种被低估，或相反，从而为跨品种套利带来了可能。在此情况下，交易者可以通过期货市场卖出被高估的商品合约，买入被低估的商品合约进行套利，等有利时机出现后分别平仓，从中获利。例如，铜和铝都可以用来作为电线的生产原材料，两者之间具有较强的可替代性，铜的价格上升会引起铝的需求量上升，从而导致铝价格的上涨。因此，当铜和铝的价格关系脱离了正常水平时，就可以用这两个品种进行跨品种套利。具体做法是：买入（或卖出）一定数量的铜期货合约，同时卖出（或买入）与铜期货合约交割月份相同价值量相当的铝期货合约，待将来价差发生有利变化时再分别平仓了结，以期获得价差变化的收益。

【例 5－15】6 月 1 日，次年 3 月份上海期货交易所铜期货合约价格为 54 390 元/吨，而次年 3 月该交易所铝期货合约价格为 15 700 元/吨，前者比后者高 38 690 元/吨。某套利者根据两种商品合约间的价差分析，认为价差小于合理的水平，如果市场机制运行正常，这两者之间的价差将会恢复正常。于是决定买入 30 手（1 手为 5 吨）次年 3 月份铜期货合约的同时卖出 30 手次年 3 月份铝期货合约，以期在未来某个有利时机同时平仓获取利润。6 月 28 日，上述铜期货合约和铝期货合约分别降至 54 020 元/吨和 15 265 元/吨，该套利者同时将两种期货合约对冲平仓。交易情况见表 5－10。

表 5－10　　沪铜/铝跨品种套利策略

6 月 1 日	买入 30 手次年 3 月份铜合约，价格为 54 390 元/吨	卖出 30 手次年 3 月份铝合约，价格为 15 700 元/吨	价差 38 690 元/吨
6 月 28 日	卖出 30 手次年 3 月份铜合约，价格为 54 020 元/吨	买入 30 手次年 3 月份铝合约，价格为 15 265 元/吨	价差 38 755 元/吨
套利结果	亏损 370 元/吨	获利 435 元/吨	
	净获利＝（435 元/吨－370 元/吨）×30 手×5 吨/手＝9 750 元		

注：1 手＝5 吨。

（二）原材料与成品之间的套利

原材料与成品之间的套利是指利用原材料商品和它的制成品之间的价格关系进行套利。比较典型的是大豆与其两种制成品——豆油和豆粕之间的套利。在我国，大豆与豆油、豆粕之间一般存在着“100% 大豆＝18% 豆油＋78.5% 豆粕＋3.5% 损耗”的关系（注：出油率的高低和损耗率的高低要受大豆的品质和提取技术的影响，因而比例关系也处在变化之中）。所以也就存在“100% 大豆×购进价格＋加工费用＋利润

=18%豆油×销售价格+78.5%豆粕×销售价格”的平衡关系。而这三种商品之间的套利又有两种做法，分别为大豆提油套利和反向大豆提油套利。

1. 大豆提油套利

大豆提油套利是大豆加工商在市场价格关系基本正常时进行的，目的是防止大豆价格突然上涨，或豆油、豆粕价格突然下跌，从而产生亏损，或者将已产生的亏损降至最低。由于大豆加工商对大豆的购买和产品的销售不能够同时进行，存在着一定的价格变动风险。

大豆提油套利的做法是：购买大豆期货合约的同时卖出豆油和豆粕的期货合约，当在现货市场上购入大豆或将成品最终销售时再将期货合约对冲平仓。这样，大豆加工商就可以锁定产成品和原料间的价差，防止市场价格波动带来的损失。

2. 反向大豆提油套利

反向大豆提油套利是大豆加工商在市场价格反常时采用的套利。当大豆价格受某些因素的影响出现大幅上涨时，大豆可能与其制成品出现价格倒挂，大豆加工商将会采取反向大豆提油套利的做法：卖出大豆期货合约，买进豆油和豆粕期货合约，同时缩减生产，减少豆粕和豆油的供给量，三者之间的价格将会趋于正常，大豆加工商在期货市场中的盈利将有助于弥补现货市场中的亏损。

三　跨市套利

跨市套利，也称市场间套利，是指在某个交易所买入（或卖出）某一交割月份的某种商品合约的同时，在另一个交易所卖出（或买入）同一交割月份的同种商品合约，以期在有利时机分别在两个交易所同时对冲所持有的合约而获利。

在期货市场上，许多交易所都交易相同或相似的期货商品，如芝加哥期货交易所、大连商品交易所、东京谷物交易所都进行玉米、大豆期货合约交易，伦敦金属交易所、上海期货交易所、纽约商业交易所都进行铜、铝等有色金属交易。一般来说，这些品种在各交易所间的价格会有一个稳定的差额，一旦这个稳定差额发生偏离，交易者就可通过买入价格相对较低的合约，卖出价格相对较高的合约而在这两个市场间套利，以期两市场价差恢复正常时平仓，获取利润。

【例5－16】 7月1日，堪萨斯期货交易所（KCBT）12月份小麦期货合约价格为730美分/蒲式耳，同日芝加哥期货交易所（CBOT）12月份小麦期货合约价格为740美分/蒲式耳。套利者认为，虽然堪萨斯期货交易所的合约价格较低，但和正常情况相比仍偏高，预测两交易所12月份合约的价差将扩大。据此分析，套利者决定卖出20手（1手为5 000蒲式耳）堪萨斯期货交易所12月份小麦合约，同时买入20手芝加哥期货交易所12月份小麦合约，以期在未来某个有利时机同时平仓获取利润。交易情况见表5－11。

表5－11　　　　跨市套利策略

7月1日	卖出20手KCBT 12月份小麦合约，价格为730美分/蒲式耳	买入20手CBOT 12月份小麦合约，价格为740美分/蒲式耳	价差10美分/蒲式耳
7月10日	买入20手KCBT 12月份小麦合约，价格为720美分/蒲式耳	卖出20手CBOT 12月份小麦合约，价格为735美分/蒲式耳	价差15美分/蒲式耳
套利结果	每手获利10美分/蒲式耳	每手亏损5美分/蒲式耳	
	净获利（0.10－0.05）×20×5 000＝5 000美元		

注：1手＝5 000蒲式耳。

四　期现套利

期现套利是通过利用期货市场和现货市场的不合理价差进行反向交易而获利。理论上，期货价格和现货价格之间的价差主要反映持仓费的大小。但现实中，期货价格与现货价格的价差并不绝对等同于持仓费，有时高于或低于持仓费。当价差与持仓费出现较大偏差时，就会产生期现套利机会。

具体有两种情形。如果价差远远高于持仓费，套利者就可以通过买入现货，同时卖出相关期货合约，待合约到期时，用所买入的现货进行交割。获取的价差收益扣除买入现货后所发生的持仓费用之后还有盈利，从而产生套利利润。相反，如果价差远远低于持仓费，套利者则可以通过卖出现货，同时买入相关期货合约，待合约到期时，用交割获得的现货来补充之前所卖出的现货。价差的亏损小于所节约的持仓费，因而产生盈利。

不过，对于商品期货而言，由于现货市场缺少做空机制，从而限制了现货市场卖空的操作，最常见的期现套利操作是第一种情形。

【例 5－17】 6 月 30 日，9 月份郑州商品交易所白糖期货价格为 5 200元/吨，郑州现货市场白糖价格为 5 100 元/吨，期货价格比现货价格高 100 元/吨。套利者根据分析，估算出持仓费约为每吨 30 元，认为存在期现套利机会。按照 5 100 元/吨的价格买入白糖现货，同时在期货市场以 5 200 元/吨的价格卖出白糖期货合约。如果套利者一直持有到期并进行交割，赚取的价差为 100 元/吨（即 5 200 － 5 100 = 100），扣除持有白糖所花费的持仓费 30 元/吨之后，套利者盈利 70 元/吨。

在实际操作中，也可不通过交割来完成期现套利，只要价差变化对套利者有利，可通过将期货合约和现货部位分别了结的方式来结束期现套利操作。

此外，在商品期货市场进行期现套利操作，一般要求交易者对现货商品的生产、经营、运输和储存等环节比较熟悉。因此，期现套利参与者常常是有现货生产经营背景的企业。

第四节　期货价差套利指令

一　套利指令

在期货价差套利交易实施中，多数交易所为了给套利交易提供便利，往往会设计套利指令，相当于将两个或两个以上合约的买卖指令合成为一个组合的指令，套利者可使用一个套利指令来完成多个合约的买卖操作。套利指令通常不需要标明买卖各期货合约的具体价格，只要标注两个合约价差即可。另外，在许多国家的交易所，套利交易还可以享受佣金、保证金等方面的优惠待遇。在我国，以大连商品交易所和郑州商品交易所为例，套利的保证金是单边收取，按照套利持仓组合内交易保证金较高的合约收取。

二　套利指令的种类

在指令种类上，可分为套利的市价指令和套利的限价指令。套利市价指令，是指交易将按照市场当前可能获得的最好的价差成交的一种指令。套利限价指令，是指当价差达到指定价差时，指令将以指定的或更优的价差来成交。

根据具体的套利种类，还分为跨期套利指令、跨品种套利指令等。跨期套利组合指令，是指买入（卖出）同一品种较近月份的期货合约，同时卖出（买入）相同数量较远月份期货合约，不标明买卖合约的具体价位，只标明买卖合约价差的指令。跨品种套利指令，是指同时买进

（卖出）和卖出（买进）两个不同标的物期货合约的指令。

如果要撤销前一笔套利交易的指令，则可以使用取消指令。

目前，大连商品交易所有跨期套利指令、跨品种套利指令和压榨利润套利交易指令三类；郑州商品交易所有跨期套利指令和跨品种套利指令。指令分为市价指令和限价指令两类。

三 套利指令的报价

套利者在使用套利指令时，要了解交易所对其中的价差计算是如何规定的。因为套利指令只涉及相关期货合约间的价差，为了便于报价和交易，交易所会事先确定价差的计算方式，也就是用“哪一边”减“哪一边”。以大连商品交易所为例，套利指令报价的具体规定如表5－12所示：

表5－12　　大连商品交易所的套利指令

名称	交易方式（从买方角度）	报价方式
同品种跨期套利交易指令	买入近月合约，卖出同等数量远月合约	买（卖）套利价格＝近月合约买（卖）申报价格－远月合约卖（买）申报价格
两个品种间套利交易指令	买入某品种某月份合约，卖出另一品种相同或不同月份合约	买（卖）套利价格＝第一品种买（卖）申报价－第二品种卖（买）申报价格
压榨利润套利交易指令	卖大豆合约、买相同月份或不同月份豆粕和豆油合约	买（卖）套利价格＝豆粕合约买（卖）申报价格＋豆油合约买（卖）申报价格－大豆合约卖（买）申报价格

郑州商品交易所在跨期套利和跨品种套利上的规定也基本类似。下面我们以同品种跨期套利交易指令为例，对于该指令的报价特点和指令的使用进行说明。

图5－1是郑州商品交易所白糖跨期套利的价差行情图，在交易所系统中，跨期套利的价差均是用近月合约价格减去远月合约价格，即白糖期货2018年1月合约价格减去白糖期货2018年5月合约的价格。图5－1中右侧显示的最新卖出价266元/吨，“卖出”是指“卖出1月合约同时买入5月合约”的套利操作，最新卖出价为266元/吨，表示“以1月合约高出5月合约266元/吨的价差卖出1月合约，买入5月合

约”。最新买入价为263元/吨，“买入”是指“买入1月合约同时卖出5月合约”的套利操作，最新买入价为263元/吨，表示“以1月合约高出5月合约263元/吨的价差买入1月合约，卖出5月合约”。可以这样理解，报价中的“买入”和“卖出”都是相对于近月合约的买卖方向而言的。

图5－1　白糖跨期套利的价差行情

图5－2为该套利的限价指令下达的界面，“合约”一栏要选择“SPD SR801&SR805”，表示进行的是白糖期货2018年1月和2018年5月的跨期套利。如果要买近月合约卖远月合约，在“买卖”一栏选择“买入”，如果要卖近月合约买远月合约，选择“卖出”。然后再选择买卖的手数和愿意接受的价差就可以下单了。如果近月合约是低于远月合约的，价差为负，下单时一定要加上负号。

图5－2　套利的限价指令下达界面

需要注意的是，这种计算方式可能会与第二节中套利者计算价差的方式不太相同，但最终对套利盈亏结果的判断是一致的。举例说明：

假设目前 CF501 和 CF503 合约价格分别为 13 800 元/吨和 13 900 元/吨，按交易所的交易系统计算两个月份的价差为 -100 元/吨。如果 CF501 合约价格下跌 50 元/吨，变为 13 750 元/吨，CF503 合约价格下跌 100 元/吨，变为 13 800 元/吨，则两个合约的价差由 -100 元/吨变到 -50 元/吨。如果套利者进行的是买近月合约卖远期合约的操作，在不计交易费用的情况下，会有盈利 50 元/吨，与价差的变化幅度 50 元/吨相等，即 -50-(-100)=50 元/吨。同理，当价差从负的变为正值，也会盈利。因此，我们可以得出结论：对于买近月合约卖远月合约来说，只要平仓价差相对于建仓价差增大了（包括负的程度减少，从负的变为零或正，零变正，或正的程度增加），就会有盈利。如果把“买近卖远”交易的两个合约视为一个整体或一个合约，把价差视为价格，“买近卖远”交易就与买进一个单独合约的交易在盈亏方面有类似的特点。具体来说，价差的大和小（是指价差本身的值，而不是绝对值的大小，例如价差 -10 小于价差 -2，价差 -2 就小于 1，等等），类似于价格上的高和低，价差的增大和缩小，类似于价格的上升和下跌，也因为此，这种交易在交易所系统中被称为“组合指令的买单”，这样对套利者来说也便于理解和操作。同理，可以进行关于“卖近买远”组合指令的分析。

我们可以用表格形式做以总结（见表 5-13）。

表 5-13　　价差变化

指令	操作	何时盈利	盈利时价差变化的具体情形
组合指令的买单	买近卖远	价差增大	负的程度减少；负变零或正；零变正；正的程度增加
组合指令的卖单	卖近买远	价差缩小	正的程度减少；正变零或负；零变负；负的程度增加

注：“价差增加”和“价差缩小”的说法引自郑州商品交易所网站上对套利的说明。与第二节中的价差扩大与价差缩小略有不同。前者价差初始值可以为正、负或者零，后者价差初始值只能为正或零，不能为负（因为是用价格高的一边减去价格低的一边），但价差变化的判断比较类似，都是从价差本身值（非绝对值）的变化来判断的。

如果我们用第二节中的价差计算和盈亏分析方法判断上面的例子，过程是这样的：首先，远月价格高于近月合约 100 元/吨，价差为高的一边减去低的一边，即 100 元/吨，远月合约上是卖出操作，因此该套利属于卖出套利。之后价差仍按建仓时的远月减近月计算，变为 50 元/吨，价差缩小，可以判断：卖出套利，价差缩小有盈利 50 元/吨。这一结果与前面的分析是一致的。

由此可见，交易所系统中的套利指令的价差计算与第二节中介绍的方法虽然不尽相同，但最终对盈利的结果分析是一致的。我们可以这样理解两者的差异和各自的用途：第二节中讲的计算和盈亏判断方法具有一般性，普遍适用于各种价差套利操作，因为无论是跨期套利、跨品种套利还是跨市套利，最终都可归于买进套利或卖出套利（或两者的组合）类型，进而根据价差扩大还是缩小来判断盈亏。而这里介绍的交易所系统的价差报价，其主要目的是为了便于行情报价和交易。交易所必须事先明确合约相减的顺序，例如跨期套利中近月价格减远月价格，跨品种套利中品种 1 价格减品种 2 价格等，这样才能显示统一的价差的行情走势，不同套利者下达指令时不会对价差如何计算产生分歧。因此，当交易所在交易系统中对某些合约的套利已经开发了组合指令，套利者在下达指令时，有必要了解交易所对价差计算的具体规定。

四 套利市价指令和套利限价指令的应用

（一）套利市价指令的应用

如果套利者希望以当前的价差水平尽快成交，则可以选择使用市价指令。在使用套利市价指令时，套利者不需要注明差价的大小，只需注明买入和卖出期货合约的种类和月份即可；具体成交的价差大小，取决于指令执行时点上市场行情的变化情况。该指令的优点是成交速度快，缺点是在市场行情发生较大变化时，成交的价差可能与交易者的预期有较大差距，有一定的风险。

【例 5－18】某交易者看到当前大连商品交易所报价系统上 1 月份和 5 月份棕榈油期货的价差为 5 300 元/吨和 5 480 元/吨，价差为 －180

元/吨，该交易者认为价差会增大，希望尽快入市买入1月份合约，同时卖出5月份合约进行套利。于是下达跨期套利的组合指令买单的市价指令。在这个指令的下达过程中，实际成交的价差并不一定是－180元/吨，因为指令下达有个很短的时间间隔，这期间，两个合约的期货价格可能会发生变化，价差也会随之变化。成交的价差可能比－180元/吨高，例如－170元/吨（这一情形会比预期的－180元/吨的价差的情形略差，因为这是组合指令买单，建仓时的价差越大越不理想），也可能比－180元/吨低，如－190元/吨（这一情形会比预期的－180元/吨的价差的情形更理想），尤其在行情波动较大时，与－180元/吨的偏离也可能更大。一般情况下，如果市场行情没有突然变化，采用市价指令可以使套利者迅速以大约－180元/吨的价差建仓。

（二）套利限价指令的应用

如果套利者希望以一个理想的价差成交，可以选择使用套利限价指令。套利限价指令可以保证交易能够以指定的甚至更好的价位来成交。在使用限价指令进行套利时，需要注明具体的价差和买入、卖出期货合约的种类和月份。该指令的优点在于可以保证交易者以理想的价差进行套利，但是由于限价指令只有在价差达到所设定的条件时才可以成交，不能保证立刻成交。

【例5－19】某日，套利者看到郑州商品交易所报价系统上1月份和5月份白糖期货的价差为150元/吨。该套利者认为价差还会增大，想买入1月份合约，同时卖出5月份进行套利。于是下达组合指令的买单的限价指令，设定的价差为145元/吨。使用该指令意味着只有价差小于或等于145元/吨时，该指令才能够被执行。例如，该指令有可能最终以140元/吨的价差成交，该价差会比预先设定的145元/吨的价差更有利。

第六章
期 权

期权作为另一种主要的衍生金融工具，同样在投资、规避风险以及资产管理等业务中发挥着重要的作用。本章主要介绍期权的含义、特点、基本要素、基本类型，研究期权价格的构成及影响因素，分析期权交易的基本策略及应用等内容。

第一节 期权及期权交易

本节主要介绍期权的含义和基本要素、期权的基本类型、建仓指令和头寸了结等期权交易的基本方式，以及期权的特点。

一 期权及其基本要素

期权（Options），也称为选择权，是指期权的买方有权在约定的期限内，按照事先确定的价格，买入或卖出一定数量某种资产的权利。

作为一种衍生金融工具，期权所涉及的基本要素包括：期权的价格、标的资产、行权方向、执行价格、有效期限等。

第一，期权的价格，又称为权利金（Premium）、期权费、保险费，是期权买方为获得在约定期限内按约定价格购买或出售某种资产的权利而支付给卖方的费用。

第二，标的资产（Underlying Assets），又称为标的物，是期权合约的标的，是期权合约中约定的买方行使权利时所购买或出售的资产。

期权的标的资产可以是现货资产，也可以是期货资产；可以是实物资产，也可以是金融资产或金融指标（股票价格指数等）。

例如，上海证券交易所交易的上证50ETF期权，合约标的是以上证50指数成分股为标的的开放式指数基金；大连商品交易所交易的豆粕期权、郑州商品交易所交易的白糖期权都是商品期货期权。中国金融期货交易所推出的仿真期权是股指期权，合约标的有上证50股票价格指数和沪深300股票价格指数。

第三，行权方向，是指期权买方行权时的操作方向。期权买方的权利可以是买入标的资产，也可以是卖出标的资产。所以，行权方向有买入和卖出两种，行权方向由期权类型为看涨期权还是看跌期权决定。

第四，执行价格（Exercise Price），执行价格又称为履约价格、行权价格，是期权合约中约定的，买方行使权利时购买或出售标的资产的价格。

第五，有效期限。期权是一种权利凭证，购买方支付期权费后获得在约定期限内，行使其以约定价格购买或出售特定资产的权利。如果在特定期限内没有行使该权利，期权将过期失效。这一特点使得期权宛如一张球票或车票等，这个期限就是期权的有效期限。当然，因为期权有不同的类型，期权有效期限的规定也不尽相同。

二　期权的基本类型

根据期权购买者的权利不同、执行时限不同、标的资产不同等不同标准，可以将期权分成多种不同的类型。

（一）看涨期权和看跌期权

按照买方行权方向的不同，可将期权分为看涨期权（Call Options）和看跌期权（Put Options）。如果赋予期权买方未来按约定价格购买标的资产的权利，就是看涨期权，或称买权、认购期权；如果赋予期权买方未来按约定价格出售标的资产的权利，就是看跌期权，或称卖权、认沽期权。

【例 6－1】表 6－1 是从 2017 年 8 月 1 日 CBOE 网站上获取的通用电气股票的一种看涨期权的报价情况。该期权 2017 年 8 月 4 日到期，执行价格为 25.50 美元。期权代码为 GE1704H25.5（2017 Aug 25.50 Call）。当时通用电气股票的市场价格为 25.52 美元。

表 6－1　GE1704H25.5（2017 Aug 25.50 Call）报价表

2017 年 8 月 1 日　00:38 ET（时间延迟 15 分钟）

最新成交价	0.24 美元	涨跌	上涨
最新成交时间	2017 年 7 月 31 日 15:25	交易所	CBOE
净变化	+0.03 美元	昨收盘	0.21 美元
开盘价	0.22 美元	最高价	0.24 美元
买入价	0.22 美元	最低价	0.18 美元
卖出价	0.28 美元	成交量	207 股
持仓量	1 383 股	到期日	2017 年 8 月 4 日

例 6－1 是一个股票看涨期权的典型例子。它意味着，如果一个投资者在 2017 年 7 月 31 日按照 0.24 美元的价格买入通用电气的看涨期权，就有权利在 2017 年 8 月 4 日之前按照 25.50 美元的价格买入 1 股通用电气股票。以期权的购买者（也叫多方）购买期权一直持有到 2017 年 8 月 4 日尚未行权为例，如果该日股票价格高于 25.50 美元，应该执行这个权利。股票价格比 25.50 美元高多少，就从股票上获利多少，当然，要扣除 0.24 美元的期权费才是最终收益。反之，如果 8 月 4 日股票价格低于 25.50 美元，多方应该放弃行使这个权利，从而完全损失掉 0.24 美元的期权费，这是多方从事这笔期权交易可能遭受的最大损失。如果直到 2017 年 8 月 4 日多方都没有行权，期权到期，多方的

权利随之也就失效了。

如果一个投资者在 2017 年 7 月 31 日按照 0.24 美元的价格卖出 1 份通用电气的这个看涨期权，那么他就成为该看涨期权的空方。在收取了 0.24 美元的期权费后，空方就只有义务而没有权利了：当股票价格高于 25.50 美元，多方要执行期权时，空方必须按照 25.50 美元的价格将股票卖给多方；当股票价格低于 25.50 美元，多方放弃行权时，空方赢得了这笔交易的最大收益——全部的期权费。

从这个例子中可以看出，所谓看涨期权，就是赋予了多方未来按约定价格买入某种资产的权利。未来如果价格上涨到执行价格以上，多方有权执行这个权利；如果价格下跌，多方有权放弃这个权利，而期权费就是购买这个权利所支付的费用。显然，正是因为多方对标的资产未来看涨，才愿意付出期权费买入这样一个权利，这就是为什么此类期权被称为“看涨期权”的原因。

【例 6－2】表 6－2 是从 2017 年 8 月 1 日 CBOE 网站上获取的通用电气股票期权的报价情况。期权是通用电气股票的看跌期权，2017 年 8 月 4 日到期，执行价格同样为 25.50 美元。期权代码为 GE1704T25.5（2017 Aug 25.50 Put）。

表 6－2　GE1704T25.5（2017 Aug 25.50 Put）报价表

2017 年 8 月 1 日　10:06 ET（时间延迟 15 分钟）

最新成交价	0.15 美元	涨跌	上涨
最新成交时间	2017 年 8 月 1 日 09:40	交易所	CBOE
净变化	+0.06 美元	昨收盘	0.09 美元
开盘价	0.10 美元	最高价	0.15 美元
买入价	0.11 美元	最低价	0.10 美元
卖出价	0.17 美元	成交量	20 股
持仓量	1 537 股	到期日	2017 年 8 月 4 日

例 6－2 是股票看跌期权的一个例子。从这个报价表可以了解，如果一个投资者在 2017 年 8 月 1 日按照 0.15 美元的价格买入 1 份通用电气的看跌期权，就有权利在 2017 年 8 月 4 日之前按照 25.50 美元的价格卖出 1 股通用电气股票。以期权的购买者（同样称为多方）购买期权一直持有到 2017 年 8 月 4 日尚未行权为例，如果该日股票价格低于

25.50 美元，应该执行这个权利。股票价格比 25.50 美元低多少，就从股票上获利多少，当然，要扣除 0.15 美元的期权费才是最终收益。反之，如果 8 月 4 日股票价格高于 25.50 美元，多方应该放弃这个权利，从而完全损失掉 0.15 美元的期权费，这是多方从事这笔期权交易可能遭受的最大损失。与看涨期权的情况相同，如果直到 2017 年 8 月 4 日多方都没有行权，期权到期，多方的权利随之失效。

如果一个投资者在 2017 年 8 月 1 日按照 0.15 美元的价格卖出 1 份通用电气的看跌期权，那么他就成为该看跌期权的空方。在收取了 0.15 美元的期权费后，空方就承担了随时以 25.50 美元买进通用电气股票的义务：2017 年 8 月 4 日到期之前，只要多方要执行期权，空方就必须按照 25.50 美元的价格买进股票。当然，只有在股票的市场价格低于执行价格 25.50 美元时，多方才会行权。如果一直到期权到期失效，多方都没有行权，空方就赢得了这笔交易的最大收益——全部的期权费。

这个例子清楚地说明，看跌期权，就是赋予了多方未来按约定价格卖出某种资产的权利。未来如果标的资产的价格下跌到执行价格以下，多方有权执行这个权利；如果未来标的资产的价格上升，多方有权放弃这个权利。而期权费，就是购买这个权利所支付的费用。显然，只有对标的资产未来的价格看跌，投资者才愿意买进这种卖权，因而称其为看跌期权。

（二）美式期权和欧式期权

按照对多方行权时间规定的不同，可以将期权分为美式期权和欧式期权。

欧式期权的多方只有在期权到期日才能执行期权（即行使买进或卖出标的资产的权利），而美式期权允许多方在期权到期前的任何时间执行期权。

以一份到期日为 2018 年 1 月 18 日、执行价格为 10 元、标的资产为 XYZ 股票的看涨期权为例，若该期权为欧式期权，则期权持有者只有在 2018 年 1 月 18 日的规定时间内才能执行该期权，以 10 元的价格买入 XYZ 股票；若该期权为美式期权，则在 2018 年 1 月 18 日前的任意时刻，期权持有者都可以执行该期权。一般来说，在交易所交易的股票期权，都是美式期权，例 6－1 和例 6－2 中的通用电气股票期权就是如此。

一种标的资产的期权，行权方式通常为一种，即要么是美式期权，要么是欧式期权。但也有同时包含美式期权和欧式期权的，如 CME 集团交易的外汇期货期权，GBP/USD、EUS/USD 等期货期权，既有美式期权，又有欧式期权。

CME 集团交易的股指期货期权为美式期权，香港交易所和中国金融期货交易所的仿真股票价格指数期权为欧式期权，香港交易所和上海证券交易所的股票期权也为欧式期权。

显然，在其他条件（标的资产、执行价格和到期时间）都相同的情况下，由于美式期权的持有者除了拥有欧式期权的所有权利之外，还拥有一个在到期前随时执行期权的权利，其价值肯定不应小于对应的欧式期权的价值。

无论是欧式期权还是美式期权，在期权到期日之后买卖双方的权利义务同时消除。

（三）商品期权和金融期权

按照期权标的资产类型的不同，可将期权分为商品期权和金融期权。

标的资产为实物资产的期权称为商品期权，也称为实物期权，如我国大连商品交易所挂牌交易的豆粕期权是以豆粕期货为标的的期权，即商品期权，或实物期权。

标的资产为金融资产或金融指标（如股票价格指数）的期权称为金融期权。如例 6－1 中的股票期权，上海证券交易所推出的上证 50 股票基金期权、中国金融期货交易所的仿真股票价格指数期权和银行间交易的人民币外汇期权等，均为金融期权。

（四）场内期权和场外期权

期权既有各种标准化、集中化的交易所市场交易，也有各种场外市场交易。按照交易市场类型的不同，期权可以分为场内期权和场外期权。

在交易所上市交易的期权称为场内期权，也称为交易所期权；在交易所以外交易的期权称为场外期权。

例如，CME 集团上市的商品期货期权和金融期货期权、香港交易所上市的股票期权和股指期权、上海证券交易所的股票期权以及郑州商品交易所交易的白糖期权等合约，均属于场内期权。但 CME 集团交易的期权标的为期货合约，属于期货期权，包括实物期货期权和金融期货期权。上述其他期权的标的资产为股票或股票价格指数，属于金融现货期权。

由此可见，交易所期权，即场内期权可以是现货期权，也可以是期货期权。但为履约方便，期货期权一般在相关期货交易所上市交易。

我国银行间市场交易的人民币外汇期权属于场外期权。

场内交易的都是标准化的期权合约。与此相比，场外期权则具有如下特点：

第一，合约非标准化。场外期权合约的条款不受限制和规范，像执行价格、到期日等条款，均可由交易双方自行拟定。而交易所内的期权合约则是以标准化的条款交易、结算，而且有严格的监管及规范。

第二，交易品种多样、形式灵活、规模巨大。因为场外交易双方可以直接商谈，期权品种、交易形式和交易规模等均可以按照交易者的需求进行定制，所以场外期权更能够满足投资者的个性化需求，场外期权交易也促进了新的复杂产品的诞生和交易。场外期权交易更为活跃，交易规模更大，交易形式更为多样化和复杂化。

第三，交易对手机构化。场外期权交易多在机构投资者之间进行，对于一般法人和机构投资者，其交易对手多为经验丰富的投资银行、商业银行等专业金融机构，期权合约的内容、交易方式等均由经验丰富的交易对手设计。

第四，流动性风险和信用风险较大。交易所期权随时可以转让，结算机构可以保证卖方履约，而场外期权交易以上两点都无法保证。所以，场外交易具有较高的流动性风险和信用风险。

（五）奇异期权

期权市场是最活跃的金融市场，期权创新日新月异。20 世纪 90 年代以来，市场上出现了很多收益风险特征区别于传统期权的非标准化期权，统称为奇异期权（Exotic Options）。根据通行的划分标准，表6－3给出了主要的五大类奇异期权。

表6－3　　奇异期权产品分类

	产品子类	产品
奇异期权产品	路径依赖性期权	亚式期权 回望期权 阶梯期权
	时间依赖性期权	选择性期权 远期开始期权
	极值依赖性期权	障碍期权 自定义执行期权
	支付修正性期权	数值期权 指数期权
	多因子期权	复合期权 价差期权 彩虹期权等

奇异期权主要是通过改变期权到期收益的特征，附加期权激活或终止机制，将一种标的资产变为多种标的资产等创新活动产生的。以亚式期权（Asian Option）为例，期权的到期收益取决于某个时间段平均股价与执行价格之差，或者到期价格与某个时间段的平均股价之差。再以障碍期权（Barrier Option）为例，只有当标的价格达到某个临界值时，期权合约才会被激活生效或者终止废除。奇异期权非常灵活，本书仅介绍基本概念，读者欲进一步了解，可查阅更专业的书籍或资料。

三　场内期权的交易

与期货交易一样，场内期权交易也有一套严格的交易机制。其主要内容如下：

（一）标准化合约

1. 交易单位

交易单位，也称“合约规模”（Contract Size），是一张期权合约中标的资产的交易数量。标的资产不同，期权合约的交易单位显然是不一样的，但即使是相同标的资产的期权，在不同的交易所上市，其合约大小也不一定相同。

一般来说，股票期权的交易单位多是 100 股股票；美国市场指数期权的交易单位是标的指数执行价格与 100 美元的乘积；期货期权的交易单位是一张标的期货合约；至于各种外汇期权的交易单位，则视交易所不同和货币种类不同而不同，例如，在 PHLX，一个英镑期权合约的交易单位为 31 250 英镑，而欧元期权合约的交易单位则为 62 500 欧元。

2. 执行价格

期权合约中的执行价格也是由交易所事先选定的。一般来说，当交易所准备上市某种期权合约时，将首先根据该合约标的资产的最近收盘价，依据某一特定的形式来确定一个中心执行价格，然后再根据特定的幅度设定该中心价格的上下各若干级距（Intervals）的执行价格。因此，在期权合约规格中，交易所通常只规定执行价格的级距。

例如，在 CBOE 的股票期权交易中，当股票价格在 5 美元至 25 美元之间时，执行价格的变动级距为 2.5 美元；当股票价格高于 25 美元但低于 200 美元时，执行价格的变动级距为 5 美元；当股票价格高于 200 美元时，执行价格的变动级距为 10 美元。当引入新的到期日时，交易所通常选择最接近股票现价的那两个执行价格，如果其中有一个很接近股票现价，交易所也可以另外选择最接近股票现价的第三个执行价格。如果股票价格的波动超过了最高和最低执行价格的范围，交易所通常需要引入新的执行价格。比如，假定 10 月份到期的期权刚开始交易时，股票价格为 53 美元，交易所最初提供的看涨期权和看跌期权的执行价格分别为 50 美元和 55 美元；如果股票价格上升到 55 美元以上，交易所将提供执行价格为 60 美元的期权；如果股票价格跌到 50 美元以下，交易所将提供执行价格为 45 美元的期权，依此类推。

上海证券交易所交易的上证50ETF期权，每个到期月份的期权，在上市首日，交易所会挂出5个不同执行价格的期权。其中一个为平值或接近平值，另外是两个实值和两个虚值。之后，随着上证50ETF基金价格的变化，交易所会适时挂出新的执行价格的期权。

3. 到期循环、到期月、到期日、最后交易日和执行日

与期货交易相似，到期循环、到期月、到期日、最后交易日和执行日等是期权交易所对期权时间的预先规定。尽管不同交易所在规定的细节上可能不甚相同，但基本原理都是一样的。下面，以CBOE的规定为例来说明期权合约的时间规定。

在到期月方面，期权交易中使用与期货交易类似的到期循环规则。例如，在CBOE，所有的期权（除了LEAPs）都将在以下三个月份的基础上循环：1月、2月和3月。1月循环期权的到期月包括1月、4月、7月和10月；2月循环期权的到期月包括2月、5月、8月和11月；3月份循环期权的到期月则包括3月、6月、9月和12月。从实际交易情况来看，每个月在CBOE交易的股票期权都有以下四个到期月：离当前最近的两个日历月和本期权所属循环中的下两个到期月，而特定期权到底属于哪一个循环是由交易所预先指定的。例如，在12月1日，一个属于1月循环的期权包括以下四个到期月：12月、1月、4月和7月。当12月的到期日已经过去之后，一个属于1月循环的期权则包括以下四个到期月：1月、2月、4月和7月。

在到期日方面，交易所会在期权合约中进一步规定期权到期日，即期权买方可以享有期权赋予的权利的最后日期。例如，CBOE股票期权的到期日为到期月第三个星期五之后紧随的那个星期六，更精确地说，是当天美国东部时间下午5:00。但事实上，CBOE要求期权买方在到期日的前一个交易日（如果为非营业日，则往前顺延）美国东部时间下午5:30之前就必须对其是否打算执行期权做出表示。

其他的相关概念还包括最后交易日和执行日。最后交易日是和到期日紧密相连的日期，是期权交易者可以交易期权的最后日期。例如，CBOE股票期权的最后交易日就是到期月的第三个星期五。如果在这一天期权买方没有进行平仓交易，就面临放弃或者执行期权的选择。而执行日是指交易所规定的，期权买方可以实际执行该期权的日期。

上海证券交易所交易的上证50ETF期权的到期月份有四个：当月、下月及随后的两个季月。最后交易日和到期日为同一天，均为合约月份的第四个星期三，行权交收日为下一交易日。

4. 交割规定

在场内期权交易中，如果交易者不想继续持有未到期的期权头寸，就可以在最后交易日结束之前，随时进行反向交易，结清头寸。这与期货交易中的平仓是完全相同的。相反，如果最后交易日结束之后，交易者所持有的头寸仍未平仓，买方就有权要求执行，而卖方就必须做好相应的履约准备。当然，如果是美式期权，期权买方随时有权利决定交割。从实际来看，期权交割的比例要比期货高。

不同的期权，其规定的交割方式也各不相同。一般来说，各种现货期权在交割时，交易双方都直接以执行价格对标的资产进行实际的交收；指数期权是按照执行价格与期权执行日当天交易结束时的市场价格之差以现金进行结算；而期货期权的买方执行期权时，将从期权卖方处获得标的期货合约的相应头寸，再加上执行价格与期货价格之间的差额。

（二）买卖指令

与期货交易类似，所有的场内期权的买卖指令都分属于以下四种类型：

（1）买入建仓，即买入一个期权（可能是看涨或看跌期权），建立一个新头寸。

（2）卖出建仓，即卖出一个期权（可能是看涨或看跌期权），建立一个新头寸。

（3）买入平仓，即买入一个期权（可能是看涨或看跌期权），对冲原有的空头头寸。

（4）卖出平仓，即卖出一个期权（可能是看涨或看跌期权），对冲原有的多头头寸。

很显然，买入建仓是和卖出建仓相呼应的，而买入平仓则和卖出平仓相呼应。平仓指令都是用于对冲和结清现有头寸的，因而又被称为对冲指令（Offsetting Order）。当一份期权合约正在交易时，如果交易双方都是建仓，则市场中的未平仓合约数增加一份；如果其中一方是建仓而另一方是平仓，则未平仓合约数保持不变；如果双方都是对冲平仓，则未平仓合约数将减少一份。这与期货交易的情况相同。

（三）保证金制度

为防止违约，场内期权也规定有保证金制度。从期权保证金账户的操作方式来看，其与投资者从事期货交易时保证金账户的操作原理基本相同。但是，由于期权交易与期货交易之间的差异，期权的保证金制度存在一些特殊之处。

（1）对期权多方而言，必须在交易后的规定时间内支付全部期权费；之后，期权买方只有权利而没有义务，所以他们无须再缴纳保证金。

（2）对期权空方而言，首先，期权卖方都必须提交一定的保证金，这是因为交易所和经纪人必须确保当期权执行时，出售期权的投资者不会违约，因此期权保证金都是针对期权卖方而言的。其次，根据期权种类和市场状况的不同，对保证金的要求也各自不同。

四　期权的特点

与其他交易相比，期权交易在买卖双方权利和义务、收益和风险特征、履约保证金收取和损益结构等方面较为独特，具体分析如下：

第一，买卖双方的权利义务不同。通常情况下，权利和义务是不分离的，在享有权利的同时要承担相应的义务，但期权交易不同。

期权交易是权利的买卖，期权买方支付了期权费获得权利，卖方将权利出售给买方，从而承担了履约的义务。因此，期权的买方只有权利而不必承担履约义务，卖方只有履约义务而没有相应权利。

第二，买卖双方的收益和风险特征不同。通常情况下，收益和风险是匹配的，收益越高，风险也越大，但期权交易不同。

当标的资产价格向有利于买方变动时，买方可能获得巨大收益，卖方则会遭受巨大损失；而当标的资产价格向不利于买方变动时，如看涨期权标的资产价格下跌或看跌期权标的资产价格上涨，买方会放弃行权，如果期权作废的话，买方会损失购买期权的全部费用，即权利金。但买方可在到期前将期权卖出平仓，虽然期权价格下跌也会带来部分损失，但不会造成全部权利金的损失。所以，买方最大损失为购买期权的权利金，这也是卖方的最大收益。

【例 6－3】2015 年 1 月 2 日，某交易者以 1.6 港元/股的价格购买了 100 张 2015 年 3 月到期的执行价格为 19.5 港元/股的香港交易所交易的招商银行 H 股的买权（合约规模 500 股）。香港交易所的股票期权属于美式期权。当时招商银行 H 股的市场价格为 19.9 港元/股。如果随后招商银行 H 股的价格上涨至 50 港元/股，期权多头以 19.5 港元/股行权买进股票，再以 50 港元/股将股票卖出。不考虑交易成本的话，该交易者的行权损益 = 50 － 19.5 － 1.60 = 28.9 港元/股，该笔交易支出 1.6 ×100 ×500 = 80 000 港元，盈利 = 28.9 ×100 ×500 = 1 445 000 港元，收益率 = 28.9/1.6 = 1 806.25%。期权空头必须履约，以 50 港元/股的价格从市场上买进股票，再以 19.5 港元/股的价格履约将股票卖出，履约损益 = 19.5 + 1.6 － 50 = － 28.9 港元/股，该笔交易收入权利金合计 80 000港元，亏损 1 445 000 港元。

但事实上，2015 年 1 月，招商银行 A 股和 H 股均有一定程度的下跌，2015 年 3 月到期的招商银行 H 股看涨期权价格由 1.6 港元/股下跌至 0.76 港元/股，看涨期权买方的亏损率达 52.5%。因此，就买卖双方支付和收取的权利金而言，如果买方持有期权至到期并不行权，则损失全部权利金，损失率为 100%。这也是买方可能的最大损失，但是其收益却可能远高于 100%。卖方则不然。买方不行权时，卖方将收获其最大收益——全部权利金；但其损失也可能是巨大的。因此，在期权交易中，买方的最大损失为权利金，潜在收益巨大；卖方的最大收益为权利金，潜在损失巨大。

第三，对买卖双方保证金缴纳要求不同。期货交易对买卖双方的保证金要求是相同的，而期权则只对卖方有保证金要求。前已述及，不在赘述。

第四，从避险的角度考虑，买进期权和卖出期权的功能不同。市场上几乎所有金融衍生工具均可以作为对冲标的资产价格风险的工具，金融衍生工具的主要功能之一正是对冲标的资产的价格风险。如买进期货合约可以对冲标的资产价格上涨的风险，卖出期货合约可以对冲标的资产价格下跌的风险。但期权交易不同，买进期权可以对冲标的资产的价格风险，而卖出期权只能收取固定的费用，达不到对冲标的资产价格风险的目的。

此外，在规避价格风险的表现方面，买进期权和期货交易也有较大不同。

利用期货规避标的资产价格的风险，在规避掉价格不利变动可能带来预料损失的同时，也排除了价格有利变动可能带来意外收益的可能。

而利用期权多头对冲标的资产价格风险，当标的资产价格发生不利变动时，如持有标的资产而价格下跌，或计划购买标的资产而价格上涨，交易者可通过执行期权来避免损失；当价格变化方向对标的资产持仓有利时，交易者可放弃执行期权，从而可享受价格有利变化所带来的利润。因此，买进期权更像是为所持标的资产购买的保险，所以期权费也称为保险费。

第五，独特的非线性损益结构。期权交易的非线性盈亏状态，与证券交易、期货交易等线性的盈亏状态有较大差异。

【例 6 -4】以看涨期权买方损益状态为例（不考虑交易费用），利用例 6 -3 的数据，图 6 -1（a）为期权买方持有到期的损益状态图。

看涨期权价格 C = 1. 60 港元/股，执行价格 X = 19. 50 港元/股，损益平衡点 = 19. 50 + 1. 60 = 21. 10 港元/股。

期权到期时，当标的股票价格等于执行价格 19. 50 港元/股及以下时，买方放弃行权，损失全部期权费 1. 60 港元/股，且损益不随标的股票价格的高低而改变；当标的股票价格上涨至 19. 5 港元/股以上但低于损益平衡点 21. 10 港元/股时，买方仍处于亏损状态，且损益随标的股票价格涨跌而发生线性变化；当标的股票价格在 21. 10 港元/股以上时，买方实现盈利，其盈利随着标的股票价格上涨而增加。

以上情况表明，期权交易者的损益并不随标的资产价格的变化呈线性变化，其到期时的损益状态图是折线而不是一条直线，即在执行价格的位置发生转折；而其他大部分交易方式与图 6 -1（b）所示相似，随着标的资产价格的变化，交易者损益发生线性变化。

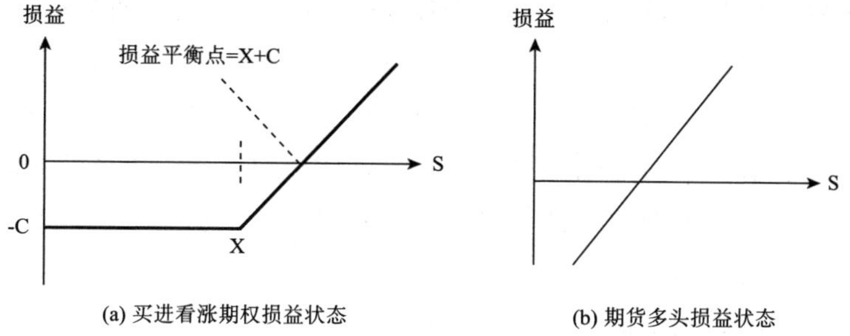

图 6-1 买进看涨期权损益状态及期货多头损益状态

正是期权独特的非线性损益结构，使其在风险管理、组合投资等方面具有明显的优势。通过不同期权、期权与其他投资工具的组合，投资者可以构造出不同风险和损益状况的组合策略。

第二节 期权价格及影响因素

本节主要介绍期权的价格及构成、期权内涵价值和时间价值的含义及计算；标的资产价格、期权的执行价格、标的资产价格波动率、期权合约的剩余期限、无风险利率、标的资产收益等因素对期权价格的影响。

一 期权的内涵价值和时间价值

期权价格由内涵价值和时间价值组成。

（一）期权的内涵价值

1. 内涵价值的定义和计算

期权的内涵价值（Intrinsic Value，Embedded Value）也称为内在价

值，是指在不考虑交易费用和期权费的情况下，多头方立即执行期权合约可获取的收益。虽然欧式期权只有到期才可以行权，其内涵价值是假设可以立即行权而获得的收益。因为只有在有利时多头方才会行权，所以，内涵价值最小为零。

内涵价值体现的是执行价格与标的资产即期价格的关系，是期权购买者支付给出售者的期权已有价值（累计收益）的补偿。

看涨期权内涵价值 = max(S - K,0)

看跌期权内涵价值 = max(K - S,0)

其中，S 是标的资产的即期价格，K 是期权的执行价格。

2. 实值期权、虚值期权和平值期权

依据内涵价值的不同，可将期权分为实值期权、虚值期权和平值期权。

实值期权（In - the - money Options），也称期权处于实值状态，是指内涵价值大于 0 的期权。在不考虑交易费用和期权权利金的情况下，买方立即执行期权合约所获得的行权收益大于 0，且行权收益等于内在价值。

实值看涨期权的执行价格低于其标的资产价格，看跌期权的执行价格高于其标的资产价格。

当看涨期权的执行价格远远低于其标的资产价格，看跌期权的执行价格远远高于其标的资产价格时，该期权被称为深度实值期权。

虚值期权（Out - of - the - money Options），也称期权处于虚值状态，是指内涵价值等于 0，而且标的资产价格不等于期权的执行价格的期权。

虚值看涨期权的执行价格高于其标的资产价格，虚值看跌期权的执行价格低于其标的资产价格。

当看涨期权的执行价格远远高于其标的资产价格，看跌期权的执行价格远远低于其标的资产价格时，被称为深度虚值期权。

平值期权（At - the - money Options），也称期权处于平值状态，是指内涵价值等于 0，而且标的资产价格等于期权的执行价格的期权。

虚值期权与平值期权的多头方都不会行权。实值期权、平值期权与虚值期权的关系见表6－4。

表6－4 实值期权、平值期权与虚值期权的关系

	看涨期权	看跌期权
实值期权	执行价格＜标的资产价格	执行价格＞标的资产价格
虚值期权	执行价格＞标的资产价格	执行价格＜标的资产价格
平值期权	执行价格＝标的资产价格	执行价格＝标的资产价格

如果某个看涨期权处于实值状态，同一标的资产、执行价格相同的看跌期权一定处于虚值状态；反之亦然。

（二）期权的时间价值

1. 时间价值及计算

期权的时间价值（Time Value），又称外涵价值，是指期权的权利金超出内涵价值的部分，它是期权有效期内标的资产价格波动为期权持有者带来收益的可能性所隐含的价值。

显然，标的资产价格的波动率越高，期权的时间价值就越大。

时间价值＝权利金－内涵价值

如果内涵价值等于0，权利金即期权价格等于时间价值。

【例6－5】表6－5是CBOE网站上2017年8月11日交易的标普500股价指数看涨期权报价表，当时标普500股价指数为2 441.32点。后两列是根据上面知识计算的不同执行价格的期权的内涵价值和时间价值。

表6－5 标普500指数看涨期权内涵价值与时间价值的计算

2017年8月到期标普500股指看涨期权（到期日：8月14日） 交易所：CBOE

2017年8月11日 21:45 ET标普500股价指数值：2 441.32点

执行价格（点）	成交价（点）	净变化（点）	买价（点）	卖价（点）	未平仓数（股）	内涵价值（点）	时间价值（点）
2 435	12.94	－2.36	12.40	14.10	244	6.32	6.62
2 440	9.36	－3.04	8.90	10.30	319	1.32	8.04
2 445	5.90	－3.92	5.80	6.10	159	0	5.90
2 450	3.20	－4.30	3.10	3.90	822	0	3.20

【例 6 – 6】表 6 – 6 是 CBOE 网站上 2017 年 8 月 11 日交易的标普 500 股价指数看跌期权报价表，当时标普 500 股价指数为 2 441.32 点。后两列是计算的不同执行价格的期权的内涵价值和时间价值。

表 6 – 6　标普 500 指数看跌期权内涵价值与时间价值的计算

2017 年 8 月到期标普 500 股指看跌期权（到期日：8 月 14 日）　交易所：CBOE

2017 年 8 月 11 日　21:45 ET 标普 500 股价指数值：2 441.32 点

执行价格（点）	成交价（点）	净变化（点）	买价（点）	卖价（点）	未平仓数（股）	内涵价值（点）	时间价值（点）
2 435	5.80	–4.88	5.50	6.00	3 838	0	5.80
2 440	7.11	–5.99	6.90	7.70	4 681	0	7.11
2 445	8.88	–4.47	8.70	10.10	3 138	3.68	5.20
2 450	11.60	–5.55	11.10	12.10	2 629	8.68	2.92

2. 不同期权的时间价值

第一，平值期权和虚值期权的时间价值总是大于等于 0。

由于平值和虚值期权的内涵价值等于 0，而期权的价值不能为负，平值期权和虚值期权的时间价值总是大于等于 0。

第二，美式期权的时间价值总是大于等于 0。

对于实值美式期权，由于美式期权在有效期的正常交易时间内可以随时行权，如果期权的权利金低于其内涵价值，在不考虑交易费用的情况下，买方立即行权便可获利。因此，在不考虑交易费用的情况下，权利金与内涵价值的差总是大于 0，或者说，处于实值状态的美式期权的时间价值总是大于等于 0。

由于平值期权和虚值期权的时间价值也大于 0，美式期权的时间价值均大于等于 0。

由于存在佣金、行权费等交易成本，期权实际交易中，也存在实值美式期权时间价值小于 0 的情形。

第三，实值欧式看跌期权的时间价值可能小于 0。

欧式期权因为只能在期权到期时行权，所以在有效期的正常交易时间内，即使期权的权利金低于内涵价值，即处于实值状态的欧式期权具有负的时间价值时，买方也不能立即行权获利。这就使得处于实值状态的欧式期权的时间价值可能小于 0。

但是，根据对期权价格范围的分析，只有实值欧式看跌期权和标的资产支付较高收益的实值欧式看涨期权的时间价值存在小于 0 的可能；而标的资产不支付收益和支付较低收益的实值欧式看涨期权的时间价值不会小于 0。

二　影响期权价格的基本因素

影响期权价格的因素有多种，主要有：期权的执行价格、标的资产的价格、期权的剩余期限、利率、标的资产价格的波动率等，标的资产在期权有效期内的收益也是影响期权价格的重要因素。

（一）标的资产价格与期权执行价格

期权的执行价格与标的资产价格是影响期权价格的重要因素。两种价格的相对差额不仅决定着内涵价值，而且影响着时间价值。

1. 标的资产价格与执行价格对内涵价值的影响

执行价格与市场价格的相对差额决定了内涵价值的有无及其大小。就看涨期权而言，标的资产价格比执行价格高时，期权具有内涵价值，高出越多，内涵价值越大；当市场价格等于或低于执行价格时，内涵价值为 0。就看跌期权而言，市场价格比执行价格低时，期权具有内涵价值，低得越多，内涵价值越大；当市场价格等于或高于执行价格时，内涵价值为 0。

2. 标的资产价格与执行价格对时间价值的影响

执行价格与标的资产价格的相对差额也决定着时间价值的有无和大小。一般来说，执行价格与标的资产价格的相对差额越大，时间价值就越小；反之，相对差额越小，时间价值就越大。

当期权处于深度实值或深度虚值状态时，其时间价值将趋于 0，特别是，处于深度实值状态的看跌期权，时间价值还可能小于 0。如果考虑交易成本，深度实值期权的时间价值均有可能小于 0，即当深度实值期权时间价值小于0时不存在套利机会；当期权正好处于平值状态时，时间价值达到最大。

因为时间价值是人们因预期标的资产价格变动能使虚值期权变为实值期权，或使实值期权内涵价值变得更大而付出的代价，所以，当期权处于深度实值状态时，标的资产价格变动使内涵价值继续增加的可能性很小，而使内涵价值减小的可能性却较大。因此，人们不愿意为处于深度实值状态的期权支付较高的时间价值。当期权处于深度虚值状态时，人们会认为变为实值期权的可能性十分渺茫，因此也不愿意为买入这种期权而支付较高的时间价值。

对于时间价值趋于0或等于0的深度实值期权，期权的价格接近或等于内涵价值，期权价格的变化与内涵价值的变化趋于一致。

由于虚值期权的内涵价值等于0，期权的价格等于时间价值。对于时间价值趋于0或等于0的深度虚值期权，期权的价格也趋于0或等于0。另外，标的资产价格变化对期权时间价值和价格的影响较小，如图6－2（a）和图6－2（b）所示（图及数据来自香港交易所）。图6－2（a）为2015年1月招商银行H股和执行价格为24港元/股的看涨期权价格关系图。自1月7日，招商银行H股价格下跌至18.38港元/股，该看涨期权处于深度虚值状态，期权时间价值和期权价格跌至0.01港元/股。至1月28日，期权价格并未随标的股票价格变化而改变（图中直线段）；图6－2（b）为2015年1月招商银行H股和执行价格为12.5港元/股的看跌期权价格关系图。自1月22日，招商银行H股价格上涨至18.74港元/股，该看跌期权处于深度虚值状态，期权时间价值和期权价格跌至0.01港元/股，之后几日，标的股票价格变化并未引起期权价格的改变（图中直线段）。

在执行价格与市场价格相等或相近时，即期权处于或接近于平值状态时，标的资产价格变动最有可能使期权增加内涵价值，人们才最愿意为买入这种期权而付出代价，所以平值或接近平值的期权的时间价值应为最大，任何执行价格与标的资产价格的偏离都将减少这一价值，见图6－2（c）和图6－2（d）。图6－2（c）和图6－2（d）分别为2015年1月招商银行H股和执行价格为19.5港元/股的看涨期权和看跌期权价格关系图。在2015年1月，标的股票价格的波动区间为16港元/股

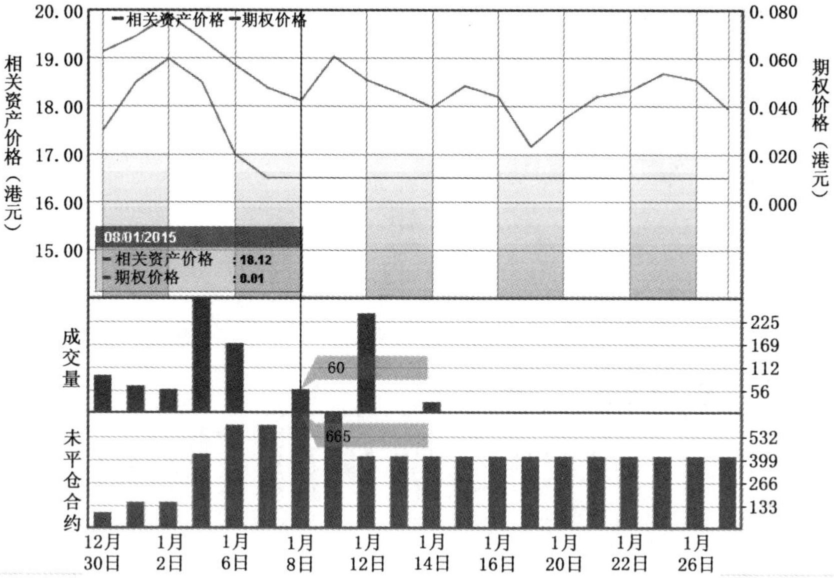

图 6－2（a） 招商银行 H 股和看涨期权价格关系

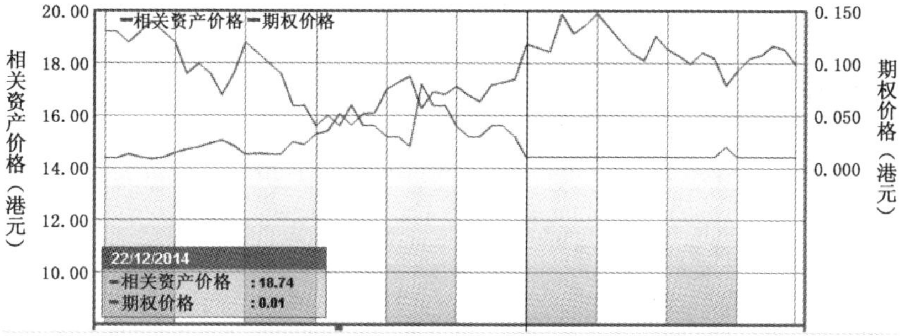

图 6－2（b） 招商银行 H 股和看跌期权价格关系

至 20 港元/股，当标的股票价格在 19.5 港元/股以下时，看涨期权处于虚值状态，看跌期权处于实值状态，股票价格超过 19.5 港元/股，看涨和看跌期权分别处于实值和虚值状态。图中可见，在 1 月份的大部分时间，该执行价格的看涨期权处于虚值状态，看跌期权处于实值状态，但虚值和实值的程度不深或接近平值，因此，看涨期权价格与标的股票价格变化方向基本一致，而看跌期权与标的股票价格变化基本相反。

无论是美式期权还是欧式期权，当标的资产价格与执行价格相等或接近，即期权处于或接近平值状态时，时间价值最大，标的资产价格变

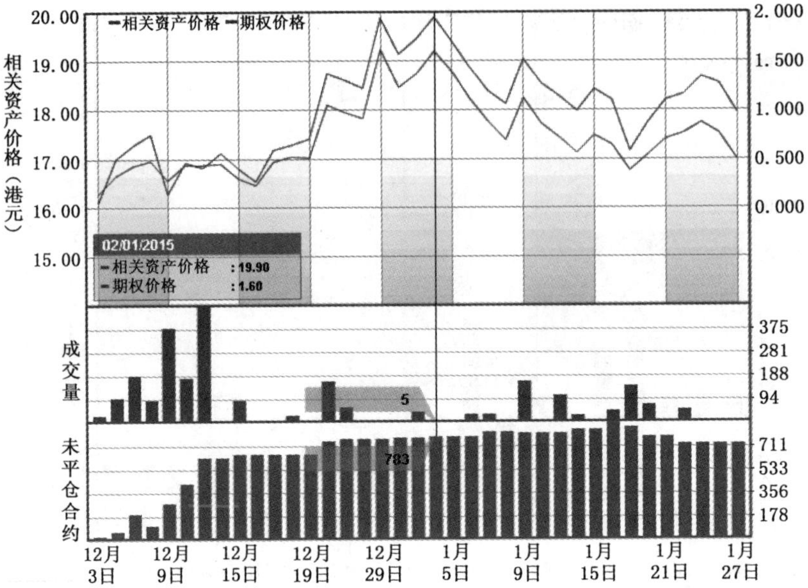

图 6－2（c） 招商银行 H 股和接近平值的看涨期权的价格关系

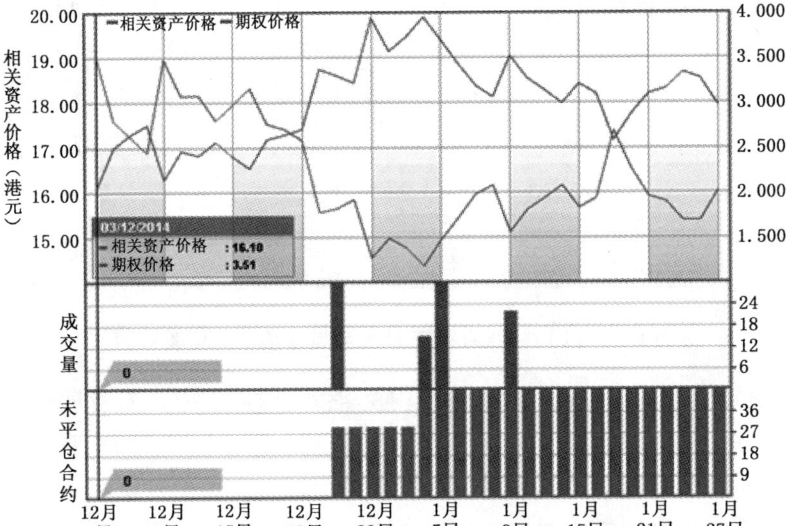

图 6－2（d） 招商银行 H 股和接近平值的看跌期权的价格关系

化对时间价值的影响也最大，看涨期权价格与标的资产价格同方向变动，看跌期权价格与标的资产价格反方向变动；当期权处于深度实值和深度虚值状态时，时间价值最小，深度虚值期权的价格几乎不受标的资产价格变化的影响。

（二）标的资产价格波动率

标的资产价格波动率，是指标的资产价格的波动程度，它是期权定价模型中的重要变量。

在其他因素不变的条件下，标的资产价格波动率越高，标的资产价格上涨很高或下跌很深的机会就随之增加，标的资产价格涨至损益平衡点之上或跌至损益平衡点之下的可能性和幅度也就越大，买方获取较高收益的可能性也会增加，而损失却不会随之同等程度增加，但期权卖方的市场风险却会随之大幅增加。所以，标的资产价格的波动率越高，期权的价格也应该越高。

（三）期权合约的有效期

期权合约的有效期，是指距期权合约到期日剩余的时间。在其他因素不变的情况下，期权有效期越长，美式看涨期权和看跌期权的价值就越大。这是因为，对于美式期权来说，有效期长的期权不仅包含了有效期短的期权的所有的执行机会，而且有效期越长，标的资产价格向买方所期望的方向变动的可能性就越大，买方行使期权的机会也就越多，获利的机会也就越多。所以，在其他条件相同的情况下，距最后交易日长的美式期权价值不应该低于距最后交易日短的期权的价值。

随着有效期的增加，欧式期权的价值并不必然增加。这是因为对于欧式期权来说，有效期长的期权并不包含有效期短的期权的所有执行机会。即便在有效期内标的资产价格向买方所期望的方向变动，但因为不能行权，在到期时也存在再向不利方向变化的可能，所以随着期权有效期的增加，欧式期权的时间价值和权利金并不必然增加，即剩余期限长的欧式期权的时间价值和权利金可能低于剩余期限短的。

研究表明，随着期权有效期的增加，期限长的欧式看跌期权的价格确实可能低于期权短的欧式看跌期权的价格。

但对于标的资产不支付收益的欧式看涨期权，以上结论并不成立。因为标的资产不支付红利的美式看涨期权，不应该提前行权，所以剩余期限对标的资产不支付红利的欧式和美式看涨期权的影响应该相同，而且，依据对期权价格范围的分析也支持此结论。因此，标的资产不支付红利时，与美式期权相同，剩余期限越长，欧式看涨期权的价格也应该越高。

（四）无风险利率

无风险利率水平会影响期权的时间价值，也会影响期权的内涵价值。

当利率提高时，期权买方收到的未来现金流的现值将减少，从而使期权的时间价值降低；反之，当利率下降时，期权的时间价值会增加。但是，利率水平对期权时间价值的整体影响是十分有限的。

此外，利率的提高或降低会影响标的资产价格，如果提高利率使标的资产价格降低，在经济过热时期，政府提高利率以抑制经济的过热增长，将导致股票价格下跌，股票看涨期权的内涵价值降低，股票看跌期权的内涵价值提高。此种情况下，看涨期权的价值必然降低，而看跌期权的价值有可能会提高。但是，如果在经济正常增长时期，当利率增加时，股票的预期增长率也倾向于增加，此种情况下得出的结论与前述结论可能相反。所以，无风险利率对期权价格的影响，要视当时的经济环境以及利率变化对标的资产价格影响的方向，考虑对期权内涵价值的影响方向及程度，然后综合对时间价值的影响，得出最终的影响结果。

（五）标的资产收益

标的资产支付收益对期权价格的影响，主要是股票股息对股票期权和股票价格指数期权价格的影响。

根据对期权价格上下限的研究，标的资产支付收益对看涨期权价格的影响是负向的，对看跌期权价格的影响则是正向的。

以上结果是在股票分红不调整期权执行价格的情况下进行的。通常情况下，股票分红后股价会除权除息，交易所往往会调整行权价格。

如果标的资产除权除息时交易所对期权的行权价格进行修正，

则应按修正后的情形考虑标的资产分红对期权价格的影响。分红后调整行权价，即对公式中的行权价 K 做相应的调整，结果需另行分析。

例如，上海证券交易所股票期权试点交易规则规定：合约标的除权除息的，本所在合约标的除权除息当日，对合约的合约单位、行权价格按照下列公式进行调整：

$$\text{新合约单位}=\frac{\text{原合约单位}\times(1+\text{流通股份实际变动比例})\times\text{除权(息)前一日合约标的收益价}}{\text{前一日合约标的收盘价}-\text{现金红利}+\text{配(新)股价格}\times\text{流通股份实际变动比例}}$$

新行权价格 = 原行权价格 × 原合约单位/新合约单位

【例 6-7】 考虑某股票利润分配的两种方案，10 派 4.5 元和 10 派 4.5 元送 5 股，股权登记日收盘价 39.2 元/股，该股票行权价格为 35 元/股的看涨期权的价格为 4.565 元/股，期权的合约单位为 10 000 股。分别计算新合约单位和新行权价格。如果 T = 2 个月，r = 4%。

情况 1：$\text{新合约单位}=\frac{10\ 000\times(1+0)\times 39.20}{39.20-0.45}=10\ 116.13$（股）

新行权价格 = 35 × 10 000/10 116.13 = 34.60（元/股），向下修正 0.4 元/股。

股票除息 0.45 元/股，行权价格仅向下修正 0.4 元/股。

情况 2：$\text{新合约单位}=\frac{10\ 000\times(1+0.5)\times 39.2}{39.2-0.45}=15\ 174.19$（股）

新行权价格 = 35 × 10 000/15 174.19 = 23.07（元/股）

情况 2 的股票除权价为 25.83 元/股，除权 13.37 元/股。行权价向下修正 11.93 元/股。

两种分红方案股票除权价格均大于期权行权价格向下的修正值，所以，股票除权对看涨期权多头不利，对空头有利。

综上分析，如果标的资产支付收益不调整行权价格时，会导致看涨期权价格下移，看跌期权价格上移；如果交易所对行权价格进行调整的话，要依据调整方式进行具体分析。

第三节 期权交易的基本策略

本节介绍买进看涨期权、买进看跌期权、卖出看涨期权、卖出看跌期权四种最基本的期权交易策略，以及几种简单的期权套利和组合策略。

一 买卖期权基本策略

（一）买进看涨期权

1. 目的和基本操作

看涨期权的买方在支付一笔权利金后，便可享有按约定的执行价格买入相关标的资产的权利，但不负有必须买进的义务，从而避免了直接购买标的资产后价格下跌造成的损失。一旦标的资产价格上涨至执行价格以上，便可执行期权，以低于标的资产的价格（执行价格）获得标的资产；买方也可在期权价格上涨或下跌时卖出期权平仓，获得价差收益或避免损失全部权利金。

2. 损益分析

看涨期权多头到期时的损益状况参见图 6－3。

图 6－3 中，C 为期权的价格，X 为执行价格，S 为标的资产价格。

标的资产价格越高，对看涨期权多头越有利，标的资产价格变化对看涨期权多头损益的影响见表 6－7。

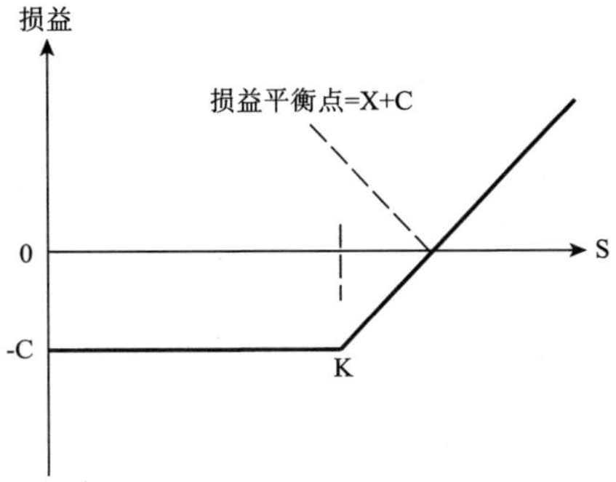

图 6－3 看涨期权多头损益状态

表 6－7 标的资产价格变化对看涨期权多头损益的影响

标的资产的价格范围	标的资产价格的变动方向及买方损益	期权头寸处置方法
0≤S≤X	处于亏损状态，无论 S 上涨或下跌，最大损失不变，等于权利金	不执行期权，可卖出期权，可对冲平仓，或持有到期使期权作废
X＜S＜X＋C	处于亏损状态，损益随 S 变化而变化，但小于权利金	可卖出期权对冲平仓，或在期权有效期内执行期权，或持有期权至到期执行期权
S＝X＋C	损益＝0	
S＞X＋C	处于盈利状态，盈利随 S 变化而变化，理论上，最大盈利可以为无限大	

买进看涨期权综合分析见表 6－8。

表 6－8 买进看涨期权（Call Options Long）综合分析表

标的资产价格状态	（1）牛市 （2）预期后市上涨 （3）价格见底，市场波动率正在扩大，或隐含价格波动率低（Low Implied Volatility）（隐含波动率低，是指期权价格反映的波动率小于理论计算的波动率）
损益	平仓损益＝权利金卖出价－权利金买入价 行权损益＝标的资产卖价－执行价格－权利金
最大风险	损失全部权利金
损益平衡点	执行价格＋权利金
保证金	无须缴纳
履约后头寸状态	多头

3. 基本运用

（1）获取价差收益。

（2）追逐更大的杠杆效应。

（3）限制卖出标的资产的风险。

（4）锁定现货成本，规避市场风险，即对冲标的资产价格上涨的风险。

运用情况分析：

（1）获取价差收益。当交易者通过对相关标的资产价格变动的分析，认为标的资产价格上涨可能性很大，希望通过买入看涨期权获得权利金价差收益。一旦标的资产价格上涨，则权利金也会上涨，投资者可以在市场上以更高的价格卖出期权获利。即使标的资产价格下跌，买方的最大损失也只是支付的权利金。

（2）追逐更大的杠杆效应。与期货交易相比，期权买方可以为投资者提供更大的杠杆效应，与持有股票等金融现货资产相比，通过购买期权获得标的资产的杠杆效应更高。特别是剩余期限较短的虚值期权，权利金往往很低，用较少的权利金就可以控制同样数量的标的合约或金融现货资产，而且如果标的资产价格下跌，也不会被要求追加资金或遭受强行平仓，一旦价格反转则会享受标的资产价格上涨带来的盈利。

【例 6 -8】 2015 年 1 月 26 日，CME 交易的 Mar 15 原油期货合约的价格为 45.15 美元/桶，该标的有 170 个不同执行价格的看涨期权，执行价格从每桶 35 美元至 170 美元；有 160 个不同执行价格的看跌期权，执行价格从每桶 21 美元至 150 美元。

实值期权价格最高，执行价格为 35 美元/桶的看涨期权实值程度最深，其价格也最高，为 10.31 美元/桶，期权价格接近内在价值（45.15 -35 = 10.15 美元/桶）；深度虚值期权的价格最低，执行价格超过 70 美元/桶的深度虚值期权基本上没有交易，执行价格从 65.50 美元/桶至 69.50 美元/桶的虚值看涨期权的价格均为 0.02 美元/桶；接近平值的执行价格为 45 美元/桶的看涨期权的价格为 2.53 美元/桶。所以，如果购买平值和虚值看涨期权，权利金远低于期货价格，同时低于期货保证金；即便是实值期权，实值程度不深的话，权利金也会低于期货保证金。

与购买期货合约相比，购买虚值或平值看涨期权的杠杆效应更高，而且，当标的资产变得方向不利于交易者时，如标的资产价格下跌，期货合约亏损，需要追缴保证金；而期权交易不仅不用考虑后续资金不足的问题，且亏损仅限于投入的期权费。因此，如果想追逐更大的杠杆效应，选择买进看涨期权比选择购买期货合约可能更具优势，但需考虑由于期权费而额外增加的成本。

【例 6－9】 例 6－8 中，某交易者购买 10 手 Mar 15 原油期货合约，如果保证金率为 10%，则交易者需缴纳 45.15 × 1 000 × 10 × 10% = 45 150美元保证金。

如果交易者通过期权实现购买 10 手标的期货合约的目的，则需购买 10 张 Mar 15 到期的该标的看涨期权。该交易者决定购买执行价格为 43 美元/桶的实值看涨期权。期权价格为 3.69 美元/桶，权利金投入 = 3.69 × 10 × 1 000 = 36 900 美元，低于期货保证金的投入。

如果在 2015 年 3 月期货合约和期权合约到期前，期货合约价格在 43 美元/桶以上，交易者以 43 美元/桶的价格行权，买入期货合约，其持有期货合约的成本为 43 + 3.69 = 46.69 美元/桶，比直接购买期货合约多出 46.39 － 45.15 = 1.54 美元/桶，高出值恰好等于期权建仓时的时间价值。该例中时间价值 = 3.69 －（45.15 － 43）= 1.54 美元/桶。由于除实值看跌期权外，其余期权的时间价值均大于 0，通过看涨期权持有期货合约的成本应该高于直接购买期货合约的成本。此外，因为平值或接近平值的期权的时间价值最高，所以，通过接近平值的看涨期权多头持有期货合约，比直接购买期货合约的成本多。

（3）限制卖出标的资产的风险。持有某资产多头的交易者，还想继续享受价格上涨的好处，但又担心价格下跌，将资产卖出又担心价格上涨。在此情形下，可利用看涨期权为所持资产保险。操作策略是将所持资产卖出，同时买进该资产的看涨期权，从而限制卖出标的资产后价格上涨的风险。

如果将所持资产卖出后，资产价格继续上升，交易者可行权，按执行价格买进标的资产，或继续持有看涨期权，直至期权到期时执行期权；如果资产价格下跌，交易者损失期权费，也可将期权平仓，以减少期权费损失，所以交易者最大损失为权利金。

以上分析可见，此策略实际上是为标的资产保险的策略，因此要付出保险成本，即期权费。如果标的资产价格上升，购买的看涨期权可实现继续持有标的资产的目的；如果标的资产价格下跌，放弃执行期权，规避了标的资产价格下跌的风险。如果采用期货交易，卖出资产的同时买进相关期货合约，当资产价格上涨时，期货合约盈利，当资产价格下跌时，期货合约损失，所以不能实现上述功能。

另外，对于已生产出产品的厂商来说，其设想将产品储存到价格可能上升时再出售以获更大的利润，同时又担心万一价格不升反跌，这时就可考虑将产品卖出，同时买入与实物产品相关的看涨期权，既可立即获得货款，加快资金周转，还避免了因储存产品而产生的市场风险。同样的，厂商也需要多付出权利金的代价。

（4）锁定现货成本，对冲标的资产价格风险。未来需购入现货的企业或经销商，当其认为现货市场价格趋势不明朗，为规避价格上涨导致购货成本提高的风险，可通过买入该资产的看涨期权进行保值，实现锁定购货成本、平稳企业利润的目的。

交易者买入看涨期权后便取得了以执行价格买进标的资产的权利，这样可以为将来计划买入的标的资产限定一个最高买价，以防止价格上升而造成损失。当现货市场价格下跌时，期权购买者可以放弃行权，在现货市场上买入标的资产，为此付出的最大代价是期权费。

与买进期货合约对冲现货价格上涨风险相比，利用买进看涨期权进行套期保值具有以下特征：

第一，初始投入更低，杠杆效用更大，即购买看涨期权所支付的权利金较购买期货合约所需缴纳的保证金更少。

第二，当标的资产价格变化对现货持仓不利时，如标的资产价格上涨，交易者在期货市场的盈利会弥补所提高的现货购买成本；购买看涨期权也可达到此目的。但通过看涨期权多头对冲标的资产价格上涨的风险，往往比通过买进期货合约对冲标的资产价格风险要多付出权利金或时间价值的代价。

例如，例 6-9 中，如果原油价格上涨，标的期货合约价格和看涨期权价格会随之上涨。比如，期货合约上涨 20%，至 54.18 美元/桶。

如果交易者通过期货市场进行套期保值，则期货市场每桶盈利 = 54.18 − 45.15 = 9.03 美元；而通过期权进行套期保值，则期权行权收益 = 54.18 − 43 − 3.69 = 7.49 美元/桶。期权收益较期货收益每桶少 9.03 − 7.49 = 1.54 美元，恰好等于期权建仓时的时间价值。

第三，标的资产价格变化对现货持仓有利时，如标的资产价格下跌，期货持仓亏损，套期保值者需要补缴保证金，此时由于在期货市场建仓买入期货合约，期货的亏损抵补了现货价格有利变动所带来的盈利。而看涨期权买方也会产生亏损，但既不用支付任何额外费用，又可限制最大损失；当标的资产价格下跌远远高于期权费时，交易者还可享受标的资产价格有利变化所产生的利润。所以，此情形下，利用看涨期权多头对冲标的资产价格上涨风险比利用期货多头建仓更有利。

例如，例 6 − 9 中，如果原油价格下跌，标的期货合约价格和看涨期权价格会随之下跌。如期货合约下跌 20%，至 36.12 美元/桶，期货交易亏损 20%；如果不平仓的话，需追缴保证金 = 45.15 × 20% × 10 × 1 000 + (36.12 − 45.15) × 10 × 1 000 × 10% = 81 270 美元。

而持有期权合约交易者最大损失为购买期权的成本，即 36 900 美元，低于持有期货合约的损失，且不需要追缴保证金。

（二）卖出看涨期权

看涨期权卖方损益与买方正好相反，一方的盈利恰好是另一方的亏损，看涨期权卖方能够获得的最高收益为卖出期权收取的权利金。

1. 目的和基本操作

交易者卖出看涨期权的主要目的是获取期权费。但是，卖方收取期权费后，便承担了按约定的执行价格卖出相关标的资产的义务。如果买方行权，卖方被指定履约时，须以执行价格向买方出售标的资产，此时标的资产价格应该高于执行价格；如果标的资产价格低于执行价格，买方放弃行权，卖方可实现赚取权利金收入的目的；卖方也可在期权到期前买进同一看涨期权，将所持看涨期权空头对冲平仓，获得权利金价差收益或减少价格向不利方向变动时的损失。

2. 损益分析

看涨期权空头到期时的损益状况参见图6－4。

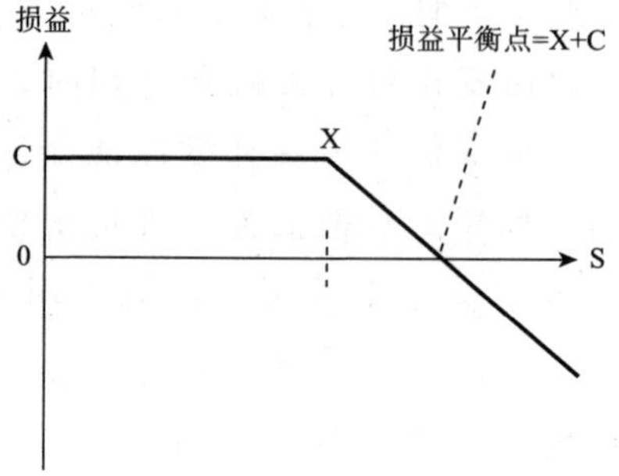

图6－4　看涨期权空头损益状态

标的资产价格处于横盘整理或下跌，对看涨期权的卖方有利。如果预期标的资产价格窄幅整理或下跌，可通过卖出看涨期权获利。

标的资产价格变化对看涨期权卖方损益的影响见表6－9。

表6－9　　标的资产价格变化对看涨期权空头损益的影响

<table>
<tr><th>标的资产的价格范围</th><th>标的资产价格的变动方向及卖方损益</th><th>期权头寸处置方法</th></tr>
<tr><td>0≤S≤X</td><td>处于盈利状态，无论S上涨或下跌，最大盈利不变，等于权利金</td><td>买方不会执行期权，卖方可买入期权对冲平仓，或持有期权至到期获得全部权利金（期权不会被执行）</td></tr>
<tr><td>X＜S＜X＋C</td><td>处于盈利状态，盈利随S变化而变化，但低于权利金</td><td rowspan="3">可买入期权对冲平仓，或接受买方行权，以执行价格卖出标的资产</td></tr>
<tr><td>S＝X＋C</td><td>损益＝0</td></tr>
<tr><td>S＞X＋C</td><td>处于亏损状态，亏损随S变化而变化。理论上，当标的资产价格持续上涨时，卖方亏损可能为无限大</td></tr>
</table>

卖出看涨期权空头综合分析见表6－10。

表 6－10　　卖出看涨期权（Call Options Short）综合分析

标的资产价格状况	（1）熊市 （2）横盘，市场波动率低或收窄，或隐含价格波动率高（High Implied Volatility）
最大收益	权利金
损益	平仓损益＝权利金卖出价－权利金买入价 履约损益＝执行价格－标的资产买价＋权利金
损益平衡点	执行价格＋权利金
保证金	需缴纳（如果是有保护的看涨期权，则视保护情况而定）
履约后头寸状态	空头

3. 基本运用

（1）获取权利金收入或权利金价差收益。

（2）增加标的资产多头的利润。

运用情况分析：

（1）获取权利金收入或权利金价差收益。交易者通过对标的资产价格变动趋势的分析，认为标的资产价格会下跌，或窄幅整理，可卖出看涨期权，收取一定数额的权利金。待标的资产价格下跌时，看涨期权的市场价格也随之下跌，交易者可将看涨期权空头头寸对冲平仓，获得价差收益；如果坚信标的资产价格不会上涨，交易者可持有期权至到期，实现获得权利金收入的目的。

从国外市场的交易情况看，卖出看涨期权的收益率并不低，由于多数期权买方行权的机会很小，期权卖方的收益往往高于买方。

交易者通过对期权及标的资产价格趋势的分析，选择不同的有效期、执行价格以及适当的入市时机，有可能获得丰厚的利润。但对于资金有限的投资者，由于卖出期权需要缴纳保证金，还可能被要求追加保证金，则应避免卖出无保护看涨期权。

（2）增加标的资产多头的利润。如果交易者对标的资产后市谨慎看多，则在买入标的资产的同时可卖出该标的的看涨期权，或已经持有标的资产，当价格上涨一定水平后，如果担心价格下跌，可采取卖出看涨期权策略，此策略视同有保险的看涨期权策略，卖出期权建仓时称为备兑开仓。

【例 6－10】 交易者于 2014 年 12 月 12 日以每股 17.12 港元的价格买入 50 000 股招商银行 H 股，股票总市值＝17.12×50 000＝856 000 港

元，持有20天后，2015年1月2日，该股票价格上涨至19.90港元/股，交易者认为股票价格仍有进一步上涨的潜力，但又担心新年过后股市下跌，于是以0.52港元/股的价格卖出执行价格为21港元/股的该股票看涨期权100张。如果股票价格上涨至21港元/股以上，交易者可以21港元/股履约，将股票卖出，加上权利金收入，交易者的股票卖出价为21+0.52=21.52港元/股。

但1月份，标的股票一直表现不佳，1月26日，股票价格跌至18.54港元/股，该看涨期权的价格也跌至0.01港元/股，交易者决定将股票和期权同时平仓。以0.01港元/股的价格将看涨期权空头头寸对冲平仓，平仓收益=0.52－0.01=0.51港元/股，相当于股票售价每股提高了0.51港元。

组合策略损益状态见图6－5。

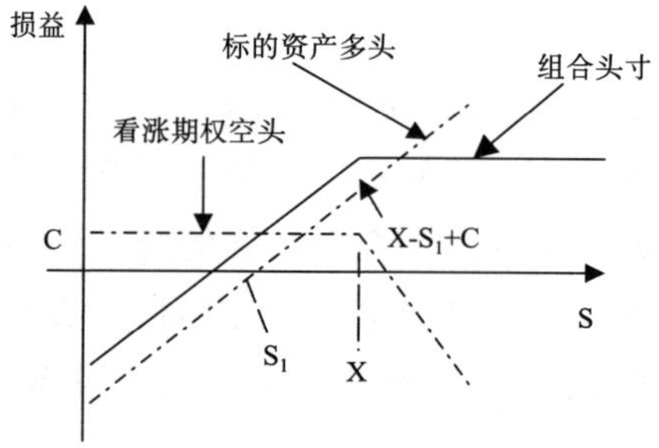

图6－5　看涨期权空头与标的资产多头的组合

图6－5中，S_1＝17.12港元/股，C＝0.52港元/股，X＝21港元/股。

构建该组合策略主要考虑的因素：

第一，看涨期权的执行价格。所卖出期权的执行价格越高，买方行权的可能性越小，对构建该组合策略者越有利，但执行价格越高，看涨期权的权利金越低，卖出期权对增加标的资产持仓利润的影响越小。

第二，标的资产价格的变化趋势。如果预期标的资产价格能够上涨至期权的执行价格与权利金之和以上时，则单独持有标的资产更为有利，即预期标的资产价格将大幅上涨时不宜采用此策略；如果预期标的资产价格下跌，则不会购买或继续持有标的资产。所以，此策略适用于对标的资产价格谨慎看多的情形。

（三）买进看跌期权

1. 目的和基本操作

看跌期权的买方在支付一笔权利金后，便可享有按约定的执行价格卖出相关标的资产的权利，但不负有必须卖出的义务。一旦标的资产价格下跌，便可执行期权，以执行价格卖出标的资产；如果标的资产价格上涨，则可放弃执行期权，或将期权卖出平仓，从而规避了直接卖出标的资产后价格上涨造成的损失。

2. 损益分析

买进看跌期权到期时的损益状况见图 6－6。

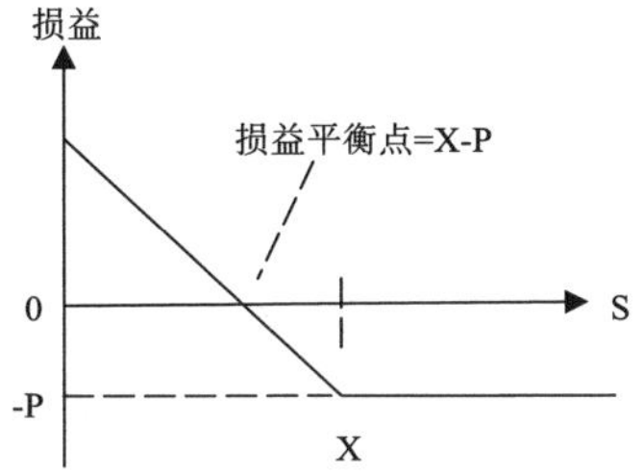

图 6－6　看跌期权多头损益状态

图 6－6 中，P 为看跌期权的权利金，X 为执行价格。

标的资产价格变化对看跌期权买方损益的影响见表 6－11。

表 6－11　标的资产价格变化对看跌期权多头损益的影响

标的资产的价格范围	标的资产价格的变动方向及买方损益	期权头寸处置方法
S≥X	处于亏损状态，无论 S 上涨或下跌，最大损失不变，等于权利金	不执行期权，可卖出期权对冲平仓，或持有到期使期权作废
X－P＜S＜X	处于亏损状态，亏损随 S 变化而变化，但最大为权利金	可卖出期权对冲平仓，或在期权有效期内执行期权，也可持有期权至到期执行期权
S＝X－P	损益为 0	
S＜X－P	处于盈利状态，盈利随 S 变化而变化，S 跌至 0 时盈利最大，等于 X－P	

买进看跌期权综合分析见表 6－12。

表 6-12　买进看跌期权（Put Options Long）综合分析

标的资产价格状况	（1）熊市 （2）预测后市下跌 （3）价格见顶，波动率正在扩大，或隐含价格波动率低（Low Implied Volatility）
损益	平仓损益 = 权利金卖出平仓价 - 权利金买入价 行权损益 = 执行价格 - 标的资产价格 - 权利金
最大风险	损失全部权利金
损益平衡点	执行价格 - 权利金
保证金	无须缴纳
履约后头寸状态	空头

3. 基本运用

（1）获取价差收益。

（2）博取更大的杠杆效应。

（3）保护标的资产多头。

（4）锁定现货市场收益，规避市场风险，即对冲标的资产价格下跌的风险。

具体分析如下：

（1）获取价差收益。如果交易者认为标的资产价格有较大幅度下跌的可能，则可以考虑买进看跌期权策略。如果标的资产价格下跌，看跌期权的价格会上涨，交易者可将期权卖出平仓获利；如果标的资产价格不跌反涨，期权价格会下跌，看跌期权也不会被执行，买方最大损失为支付的期权费；交易者也可将看跌期权卖出平仓，以减少权利金损失。

（2）博取更大的杠杆效应。与买进看涨期权的相似，如果预期标的资产价格下跌的可能性较大，通过买进看跌期权做空标的资产比直接卖出标的期货合约或融券卖出标的资产所需准备的初始资金少，而且如果标的资产价格上涨也不会被要求追加资金或遭受强行平仓，一旦价格反转，则会享受标的资产价格下跌带来的盈利。

【例 6-11】买进看跌期权实现卖出标的资产的目的可以和卖出期货合约比较。

例 6－8 中，Mar 15 的原油期货合约价格为每桶 45.15 美元，如果卖出期货合约的话，在成交时并不能得到价格收入，而是要按交易所规定缴纳保证金，如果保证金比率为 10% 的话，交易者初始资金投入为每手 45.15 ×1 000 ×10% ＝4 515 美元。

执行价格从 21 美元/桶至 150 美元/桶的 160 个不同执行价格的看跌期权，价格最高的是执行价格为 150 美元/桶的实值看跌期权，价格为每桶 104.85 美元，期权价格接近内在价值（即 150 －45.15 ＝104.86 美元/桶），因此，深度实值期权的价格可能会永远高于期货合约的价格。

与看涨期权相同，看跌期权中价格最低的是深度虚值看跌期权。执行价格从 21 美元/桶至 28.5 美元/桶的深度虚值看跌期权基本上没有交易。执行价格从 30 美元/桶至 33.5 美元/桶的虚值看跌期权的价格是从 0.03 美元/桶至 0.09 美元/桶，卖出 1 张执行价格分别为 30 美元/桶和 33.5 美元/桶的该标的原油期货看跌期权，需支付期权费 0.03 ×1 000 ＝30 美元或 90 美元，远低于卖出期货合约需要缴纳的保证金；接近平值的执行价格为 45 美元/桶的看跌期权的价格为 2.38 美元/桶，初始投入也远低于卖出期货合约的初始投入。

与卖出期货合约相比，购买虚值或接近平值的看跌期权的杠杆效应更高。当标的资产价格向不利于交易者变动时，如标的资产价格上涨，期货合约亏损，且需要追缴保证金；而期权交易不仅不用考虑后续资金不足的问题，且亏损仅限于投入的期权费。

因此，如果想追逐更大的杠杆效应，选择买进看跌期权比选择卖出期货合约可能更具优势，但需考虑由于期权费而额外增加的成本。

【例 6－12】 例 6－8 中，某交易者卖出 10 手 Mar 15 原油期货合约，如果保证金率为 10%，则交易者需缴纳 45.15 ×1 000 ×10 ×10% ＝45 150美元保证金。

如果交易者通过期权实现出售 10 手标的期货合约的目的，则需购买 10 张 Mar 15 到期的该标的看跌期权，该交易者决定购买执行价格为 47 美元/桶的实值看跌期权。该期权的价格为 3.48 美元/桶，权利金投入＝3.48 ×10 ×1 000 ＝34 800 美元，低于期货保证金投入。

如果在 2015 年 3 月期货合约和期权合约到期前，期货合约价格在

47 美元/桶以下，交易者以 47 美元/桶的价格行权卖出期货合约，其卖出期货合约的价格为 47 - 3.48 = 43.52 美元/桶，比直接卖出期货合约每桶价格低 45.15 - 43.52 = 1.63 美元。每桶原油价格降低值恰好等于期权建仓时的时间价值，该例中时间价值 = 3.48 - (47 - 45.15) = 1.63 美元/桶。由于实值看跌期权的时间价值可能小于 0，通过实值看跌期权卖出期货合约的价格收入有可能高于直接卖出期货合约的价格收入，但是，因为大部分情况下，期权的时间价值均大于 0，所以，通过看跌期权卖出期货合约的价格收入低于直接卖出期货合约的价格收入。同样，通过接近平值的看跌期权多头卖出期货合约，比直接卖出期货合约的价格收入减少得多。

（3）保护标的资产多头。投资者已经买进了标的资产，他既想持有标的资产以享受价格上涨的好处，又担心价格下跌而遭受损失。在此情形下，投资者可买进看跌期权，或在买进标的资产的同时买进看跌期权。如果标的资产价格下跌，看跌期权的价差收益或行权收益会弥补持有标的资产带来的损失，从而对买进的标的资产是一种保护；如果价格上涨，投资者的标的资产持仓会继续受益，但看跌期权价格会下跌或期权作废，交易者最大损失为期权费，从而使标的资产持仓成本提高。

【例 6 - 13】 例 6 - 10 中，交易者于 2014 年 12 月 12 日以每股 17.12 港元的价格买入招商银行 H 股并持仓至 2015 年 1 月 2 日，当股票价格上涨至 19.90 港元/股时，交易者想继续持仓，又担心股票价格下跌，于是决定买进该股票看跌期权对股票持仓加以保护。交易者以 0.98 港元/股的价格买进 2015 年 3 月到期、执行价格为 20 港元/股的该股票看跌期权。

如果股票价格上涨至 20 港元/股以上，交易者放弃行权，可享受股票价格上涨的利润，与不购买期权相比，会增加期权费的投入成本，但交易者可将卖出期权对冲平仓，以减少期权费损失，所以其最大损失为期权费；如果股票价格下跌至 20 港元/股以下，如跌至 10 港元/股，交易者可行权，以每股 20 港元/股的价格将股票卖出，实现了期权的保险功能，但实际售价比执行价格低 0.98 港元/股，即期权成本。该交易者也可将期权卖出平仓，当标的股票价格下跌时，看跌期权价格会上涨，交易者期权头寸的盈利可弥补或部分弥补股票价格下跌的损失。

1 月 26 日，股票价格下跌至 18.54 港元/股，该看跌期权的价格上涨至 1.47 港元/股，如果交易者将期权平仓，实现平仓收益 1.47 - 0.98 = 0.49 港元/股，股票实际售价提高至 18.54 + 0.49 = 19.03 港元/股；如果交易者行权将股票卖出，实际售价 = 20 - 0.98 = 19.02 港元/股。由此可见，通过看跌期权，能够保证股票售价在执行价格与期权费的差额之上，而且平仓了结比行权了结更有利。所以，买进看跌期权可以实现保护标的资产多头的目的。

而期货交易则不能实现此目的。例如，如果交易者卖出该股票期货合约，期货合约建仓可以对冲标的股票价格下跌的风险，但股票价格上涨时，期货建仓会产生亏损。因此，期权多头的保险功能是期货交易所不能实现的。

（4）锁定现货持仓收益，对冲标的资产价格下跌的风险。持有现货者或已签订了购货合同的中间商，未来有现货出售，当其认为现货市场价格趋势不明朗，为规避价格下跌风险，可通过买入该资产的看跌期权进行保值，实现锁定售货价格，平稳企业利润的目的。

若标的资产价格下跌至执行价格以下，交易者可执行期权，以执行价格将标的资产卖出；或将期权对冲平仓，因为标的资产价格下跌而期权价格会随之上涨，所以期权的平仓收益可弥补或部分弥补其持有该标的资产造成的损失；如果标的资产价格上涨至执行价格以上，交易者可放弃执行期权，其最大的损失为权利金，而此时持有现货或出售现货所获得的超额收益可能远高于其损失的权利金。

与卖出期货合约对冲现货价格下跌风险相比，利用买进看跌期权进行套期保值具有以下特征：

第一，初始投入更低，杠杆效用更大，即购买看跌期权所支付的权利金较卖出期货合约所需交纳的保证金更少。

第二，当标的资产价格变化对现货持仓不利时，如标的资产价格下跌，交易者在期货市场的盈利可弥补降低的现货卖出收入；购买看跌期权也可达到此目的。同样，通过看跌期权多头对冲标的资产价格下跌的风险，比通过卖出期货合约对冲标的资产价格风险要多付出权利金或时间价值的代价。

第三，标的资产价格变化对现货持仓有利时，如标的资产价格上涨，期货持仓亏损，套期保值者需要补交保证金，此时由于在期货市场建仓卖出期货合约，期货亏损抵补了现货价格有利变动所带来的盈利。而看跌期权买方也会产生亏损，但既不用支付任何额外费用，又可限制最大损失；当标的资产价格上涨远远高于期权费时，交易者还可享受标的资产价格有利变化所产生的利润。所以，此情形下利用看跌期权多头对冲标的资产价格下跌的风险比利用期货空头建仓更有利。

（四）卖出看跌期权

1. 目的和基本操作

卖出看跌期权的主要目的是赚取期权费。但看跌期权卖方在获得期权费后，便拥有了履约义务。如果标的资产价格高于执行价格，则买方不会行权，卖方可获得全部权利金收入，或者在期权价格上涨时卖出期权平仓，获得价差收益。但是，一旦标的资产价格下跌至执行价格以下，买方执行期权，卖方被要求履约时，则必须以执行价格从买方处买入标的资产。随着标的资产价格的下跌，卖方收益减少，直至出现亏损，下跌越多，亏损越大，当标的资产价格跌至0时，卖方的亏损达到最大。

2. 损益分析

卖出看跌期权到期时的损益状况见图6－7。

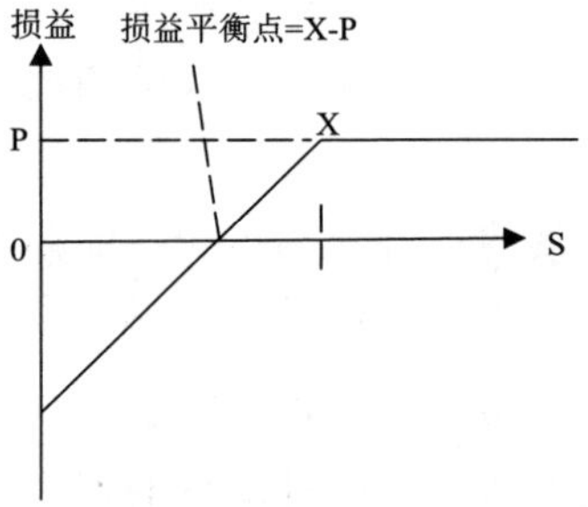

图6－7　看跌期权空头损益状态

标的资产价格变化对看跌期权卖方损益的影响见表6－13。

表 6－13　　标的资产价格变化对看跌期权空头损益的影响

<table>
<tr><th>标的资产的价格范围</th><th>标的资产价格的变动方向及卖方损益</th><th>期权头寸处置方法</th></tr>
<tr><td>$S \geq X$</td><td>处于盈利状态，无论 S 上涨或下跌，最大盈利不变，等于权利金</td><td>买方不会执行期权，卖方可买入期权对冲平仓，或持有到期使期权作废（期权不会被执行）</td></tr>
<tr><td>$X - P < S < X$</td><td>处于盈利状态，盈利随 S 变化而变化，但低于权利金</td><td rowspan="3">可买入期权对冲平仓，或接受买方行权，以执行价格购买标的资产</td></tr>
<tr><td>$S = X - P$</td><td>损益 $=0$</td></tr>
<tr><td>$S < X - P$</td><td>处于亏损状态，亏损随 S 变化而变化。$S = 0$ 时亏损最大，等于 $P - X$</td></tr>
</table>

卖出看跌期权综合分析见表 6－14。

表 6－14　　卖出看跌期权（Put Options Short）综合分析

标的资产市场环境	（1）牛市 （2）横盘，市场波动率低或收窄，隐含价格波动率高（High Implied Volatility）
最大收益	权利金
损益	平仓损益 = 权利金卖出价 － 权利金买入价 履约损益 = 标的资产价格卖出价 － 执行价格 + 权利金
损益平衡点	执行价格 － 权利金
保证金	须缴纳（如果是有保护的看跌期权，则视具体情况而定）
履约后头寸状态	多头

3. 基本运用

（1）获得价差收益或权利金收益。看跌期权的卖方卖出期权后，如果标的资产价格上涨至执行价格以上，则买方不会行权，持有到期可获得全部权利金收入；卖方也可在期权到期前买进看跌期权对冲平仓。如果标的资产上涨，看跌期权价格下跌，卖方可获得价差收益。总之，如果交易者对标的资产价格趋势分析正确，则可实现交易目的。

与卖出看涨期权相似，从国外实际的交易情况看，卖出看跌期权也会获利丰厚。但必须考虑价格不利变化时追加保证金要求，因此对资金有限的投资者则应避免卖出无保护看跌期权。

（2）对冲标的资产空头。如果投资者对标的资产价格谨慎看空，则可在卖出标的资产的同时，或持有标的资产空头时，卖出执行价格较低的看跌期权。如果标的资产价格上涨，则所获得的权利金等于提高了标的资产的卖价；如果标的资产价格下跌，或期权买方行权，看跌期权空头被要求履行，以执行价格买进标的资产，将其所持标的资产空头平仓。此策略被视为一个标的资产空头和一个看跌期权空头的组合，标的资产空头对卖出看跌期权形成保护，被称为有担保的看跌期权策略。

对于计划在未来购买现货的企业，在利用看涨期权套期保值时，可在买进看涨期权的同时卖出执行价格较低的看跌期权，执行价格的选择可考虑企业未来购买现货的成本。如果标的资产价格上涨，看涨期权头寸盈利，同时还收获了看跌期权的权利金收入；如果标的资产价格下跌，交易者可接受买方行权，按执行价格买进标的资产，实现其购买标的现货的目的，其卖出看跌期权的权利金收入可使购买价格进一步降低。

【例 6－14】 例 6－12 中，交易者在卖出 10 手 Mar 15 原油期货合约的同时卖出 10 张执行价格为 43 美元/桶的该标的看跌期权，期权价格为 1.54 美元/桶。交易者获得权利金收入 = 1.54 × 10 × 1 000 = 15 400美元。

如果标的期货合约价格在执行价格以上时，看跌期权多头不会行权，交易者可获得权利金收入，等于降低了所持标的期货合约空头的平仓价格，或增加了期货合约的卖价，扩大了盈利空间或降低了部分损失，但标的期货合约卖价最高可提至每桶 45.15 + 1.54 = 46.69 美元，这也是该策略的损益平衡点。如果标的期货合约大幅上涨，上涨至 100 美元/股，交易者损益 = 46.69 － 100 = －53.13 美元/股，所以卖出看跌期权不能对冲标的资产空头的持仓风险。

如果标的期货合约价格下跌至 43 美元/股以下，交易者被要求履约，以执行价格买进标的期货合约，并对冲其期货空头。交易者期货和期权总损益 = 45.15 － 43 + 1.54 = 3.69 美元/股，且不随标的资产价格下跌而增加，即标的资产价格在 43 美元/股以下，交易者损益不变，为每桶 3.69 美元，这也是该策略的最大盈利。因此，标的期货合约大幅下跌，如下跌至执行价格与期权费的差，即 43 － 1.54 = 41.46 美元/股以下时，单独持有期货空头更有利。

当标的期货合约价格上涨至46.69美元/股时，交易者盈亏平衡，随着标的期货合约价格上涨，交易者亏损增加，上涨越多，亏损越大。

当标的资产价格下跌至X－P以下时，单独持有标的期货合约更为有利，组合策略损益状态见图6－8。

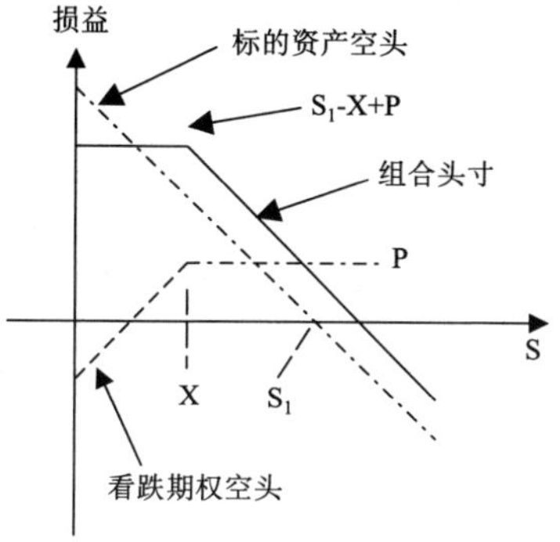

图6－8 标的物空头与看跌期权空头组合

图6－8中，S_1＝45.15美元/桶，X＝43美元/桶，P＝1.54美元/桶。

构建该组合策略主要考虑的因素：

第一，看跌期权的执行价格。所卖出期权的执行价格越低，买方行权的可能性越小，对构建该组合策略者越有利，但执行价格越低，看跌期权的权利金越低，卖出期权对增加标的资产空头的持仓利润的影响越小。

第二，标的资产价格的变化趋势。如果预期标的资产价格下跌至期权的执行价格与权利金的差以下时，单独持有标的资产更为有利，即预期标的资产价格将大幅下跌时，不宜采用此策略；如果预期标的资产价格上涨，则不会卖出或继续持有标的资产空头。所以，此策略适用于对标的资产价格谨慎看空的市场情形。

（3）低价买进标的资产。如果投资者想买进标的资产但认为价格偏高，也可卖出执行价格较低的看跌期权。如果标的资产价格上涨，投资者可赚取权利金收益；如果标的资产价格下跌至执行价格以下，投资者被指定行权按执行价格买进标的资产，实现其买进标的资产的目的。

二 期权组合套利基本策略

期权组合套利是用两个或两个以上的期权构建期权组合，实现套利的策略。期权组合套利的策略很多，这里仅介绍最基本的价差组合套利和最基本的跨式及宽跨式组合套利。

（一）期权价差组合

期权价差（Spreads）组合是指持有相同期限、不同协议价格的两个或多个同种期权头寸组合（即同是看涨期权，或者同是看跌期权）。其主要类型有牛市价差组合、熊市价差组合、蝶式价差组合等。

1. 牛市价差（Bull Spreads）组合

牛市价差组合是由一份看涨期权多头与一份同一期限较高协议价格的看涨期权空头组成的，也可以由一份看跌期权多头与一份同一期限较高协议价格的看跌期权空头组成。例 6－15 即是用看涨期权构建的一个牛市价差组合，其到期时的收益情况见图 6－9（a）。图 6－9（b）是看跌期权牛市价差组合到期时的收益状况。

【例 6－15】 某交易者 9 月 10 日在 CME 以 0.0106 的价格出售一张执行价格（汇率）为 1.590 的 DEC 12 GBD/USD 看涨期货期权，同时又以 0.0467 的价格买进同一张执行价格为 1.510 的 GBD/UDS 看涨期权，该日 DEC 12 GBS/USD 期货合约的价格为 1.5341。该交易者期权到期时的盈亏状况如图 6－9。

从图 6－9（a）中可以看出，到期日标的资产价格上升对组合持有者有利，因而称为牛市价差组合。因为执行价格高的看涨期权价格较低，所以看涨期权构建的牛市价差组合，期初现金流为负，即需要支付成本；用看跌期权构建的价差组合则正好相反，期初现金流为正，即期初就有收益，但前者到期的收益大于后者。

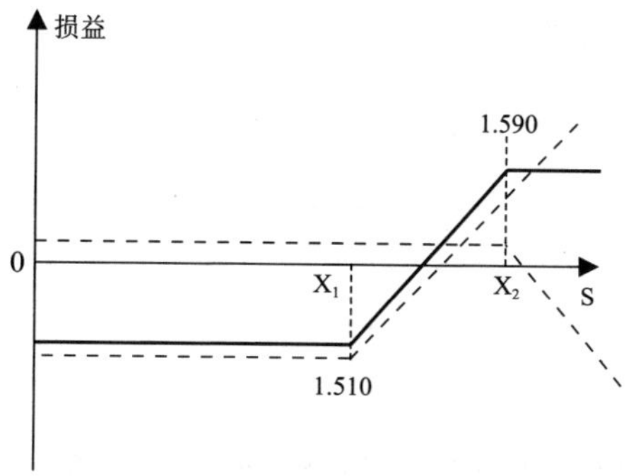

图 6-9（a）　看涨期权价差组合

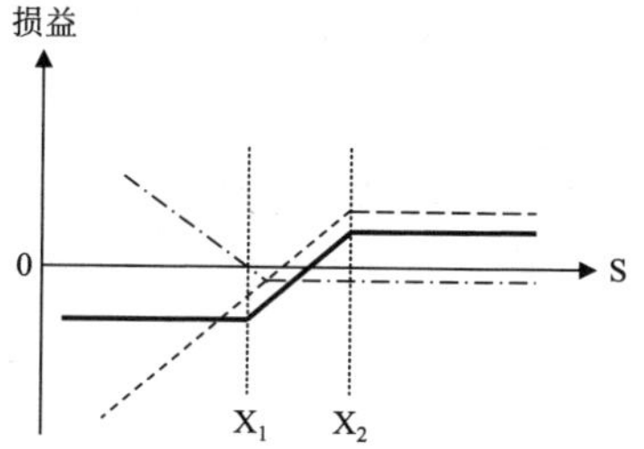

图 6-9（b）　看跌期权价差组合

2. 熊市价差（Bear Spreads）组合

熊市价差（Bear Spreads）组合刚好跟牛市价差组合相反，它可以由一份看涨期权多头和一份相同期限、协议价格较低的看涨期权空头组成，也可以由一份看跌期权多头和一份相同期限、协议价格较低的看跌期权空头组成。支付情况分别见 6-10（a）与图 6-10（b）。

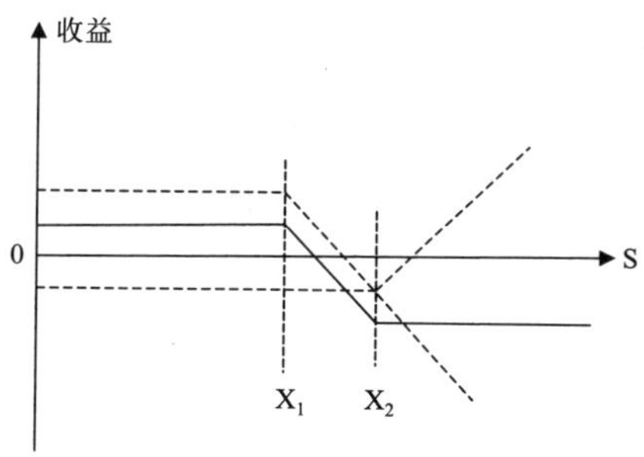

图 6-10（a）　看涨期权熊市期权价差组合

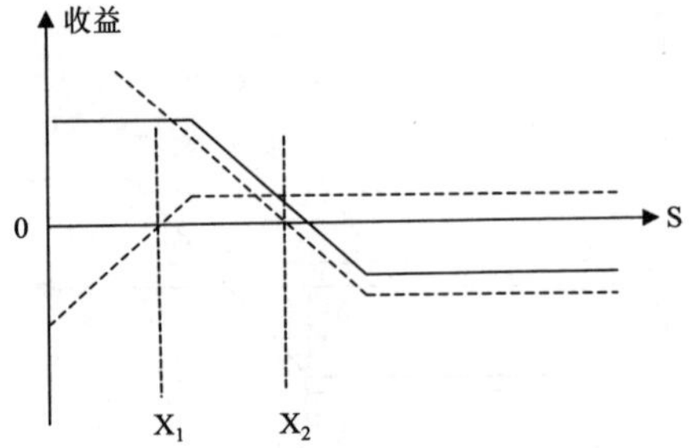

图 6-10（b） 看跌期权熊市期权价差组合

看涨期权熊市价差组合与看跌期权熊市价差组合的差别在于，前者起初有正的现金流，后者起初有负的现金流，但后者随后的收益大于前者。

3. 蝶式价差（Butterfly Spreads）组合

蝶式期权价差组合，是由三种到期期限相同、执行价格不同的四份同种（全部看涨期权或全部看跌期权）期权组成。三种执行价格假设为 $X_1 < X_2 < X_3$，且 $X_2 = (X_1 + X_3)/2$。蝶式价差组合可以由执行价格分别为 X_1 和 X_3 的看涨期权多头和两份执行价格为 X_2 的看涨期权空头组成，也可以由执行价格分别为 X_1 和 X_3 的看跌期权多头和两份执行价格为 X_2 的看跌期权空头组成。

如图 6-11 所示，只有在标的资产市场价格波动很小时，按上述方式构建蝶式价差组合才会盈利。这样的投资方式称为做多期权蝶式价差组合，或多头期权蝶式价差组合。如果对标的资产市场价格波动的方向不明了而又预测标的资产会发生较大的价格波动，应该按与上述期权蝶式价差组合相反的头寸方向构建资产组合，称为做空期权蝶式价差组合，或空头期权蝶式价差组合。期权蝶式价差组合初始投资少，是组合投资常用的方法。多头期权蝶式价差组合也称正向蝶式价差组合，空头期权蝶式价差组合也称反向蝶式价差组合。因此，也有的专业书上把蝶式价差组合分为如下四种：

（1）看涨期权正向蝶式价差组合。它由协议价格分别为 X_1 和 X_3 的看涨期权多头和两份协议价格为 X_2 的看涨期权空头组成。

（2）看涨期权反向蝶式价差组合。它由协议价格分别为 X_1 和 X_3 的看涨期权空头和两份协议价格为 X_2 的看涨期权多头组成。

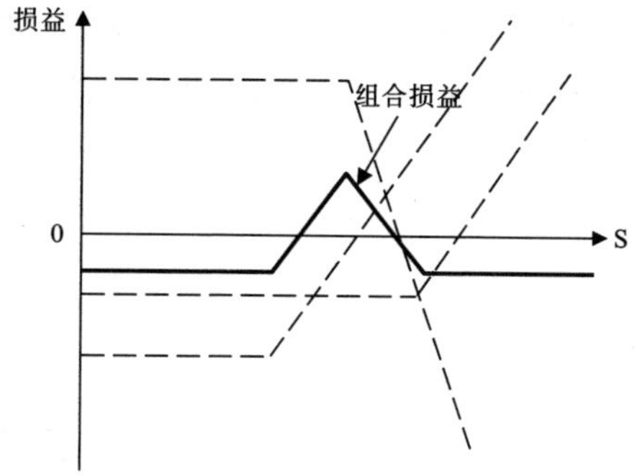

图 6－11（a） 看涨期权蝶式价差组合损益

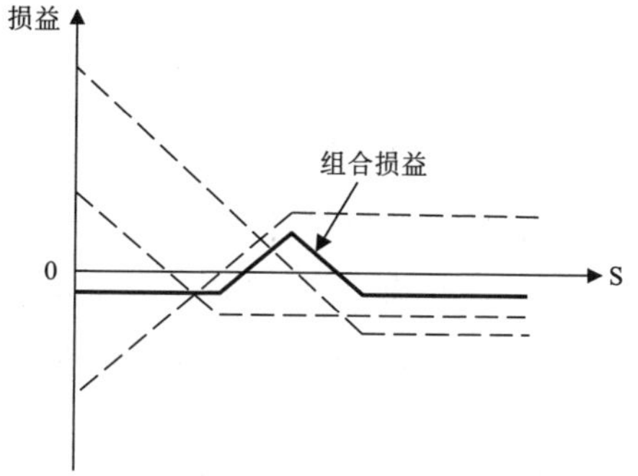

图 6－11（b） 看跌期权蝶式价差组合损益图

（3）看跌期权正向蝶式价差组合。它由协议价格分别为 X_1 和 X_3 的看跌期权多头和两份协议价格为 X_2 的看跌期权空头组成。

（4）看跌期权反向蝶式价差组合。它由协议价格分别为 X_1 和 X_3 的看跌期权空头和两份协议价格为 X_2 的看跌期权多头组成。

（二）跨式期权组合与宽跨式期权组合

1. 跨式期权组合

跨式期权组合，也叫同价对敲组合期权。投资者同时拥有同一标的资产相同数量的具有相同执行价格、相同到期日的看涨期权与看跌期权多头头寸，称为多头跨式期权组合。如果同时拥有上述看涨期权与看跌期权的空头头寸，则称为空头跨式期权组合。

【例 6－16】 多头跨式期权组合。2017 年 8 月 8 日，股票 A 的市场价格为 40 元/股。执行价格同样为 40 元/股，以 9 月份为到期月的看涨和看跌期权的价格分别为 C =8 元/股，P =5 元/股。投资者不确定股价会上涨还是下跌，但是预期股价会大幅波动，于是购进上述期权的跨式期权组合。到期时，其收益状况如图 6 –12。

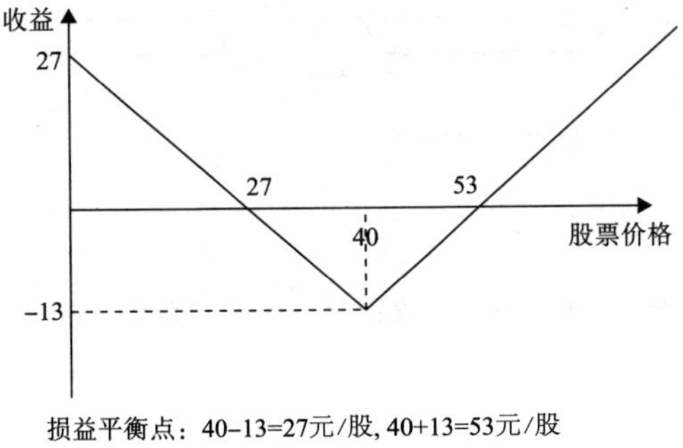

图 6 –12　多头跨式期权损益状况

可见，投资者不确定股票的价格变动方向，而判断股价会大幅波动时，做多同价对敲期权组合是有利的。比如，公司卷入一场合并谈判，正等待法院的反垄断判决等情况下，就可能因不同的判决结果致使股价大起大落。

【例 6 –17】 空头跨式期权组合。数据同上例。与多头情况相反，如果投资者不知道股价会上升还是下降，但判断股价会比较稳定，则可以做空跨式期权组合。到期时，其收益状况如图 6 –13。

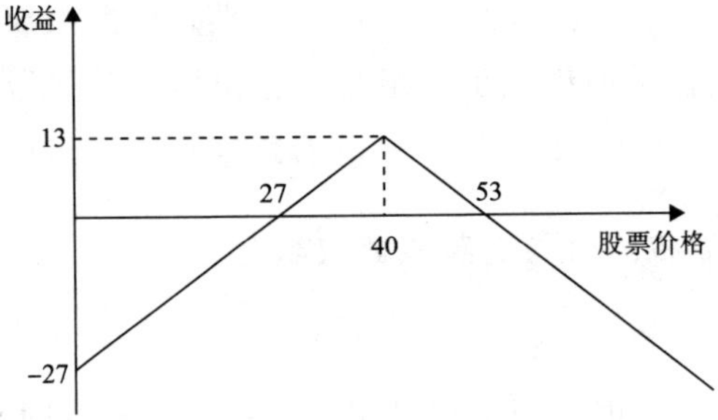

图 6 –13　空头跨式期权损益状况

2. 宽跨式期权组合

宽跨式期权组合，也叫异价对敲组合期权。投资者同时拥有相同数量的以同一基础资产为标的资产的具有不同执行价格、相同到期日的看涨期权与看跌期权多头头寸，称为多头宽跨式期权组合。如果同时拥有上述看涨期权与看跌期权的空头头寸，称为空头宽跨式期权组合。

【例 6－18】 多头宽跨式期权组合。多头宽跨式期权组合最常见的形式是所购入的看跌期权的执行价格低于购入的看涨期权的执行价格。接前例。2017 年 8 月 8 日，股票 A 的市场价格为 40 元/股。9 月份到期，执行价格 35 元/股的看跌期权的价格 P＝1 元/股，执行价格为 40 元/股的看涨期权的价格为 C＝8 元/股。投资者购进上述期权的宽跨式期权组合。

本例中，购买期权的成本＝8＋1＝9 元/股；盈亏平衡点为：35－9＝26 元/股，40＋9＝49 元/股。到期时，盈亏状况如图 6－14。

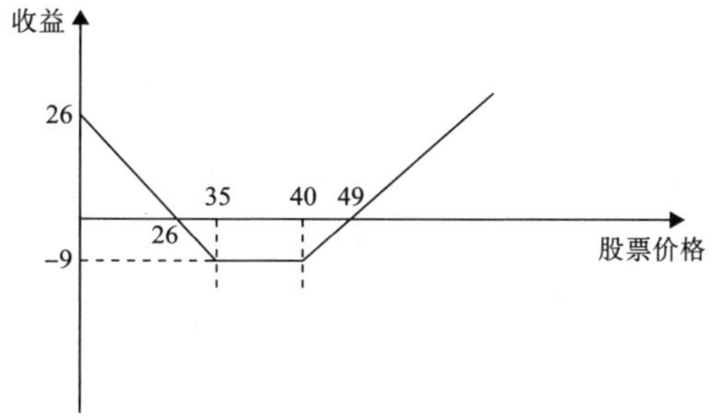

图 6－14　多头宽跨式期权组合到期盈亏状况

与多头跨式期权组合相比，多头宽跨式期权组合因两期权执行价格不同而节约了购买期权的成本，但却加大了获利所需标的资产波动的幅度。空头宽跨式期权组合与多头的情况正好相反。

相对于跨式组合，多头宽跨式组合是在预测资产会有很大的波动但不明确波动的方向，又希望以较小的成本实现盈利目的情况下使用的策略。而空头宽跨式期权组合则是认为资产价格可能有不明方向的小的波动的情况下使用的策略。

第七章 外汇衍生品

外汇衍生品通常是指从外汇等基础资产派生出来的交易工具，其种类包括外汇远期、外汇期货、外汇掉期与货币互换、外汇期权及其他外汇衍生品。利用外汇衍生品交易可以规避汇率风险，帮助企业实现风险管理的目标。本章首先介绍各种外汇衍生品的概念，然后对其具体应用举例说明。

第一节 外汇远期

外汇远期交易中，交易者应掌握汇率的标价、远期汇率的变动以及外汇远期交易的特征等基础知识。

一 汇率的标价

常用的汇率标价方法包括直接标价法和间接标价法。直接标价法是指以本币表示外币的价格，即以一定单位（1、100 或 1 000 个单位）的外国货币作为标准，折算为一定数额本国货币的标价方法。例如，2015 年 3 月 6 日中国国家外汇管理局公布的人民币汇率中间价，就是采用的直接标价法。其中，100 美元/人民币为 615.33，表示 100 美元可以兑换 615.33 元人民币；100 欧元/人民币为 680.61，表示 100 欧元可以兑换 680.61 元人民币；100 英镑/人民币为 941.01，表示 100 英镑可以兑换 941.01 元人民币等。在国际外汇市场上，日元、瑞士法郎、加元等大多数外汇的汇率都采用直接标价法。

间接标价法是以外币表示本币的价格，即以一定单位（1、100 或 1 000个单位）的本国货币作为标准，折算为一定数额外国货币的标价方法。例如，某日纽约外汇市场的汇率标价中，1 美元/英镑为 0.6605，表示 1 美元可兑换为 0.6605 英镑；1 美元/日元为 120.64，表示 1 美元可兑换为 120.64 日元；某日伦敦外汇市场的汇率标价为 1 英镑/美元为 1.5140，表示 1 英镑可兑换为 1.5140 美元等，采用的就是间接标价法。在国际外汇市场上，欧元、英镑、澳元等采用间接标价法。

需要注意的是，直接标价法的报价和间接标价法的报价是可以相互推导的。例如，直接标价法下的美元兑人民币为 6.2819，那么在间接标价法下的美元兑人民币为 1/6.2819 = 0.1592，意味着 1 人民币可以兑换 0.1592 美元。

除了直接标价法和间接标价法之外，还有美元标价法。在美元标价法下，各国均以一定单位的美元为标准来计算应该汇兑多少他国货币，而非美元外汇买卖时，则是根据各自对美元的比率套算出买卖双方货币的汇价。例如，已知美元兑日元的标价为 117.55，美元兑人民币的标价为 6.1188，则可以通过美元为中介计算出日元兑人民币的标价为 6.1188/117.55 = 0.05205，即 1 日元可以购买 0.05205 元人民币。

如表 7－1 所示，世界主要交易的货币对（日元除外）的标价一般由小数点前一位加上小数点后四位（或五位）构成。在外汇交易中，某种货币标价变动一个“点”的价值称为点值，是汇率变动的最小单位。例如，欧元兑美元的汇率由 1.1563 上升至 1.1564，则欧元上涨了一个“点”。因为目前外汇市场上汇率的报价大多采用美元标价法，所以点值一般以美元为单位，可以简单理解为价值一美元的货币汇率每变动一个点，相对应变动的美元价值。对于以美元标价法和非美元标价法的货币点值的计算方式不同：非美元标价法报价的货币的点值等于汇率标价的最小变动单位乘以汇率；美元标价法报价的货币的点值等于汇率标价的最小变动单位除以汇率。例如，美元兑日元汇率为 117.25，因为采用的是美元标价法，当汇率变动一个点，表示美元的日元价格变动了 0.01 日元，此时点值就是 0.01/ 117.25 = 0.000085 美元。

表 7-1　　外汇行情表（部分）

货币对	最新价
欧元/美元	1.1563
英镑/美元	1.5147
美元/日元	117.55
澳元/美元	0.8222
美元/加元	1.1985
美元/人民币	6.1188
美元/港币	7.7506

资料来源：万德资讯金融终端。

二　远期汇率与升贴水

外汇现汇交易中使用的汇率是即期汇率，即交易双方在交易后两个营业日以内办理交割所使用的汇率，而外汇远期交易中使用的汇率是远期汇率，即交易双方事先约定的，在未来一定日期进行外汇交割的汇率。一种货币的远期汇率高于即期汇率称之为升水，又称远期升水。相反，一种货币的远期汇率低于即期汇率称之为贴水，又称远期贴水。

例如，英镑的即期汇率为 1 英镑兑 1.5201 美元，30 天远期汇率为 1 英镑兑 1.5148 美元。这表明，30 天远期英镑贴水，贴水 53 点，点值为 0.0053 美元。欧元即期汇率为 1 欧元兑 1.1122 美元，30 天远期汇率为 1 欧元兑 1.1130 美元。这表明，30 天远期欧元升水，升水 8 点，点值为 0.0008 美元。如果用百分比表示，则更能清晰地反映出两种货币升水或贴水的程度，其计算公式为：

升（贴）水 =（远期汇率 - 即期汇率）/即期汇率 ×（12/月数）

30 天英镑的远期贴水为：（1.5148 - 1.5201）/1.5201 ×（12/1）= -4.2%

30 天欧元的远期升水为：（1.1130 - 1.1122）/1.1122 ×（12/1）= 0.8%

如果升水和贴水二者相等，则称为远期平价。升水和贴水与两种货币的利率差密切相关。一般而言，利率较高的货币远期汇率表现为贴水，即该货币的远期汇率比即期汇率低；利率较低的货币远期汇率表现为升水，即该货币远期汇率比即期汇率高。因此，在充分流动的市场中，远期汇率与即期汇率的差异是两种货币利率差的反映，否则就会出现套利的机会。根据相关理论，远期汇率的计算公式如下：

$$\text{远期汇率}\left(\frac{\text{货币 1}}{\text{货币 2}}\right)=\text{即期汇率}\left(\frac{\text{货币 1}}{\text{货币 2}}\right)\times\left[\frac{1+(R_2\times d/360)}{1+(R_1\times d/360)}\right]$$

其中，R 表示利率，d 表示交易期限。

【例 7-1】假设某日人民币与美元间的即期汇率为 1 美元 = 6.2706 元人民币，人民币一个月的上海银行间同业拆借利率（Shibor）为 5.066%，美元一个月的伦敦银行间同业拆借利率（Libor）为 0.1727%，则一个月（实际天数为 31 天）远期美元兑人民币汇率应为：

$$\frac{USD}{CNY}=6.2706\times\left[\frac{1+5.066\%\times 31/360}{1+0.1727\%\times 31/360}\right]=6.2951$$

需要注意的是，虽然升（贴）水的幅度与两国利率差大致相等，但是远期汇率变化与利率差并不绝对相同。因为从上面的公式中可以看出，远期汇率的决定因素包括即期汇率、两种货币的利率及交易期限等，特别是在实际的交易中，远期汇率还会受到交易者对市场的心理预期、中央银行对市场的干预，以及国际经济和政治等因素的影响。这些因素有时甚至会使远期汇率的变化完全脱离两国的利率差水平。

三 外汇远期交易

外汇远期交易指交易双方以约定的币种、金额、汇率，在未来某一约定的日期交割的外汇交易（见图7-1）。

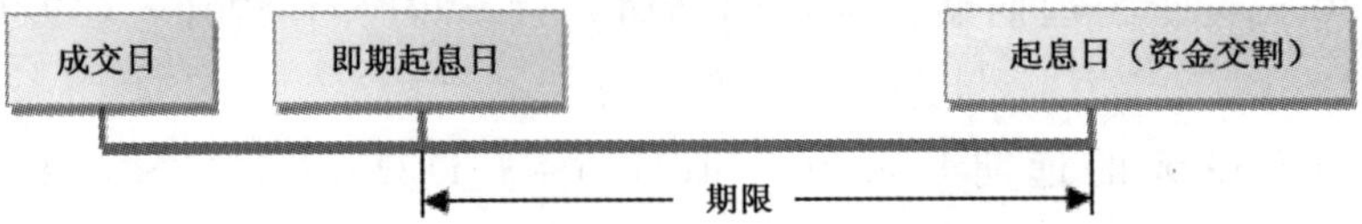

图7-1　外汇远期交易示意图

【例7-2】2014年3月25日，机构A通过外汇交易系统与机构B成交一笔1年期美元兑人民币远期交易。约定机构A卖出1 500万美元，买入人民币。机构A为发起方，机构B报出即期汇率USD/CNY = 6.1300，远期点40.00bp（远期全价等于即期汇率加上远期点），即机构A以USD/CNY = 6.1340的价格在2015年3月27日向机构B卖出1 500万美元，交易要素见表7-2。

表7-2　外汇远期交易要素

发起方	机构A	报价方	机构B
成交日	2014年3月25日	远期全价	6.1340
货币对	USD/CNY	折美元金额	1 500万美元
交易货币	USD	交易货币金额	1 500万美元
对应货币	CNY	对应货币金额	CNY 9 201万元人民币
即期汇率	6.1300	远期点	40.00
交易方向和金额	机构A卖出1 500万美元，买入人民币9 201万元		
	机构B买入1 500万美元，卖出人民币9 201万元		
期限	1年	起息日	2015年3月27日
清算模式和方式	双边全额清算		

外汇远期交易通常应用在以下几个方面：

（一）进出口商通过锁定外汇远期汇率以规避汇率风险

商品贸易往来中，进出口商从签订买卖合同到交货、付款通常需要很长时间，有可能因汇率变动而遭受损失。因此，进出口商为规避汇率风险而进行外汇远期交易。

【例7-3】某年5月1日，某内地进口商与美国客户签订总价为300万美元的汽车进口合同，付款期为3个月（实际天数为92天），签约时美元兑人民币汇率为 1 美元 = 6.2709 元人民币。由于近期美元兑人民币汇率波动剧烈，企业决定利用外汇远期进行套期保值。签订合同当天，银行 3 个月远期美元兑人民币的报价为 6.2654/6.2721，企业在同银行签订远期合同后，约定 3 个月后按 1 美元兑 6.2721 元人民币的价格向银行卖出 18 816 300 元人民币，同时买入 300 万美元用以支付货款（见表 7－3）。

表 7－3　　远期交易过程

	汇率（美元/人民币）	合同金额	折合人民币
5 月 1 日签订进口合同	即期汇率：6.2709	300 万美元	18 812 700 元
5 月 1 日利用外汇远期	3 个月远期汇率：6.2721	300 万美元	18 816 300 元
8 月 1 日合同到期收汇	即期汇率：6.4253	300 万美元	19 275 900 元

假设 3 个月后美元兑人民币即期汇率为 1 美元 = 6.4253 元人民币，与不利用外汇远期进行套期保值相比，企业少支付货款 459 600（= 19 275 900 － 18 816 300）元。

（二）短期投资者或外汇债务承担者通过外汇远期交易规避汇率风险

在没有外汇管制的情况下，如果一国的利率低于他国，则该国的资金就会流向他国以谋求高息。假设在汇率不变的情况下纽约投资市场利率比伦敦高，二者分别为 9.8% 和 7.2%，则英国的投资者会用英镑买入美元，然后将其投资于 3 个月期的美国国债，待该国债到期后将美元本利兑换成英镑，这样投资者可多获得 2.6% 的利息。但是，如果 3 个月后，美元对英镑汇率下跌，投资者就得用更多的美元去兑换英镑，还有可能遭受损失。因此，英国投资者可以在买进美元现汇的同时卖出 3 个月的美元远期。只要美元远期汇率贴水不超过两地的利率差，投资者的汇率风险就可以规避。如果超过利率差，投资者可能无利可图而且还会遭到损失。

投资者如果在国外有定期外汇债务，则可以利用外汇远期交易以防债务到期时多付出本国货币。例如，我国某投资者对美国有外汇债务 1 亿美元，为规避美元汇率波动造成损失，购买 3 个月期美元兑人民币外汇远期，汇率为6.2709。3个月后美元兑人民币汇率变为6.2731，如果未进行外汇远期交易，则该投资者需付出6.2731亿元人民币才能兑换1亿美元，但现在只需6.2709亿元人民币，规避了美元汇率风险。

需要注意的是，无本金交割的外汇远期（Non－Deliverable Forward，简称NDF）也是一种外汇远期交易，所不同的是该外汇交易的一方货币为不可兑换货币。这是一种场外交易的外汇衍生工具，主要是由银行充当中介机构，交易双方基于对汇率预期的不同看法，签订无本金交割远期交易合约，确定远期汇率、期限和金额，合约到期只需对远期汇率与实际汇率的差额进行交割清算，结算的货币是自由兑换货币（一般为美元），无须对NDF的本金（受限制货币）进行交割，与本金金额、实际收支毫无关联，并且对企业未来现金流量不会造成影响。无本金交割外汇远期交易一般用于实行外汇管制国家的货币，为面对汇率风险的企业和投资者提供了一个对冲及投资的渠道。

人民币NDF是指以人民币汇率为计价标准的外汇远期合约，按照合约本金金额以及约定的定价日中国外汇交易中心人民币即期挂牌价与合约汇率之间的差额，可计算远期交易的盈亏，并按照定价日人民币即期挂牌价将合约盈亏金额换算为美元后，以美元进行交割，契约本金无须交割，交易双方亦不用持人民币进行结算。

新加坡和中国香港人民币NDF市场是亚洲最主要的离岸人民币远期交易市场，该市场的行情反映了国际社会对于人民币汇率变化的预期。人民币NDF市场的主要参与者是欧美的大银行和投资机构，其客户主要是在中国有大量人民币收入的跨国公司，也包括总部设在香港地区的中国内地企业。众多企业和银行利用人民币NDF来规避人民币的汇率风险。同时，一些跨国集团公司可以利用在中国大陆质押人民币借入美元的同时在香港（境外）做NDF来进行套利。

【例7－4】某进口商为规避三个月后的汇率风险，向银行预购三个月期的远期100万美元，成交价格为6.2660。目前，美元兑人民币即期汇率为6.2760，假设三个月后，美元兑人民币的汇率变成6.2810。若该公司当初是按交割远期外汇（DF）方式，则在契约到期当日，公司必须以人民币6 266 000元向银行购入100万美元，即所谓的全额交割；若按NDF方式，则该公司已于三个月前锁住美元兑人民币的6.2660水准，如今美元兑人民币已涨至6.2810，所以该公司的NDF头寸已产生利润，银行应付给公司：

$$\frac{(6.2810-6.2660)\times 1\ 000\ 000}{6.2810}=2\ 388.15(\text{美元})$$

第二节 外汇期货

外汇期货是交易双方以约定的币种、金额及汇率，在未来某一约定时间交割的标准化合约。外汇期货交易不仅为避险者提供了有效的套期保值的方式，而且也为套利者和投机者提供了获利机会。

一 外汇期货套期保值

外汇期货套期保值是指交易者在期货市场和现汇市场上做币种相同、数量相等、方向相反的交易，通过建立盈亏冲抵机制实现保值的交易方式。外汇期货套期保值可分为卖出套期保值、买入套期保值和交叉套期保值。

（一）卖出套期保值

外汇期货卖出套期保值（Short Hedging），又称外汇期货空头套期保值，是指在现汇市场上处于多头地位的交易者为防止汇率下跌，在外汇期货市场上卖出期货合约对冲现货的价格风险。

适合外汇期货卖出套期保值的情形主要包括：（1）持有外汇资产者，担心未来货币贬值。（2）出口商和从事国际业务的银行预计未来某一时间将会得到一笔外汇，为了避免外汇汇率下跌造成损失。

【例7-5】某美国投资者发现中国的利率高于美元利率，于是决定购买630万元人民币以获取高息，计划投资3个月，但又担心投资期间美元兑人民币升值。为规避人民币贬值的风险，该投资者利用芝加哥商业交易所外汇期货市场进行卖出套期保值，每手人民币期货合约为10万美元，具体操作过程见表7-4。

表7-4　　外汇期货卖出套期保值

时间	即期市场	期货市场
3月1日	美元兑人民币即期汇率为1美元兑6.2974元人民币，购买630万元人民币，付出100.04万美元	卖出10手6月到期的人民币期货合约，成交价格为CNY/USD=0.1493（表示1元人民币兑0.1493美元）
6月1日	美元兑人民币即期汇率为1美元兑6.2985元人民币，出售630万元人民币，得到100.02万美元	买入10手6月到期的人民币期货合约对冲平仓，成交价格为CNY/USD=0.1471（表示1元人民币兑0.1471美元），与3月1日的卖出价格比，期货合约下跌22个点，即0.1493-0.1471=0.0022，每个点的合约价值为10美元，10手合约共获利：10×10×22=0.22万美元
损益	损失0.02万美元	获利0.22万美元

根据表7-4可知，该投资者投资630万元人民币，因人民币汇价下跌而在即期外汇市场上损失0.02万美元，但由于同时在外汇期货市场上做了套期保值交易，期货市场获利0.22万美元，使得即期市场的损失可以大致从期货市场的获利中得到弥补。当然，若人民币在这期间升值，该投资者在即期市场的获利也将被期货市场的损失所抵消。由此可见，无论汇价在此期间如何变动，外汇期货市场的套期保值的操作实质是为现货外汇资产“锁定汇价”，消除或减少其受汇率上下波动的影响。

（二）买入套期保值

外汇期货买入套期保值（Long Hedging）又称外汇期货多头套期保值，是指在现汇市场处于空头地位的交易者为防止汇率上升，在期货市场上买入外汇期货合约对冲现货的价格风险。

适合做外汇期货买入套期保值的情形主要包括：（1）外汇短期负债者担心未来货币升值。（2）国际贸易中的进口商担心付汇时外汇汇率上升造成损失。

【例 7-6】 在 6 月 1 日，某美国进口商预期 3 个月后需支付进口货款 2.5 亿日元，目前的即期汇率为 USD/JPY = 119.65（表示 1 美元兑 119.65 日元）。该进口商为避免 3 个月后因日元升值而需付出更多的美元来兑换成日元，就在 CME 外汇期货市场买入 20 手 9 月到期的日元期货合约，进行买入套期保值，每手日元期货合约代表 1 250 万日元，具体操作过程见表 7-5。

表 7-5　　外汇期货买入套期保值

时　间	即期市场	期货市场
6 月 1 日	即期汇率为 USD/JPY = 119.65（表示 1 美元兑 119.65 日元），2.5 亿日元价值为 2 089 427 美元	买入 20 手 9 月份到期的日元期货合约，成交价为 JPY/USD = 0.007957，即 7957 点（外汇期货市场上 1 个点 = 0.000001，该报价相当于即期市场报价法的 USD/JPY = 125.68）
9 月 1 日	即期汇率为 USD/JPY = 117.25，从即期市场买入 2.5 亿日元，需付出 2 132 196 美元。与 6 月 1 日相比，需要多支付 42 769 = (2 132 196 - 2 089 427) 美元	卖出 20 手 9 月份到期的日元期货合约对冲平仓，成交价格为 8 126 点［该报价相当于即期市场报价法的 USD/JPY = 123.06。期货市场每手日元期货合约共获利 169 点（= 8 126 - 7 957），每个点代表 12.5 美元，共 20 手合约，总盈利 42 250 美元］
损益	损失 42 769 美元	获利 42 250 美元

根据表 7-5 可知，该进口商于 3 个月后实际支付日元货款时，因日元汇价上升而需多付出 42 769 美元的成本，但因同时在外汇期货市场上做了多头套期保值，使成本的增加可从期货市场的获利中大致得到弥补。当然，若 9 月 1 日的日元汇价下跌，则即期市场上的成本减少的好处将被期货市场的亏损大致抵消。

（三）交叉套期保值

在国际外汇期货市场上，若需要回避两种非美元货币之间的汇率风险，就可以运用交叉货币套期保值。交叉套期保值（Cross Hedge）是指利用相关的两种外汇期货合约为一种外汇保值。

进行交叉套期保值的关键是要把握以下两点：（1）正确选择承担

保值任务的另外一种期货，只有相关程度高的品种，才是为手中持有的现汇进行保值的适当工具。（2）正确调整期货合约的数量，使其与被保值对象相匹配。

【例7－7】3月1日，国内某出口商出售一批服装给挪威的进口商，服装总价值为2 000万挪威克朗（NOK），当时挪威克朗/人民币的即期汇率为NOK/CNY＝0.7998，3个月后以NOK结算。该出口商担心3个月后NOK/CNY贬值造成3个月后收到的货款损失，由于没有NOK/CNY期货合约，为规避NOK/CNY贬值风险，考虑用美国CME期货市场的NOK/USD期货和CNY/USD期货进行外汇交叉套期保值，买入16手CNY/USD期货合约，卖出10手NOK/USD期货合约(CNY/USD合约规模100万元人民币，NOK/USD合约规模200万挪威克朗)。假设3月1日，CNY/USD的期货价格为0.1618，NOK/USD的期货价格为0.1292；若6月1日，NOK/CNY汇率下降到NOK/CNY＝0.7958，而CME期货市场的CNY/USD期货合约价格下降到CNY/USD＝0.1613，NOK/USD期货合约价格下降到NOK/USD＝0.1281，该出口商将所持有的外汇期货合约全部平仓，其交叉套期保值损益见表7－6。

表7－6　外汇期货交叉套期保值损益表

时间＼市场	现货市场 NOK/CNY	期货市场 CNY/USD	期货市场 NOK/USD
3月1日	即期汇率：1挪威克朗＝0.7998元人民币，2 000万挪威克朗＝1 599.6万元人民币	买入16手，价格CNY/USD＝0.1618，持仓价值258.88万美元	卖出10手，价格NOK/USD＝0.1292，持仓价值258.4万美元
6月1日	即期汇率：1挪威克朗＝0.7958元人民币，2 000万挪威克朗＝1 591.6万元人民币	卖出16手，价格CNY/USD＝0.1613，持仓价值258.08万美元	买入10手，NOK/USD＝0.1281，持仓价值256.2万美元
盈亏状况	损失：8万元人民币	亏损：0.8万美元	盈利：2.2万美元
		盈利：2.2－0.8＝1.4万美元，8.694万元人民币（假设USD/CNY＝6.21）	

由表7－6可知，该出口商3个月后，由于NOK/CNY汇率下降，

货款损失8万元人民币，但通过在美国CME期货市场买入CNY/USD期货合约和卖出NOK/USD期货合约进行外汇期货交叉套期保值，获得8.694万元人民币。在不考虑套期保值交易成本的情况下，现货市场NOK/CNY汇率下降的损失可由期货市场的盈利完全抵消且还有0.694万元人民币的盈利。

二 外汇期货套利

外汇期货套利交易是指交易者根据不同市场、期限或币种间的理论性价差的异常波动，同时买进和卖出两种相关的外汇期货合约，以期价差朝有利方向变化后将手中合约同时对冲平仓而获利的交易行为。外汇期货套利形式与商品期货套利形式大致相同，可分为期现套利、跨期套利、跨市场套利和跨币种套利等类型。

（一）外汇期现套利

外汇期现套利，即在外汇现货和期货中同时进行交易方向相反的交易，即通过卖出高估的外汇期货合约或现货，同时买入被低估的外汇期货合约或现货的方式来达到获利的目的。

外汇期货价格波动时，可能会偏离合理的价格区间，而在交割制度的保证下，最终一定会回到合理的价格区间，因此交易者就可以利用价格的不合理性进行套利。但在实际的市场环境中，由于交易成本和冲击成本因素的存在，会影响套利策略的实施。这类市场因素的存在，使得外汇期货和现货价格的价差波动中出现一个无套利区间，只有外汇期货价格超出区间范围才会真正出现无风险套利机会。

外汇期货的交易成本主要是指交易所和期货经纪商收取的佣金、中央结算公司收取的过户费等买卖期货产生的费用。由于交易所或期货经纪商会给予不同的优惠，对于不同的投资者的交易成本也有所不同。外汇现货的交易成本有不同的计算方式。一般在场内交易的交易成本也是支付给外汇交易商的佣金和其他一些费用，但是在做市商处交易的交易成本就是点差，即买卖价差。值得注意的是，在外汇期货中也有买卖价差的存在，但是一些主力合约（市场主要买卖的合约）价差往往比较小，因此并不是交易成本的主要构成部分。除此以外，部分现汇与期汇交易成本还包括了保证金成本。冲击成本，也称为流动性成本，主要是指规模大的套利资金进入市场后对市场价格的冲击使交易未能按照预订价位成交，从而多付出的成本。例如，当前欧元/美元期货卖价为 1.1130，交易者试图以 1.1130 的价位买入期货，但是在这价位的卖单数量不足，因此交易者不得不以高出 1.1130 数个点位的方式买入期货，才能完成全部的买单操作。当冲击成本过高的时候，会影响套利的收益。在流动性不好的市场，冲击成本往往会比较大。因此，在计算无套利区间时，上限应由期货的理论价格加上期货和现货的交易成本和冲击成本得到；下限应由期货的理论价格减去期货和现货的交易成本和冲击成本得到。

【例 7－8】 在 3 月 1 日，交易者发现美元兑人民币的现货价格为 1 美元＝6.1130 元人民币，而 6 月份的美元/人民币的期货价格为 6.1190，期现价差为 60 个点。同时，交易者认为 6 月份的外汇期货理论价格为 6.1160，无套利区间大概为 6.1150～6.1170。交易者判断当前的外汇期货价格超出了无套利区间，期现价差将会缩小。因此，交易者卖出 10 手 6 月份的美元/人民币期货，并买入相应金额的现货。

4 月 1 日，现货和期货价格分别变为 6.1140 和 6.1180，价差缩小到 40 个点。交易者同时将现货和期货平仓，从而完成外汇期现套利交易（见表 7－7）。

表 7－7　　外汇期现套利

3月1日	买入与期货价格合约价值对应的现货，价格为 6.1130	卖出 10 手 6 月份美元/人民币期货合约，价格为 6.1190	价差为 60 个点
4月1日	卖出与期货价格合约价值对应的现货，价格为 6.1140	买入 10 手 6 月份美元/人民币期货合约，价格为 6.1180	价差为 40 个点
各自盈亏情况	盈利 10 个点	盈利 10 个点	价差缩小 20 个点
最终结果	总盈利 10×10×20＝2 000 元人民币		

（二）外汇期货跨期套利

外汇期货跨期套利，是指交易者同时买入或卖出相同品种不同交割月份的外汇期货合约，以期合约间价差朝有利方向发展后平仓获利的交易行为。

根据第五章提到过的套利交易模式，外汇期货跨期套利可以分为牛市套利、熊市套利和蝶式套利。买入近期月份的外汇期货合约的同时卖出远期月份的外汇期货合约进行套利盈利的模式为牛市套利。

【例 7－9】 1 月 15 日，交易者发现当年 3 月份的欧元/美元期货价格为 1.1138，6 月份的欧元/美元期货价格为 1.1226，二者价差为 88 个点。交易者估计欧元/美元汇率将上涨，同时 3 月份和 6 月份的合约价差将会缩小，所以交易者买入 10 手 3 月份的欧元/美元期货合约，同时卖出 10 手 6 月份的欧元/美元期货合约。

到了 1 月 30 日，3 月份的欧元/美元期货合约和 6 月份的欧元/美元期货合约价格分别上涨到 1.1181 和 1.1236，二者价差缩小为 55 个点。交易者同时将两种合约平仓，从而完成套利交易（见表 7－8）。

表 7－8　外汇期货牛市套利

1 月 15 日	买入 10 手 3 月份欧元/美元期货合约，价格为 1.1138	卖出 10 手 6 月份欧元/美元期货合约，价格为 1.1226	价差为 88 个点
1 月 30 日	卖出 10 手 3 月份欧元/美元期货合约，价格为 1.1181	买入 10 手 6 月份欧元/美元期货合约，价格为 1.1236	价差为 55 个点
各自盈亏情况	盈利 43 个点	亏损 10 个点	价差缩小 33 个点
最终结果	盈利 33 个点，总盈利 12.50 × 10 × 33 = 4 125 美元		

在上述的例子中，市场如交易者预计一样上涨，而最终的交易结果也使交易者获得盈利。如果在 1 月 30 日、3 月份和 6 月份的合约价格不涨反跌，价格分别下跌到 1.1124 和 1.1176，两者价差缩小到 52 点。交易者同时将两种合约平仓，从而完成套利交易（见表 7－9）。

表 7－9　　外汇期货牛市套利

1 月 15 日	买入 10 手 3 月份欧元/美元期货合约，价格为 1.1138	卖出 10 手 6 月份欧元/美元期货合约，价格为 1.1226	价差为 88 个点
1 月 30 日	卖出 10 手 3 月份欧元/美元期货合约，价格为 1.1124	买入 10 手 6 月份欧元/美元期货合约，价格为 1.1176	价差为 52 个点
各自盈亏情况	亏损 14 个点	盈利 50 个点	价差缩小 36 个点
最终结果	盈利 36 个点，总盈利 $12.50 \times 10 \times 36 = 4\,500$ 美元		

该例中，交易者预计外汇期货价格将上涨，但半个月后外汇期货价格不涨反跌。虽然外汇价格走势与交易者的判断相反，但最终交易结果仍使交易者获得了 4 500 美元的盈利。因此，在牛市套利中，只要合约间的价差缩小，套利者就能获取盈利，而市场方向与套利者获利与否无关。

相对而言，卖出近期月份的外汇期货合约同时买入远期月份的外汇期货合约进行套利盈利的模式为熊市套利。

【例 7－10】1 月 15 日，交易者发现当年 3 月份的英镑/美元期货价格为 1.5017，6 月份的欧元/美元期货价格为 1.5094，二者价差相差 77 个点。交易者估计英镑/美元汇率将上涨，同时 3 月份和 6 月份的合约价差将会扩大，所以交易者卖出 50 手 3 月份的英镑/美元期货合约，同时买入 50 手 6 月份的英镑/美元期货合约。

到了 1 月 30 日，3 月份的英镑/美元期货合约和 6 月份的英镑/美元期货合约价格分别上涨到 1.5043 和 1.5135，二者价差扩大至 92 个点。交易者同时将两种合约平仓，从而完成套利交易（见表 7－10）。

表 7－10　　外汇期货熊市套利

1 月 15 日	卖出 50 手 3 月份英镑/美元期货合约，价格为 1.5017	买入 50 手 6 月份英镑/美元期货合约，价格为 1.5094	价差为 77 个点
1 月 30 日	买入 50 手 3 月份欧元/美元期货合约，价格为 1.5043	卖出 50 手 6 月份欧元/美元期货合约，价格为 1.5135	价差为 92 个点
各自盈亏情况	亏损 26 个点	盈利 41 个点	价差扩大 15 个点
最终结果	盈利 15 个点，总盈利 $6.25 \times 50 \times 15 = 4\,687.5$ 美元		

与牛市套利类似，熊市套利的结果并不受交易者判断的市场方向和市场的实际走向的影响，而是由价差是否扩大而决定。在熊市套利中，只要两个合约间的价差扩大，套利者就能获利。在上例中，如果价格不升反降，套利者的获利情况见表 7－11。

表 7－11　　外汇期货熊市套利

1 月 15 日	卖出 50 手 3 月份英镑/美元期货合约，价格为 1.5017	买入 50 手 6 月份英镑/美元期货合约，价格为 1.5094	价差为 77 个点
1 月 30 日	买入 50 手 3 月份欧元/美元期货合约，价格为 1.5005	卖出 50 手 6 月份欧元/美元期货合约，价格为 1.5088	价差为 83 个点
各自盈亏情况	盈利 12 个点	亏损 6 个点	价差扩大 6 个点
最终结果	盈利 6 个点，总盈利 6.25 × 50 × 6 = 1 875 美元		

外汇期货的蝶式套利是由一个共享居中交割月份的一个牛市套利和一个熊市套利的跨期套利组合。具体操作方法是：交易者买入（或卖出）近期月份合约，同时卖出（或买入）居中月份合约并买入（或卖出）远期月份合约。其中，居中月份合约的数量等于近期月份和远期月份数量之和。

【例 7－11】 1 月 15 日，交易者发现 3 月份、6 月份和 9 月份的美元/人民币期货价格分别为 6.2849、6.2832、6.2821。交易者认为 3 月和 6 月的价差会缩小而 6 月份和 9 月份的价差会扩大，所以交易者卖出 50 手 3 月份的美元/人民币期货合约，买入 100 手 6 月份合约，同时卖出 50 手 9 月份合约。

到了 1 月 30 日，3 个合约均出现不同程度的下跌，3 月份、6 月份和 9 月份的美元/人民币期货价格分别为 6.2829、6.2822、6.2807。交易者同时将三个合约平仓，从而完成套利交易（见表 7－12）。

表 7－12　　外汇期货蝶式套利

1 月 15 日	卖出 50 手 3 月份美元/人民币期货合约，价格为 6.2849	买入 100 手 6 月份美元/人民币期货合约，价格为 6.2832	卖出 50 手 9 月份美元/人民币期货合约，价格为 6.2821
1 月 30 日	买入 50 手 3 月份美元/人民币期货合约，价格为 6.2829	卖出 100 手 6 月份美元/人民币期货合约，价格为 6.2822	买入 50 手 9 月份美元/人民币期货合约，价格为 6.2807

续表

各自盈亏情况	盈利 20 个点	亏损 10 个点	盈利 14 个点
最终结果	总盈利 10×50×20－10×100×10＋10×50×14＝7 000 美元		

由此可见，外汇期货蝶式套利是两个跨期套利的组合，与普通的跨期套利相比，理论上风险和利润都较小。

（三）外汇期货跨币种套利

外汇期货跨币种套利是指交易者根据对交割月份相同而币种不同的期货合约在某一交易所的价格走势的预测，买进某一币种的期货合约，同时卖出另一币种相同交割月份的期货合约，从而进行套利交易。

【例 7－12】 1 月 20 日，中国金融期货交易所 2015 年 3 月到期的 EUR/USD 和 AUD/USD 仿真期货合约的价格分别为 111.55 和 81.92（以上两期货合约的标价方式分别为每 100 欧元的美元价格和每 100 澳元的美元价格）。某交易者预期 EUR/USD 和 AUD/USD 均有一定程度的下降，但后者较前者下降程度更大，因此决定对以上合约进行套利交易。买入 3 月 EUR/USD 期货合约，同时卖出 3 月 AUD/USD 期货合约。以上两期货合约的合约面值分别为 10 000 欧元和 10 000 澳元，由于欧元对澳元的套算汇率为 1 欧元＝1.3617 澳元，为保证实际价值基本一致，该交易者决定买进 10 份 EUR/USD 期货合约，卖出 14 份 AUD/USD 期货合约。3 月 6 日，以上两合约的价格分别跌至 108.49 和 77.16，交易者将两合约对冲平仓（见表 7－13）。

表 7－13　外汇期货跨币种套利

时 间	欧元/美元期货	澳元/美元期货
1 月 20 日	买入 10 份 EUR/USD 期货合约（开仓） 价格：111.55 总价值：111 550 美元	卖出 14 份 AUD/USD 期货合约（开仓） 价格：81.92 总价值：114 688 美元
3 月 6 日	卖出 10 份 3 月期 EUR/USD 期货合约（平仓） 价格：108.49 总价值：108 490 美元	买入 14 份 3 月期 AUD/USD 期货合约（平仓） 价格：77.16 总价值：108 024 美元
损益	亏损 3 060 美元	盈利 6 664 美元

该交易者在EUR/USD期货交易中亏损3 060美元，在AUD/USD期货交易中盈利6 664美元，通过跨币种套利交易净盈利3 604美元。

近年来，随着大量交叉汇率期货合约的推出及其交易日渐活跃，不少投资者选择交叉汇率期货合约进行交易，使得外汇期货跨币种套利交易有所减少。

（四）外汇期货跨市场套利

外汇期货跨市场套利是指交易者根据对同一外汇期货合约在不同交易所的价格走势的预测，在一个交易所买入一种外汇期货合约，同时在另一个交易所卖出同种外汇期货合约，从而进行套利交易。

【例7－13】3月1日，芝加哥商业交易所（CME）的6月欧元/美元期货价格为1.1147，而纽交所伦敦国际金融期货交易所（NYSE－Liffe）的6月欧元/美元期货价格为1.1245。交易者认为，当前两者价差为98个点过高，两者价差将会缩小。因此，交易者决定卖出20手纽交所伦敦国际金融期货交易所的6月欧元/美元期货合约，同时买入20手芝加哥商业交易所的6月欧元/美元期货合约。

3月30日，芝加哥商业交易所和纽交所伦敦国际金融期货交易所（NYSE－Liffe）的6月欧元/美元期货价格分别变为1.1135和1.1215，交易者同时将两个方向的合约平仓，结果见表7－14。

表7－14　外汇期货跨市场套利

3月1日	卖出20手纽交所伦敦国际金融期货交易所的6月份欧元/美元期货合约，价格为1.1245	买入20手芝加哥商业交易所6月份欧元/美元期货合约，价格为1.1147	价差为98个点
3月30日	买入20手纽交所伦敦国际金融期货交易所的6月份欧元/美元期货合约，价格为1.1215	卖出20手芝加哥商业交易所6月份欧元/美元期货合约，价格为1.1135	价差为80个点
各自盈亏情况	盈利30个点	亏损12个点	盈利18个点
最终结果	总盈利12.5×20×18＝4 500美元		

值得注意的是，外汇市场是一个全球市场，在期货交易中，每个交

易所都会因为其所在时区的不同，导致开盘和收盘的时间不同。因此，套利者考虑在不同交易所间进行套利的时候，应该考虑到时差带来的影响，选择在交易时间重叠的时段进行交易。此外，交易者还需要留意不同交易所合约之间的交易单位和报价体系的不同。跨市套利虽然是在同一品种间进行的，但是由于合约交易大小和报价体系不同的原因，交易者应将不同交易所合约的价格按相同计量单位进行折算，才能进行价格比较。

第三节 外汇掉期与货币互换

一 外汇掉期

（一）外汇掉期的定义

外汇掉期（FX Swap）又被称为汇率掉期，指交易双方约定在前后两个不同的起息日（Value Date，货币收款或付款执行生效日）以约定的汇率进行方向相反的两次货币交换。

图 7－2 为外汇掉期简要示意图。甲与乙进行外汇掉期交易，欧元/美元的即期汇率为 1.1120，三个月后远期汇率报价为 1.1140。

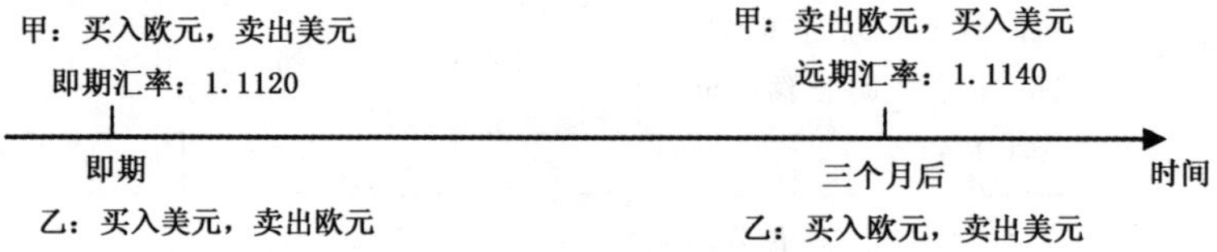

图 7－2　欧元/美元外汇掉期简要示意图

（二）外汇掉期的类型

在实务交易中，根据起息日不同，外汇掉期交易的形式包括即期对远期的掉期交易、远期对远期的掉期交易和隔夜掉期交易。

即期对远期（Spot－Forward）的掉期是指交易者在向交易对手买进即期外汇的同时卖出金额和币种均相同的远期外汇，或在卖出即期外汇的同时买进金额和币种均相同的远期外汇，而交易对手的交易方向刚好相反。

远期对远期（Forward－Forward）的掉期是指交易者向交易对手同时买进并卖出两笔金额相同但交割日不同的远期外汇，可在买进期限短的（如三个月到期）外汇的同时卖出期限长的（如六个月到期）外汇，也可在卖出期限短的远期外汇的同时买进期限长的远期外汇。同样，交易对手的交易方向刚好相反。

隔夜掉期交易包括 O/N（Overnight）、T/N（Tomorrow－Next）和 S/N（Spot－Next）三种形式。

O/N（Overnight）的掉期形式是买进当天外汇，卖出下一交易日到期的外汇；或卖出当天外汇，买进下一交易日到期的外汇。

T/N（Tomorrow－Next）的掉期形式是买进下一交易日到期的外汇，卖出第二个交易日到期的外汇；或卖出下一交易日到期的外汇，买进第二个交易日到期的外汇。

S/N（Spot－Next）的掉期形式是买进第二个交易日到期的外汇，卖出第三个交易日到期的外汇；或卖出第二交易日到期的外汇，买进第三个交易日到期的外汇。

（三）外汇掉期的报价

根据起息日的远近，每笔外汇掉期交易包含一个近端起息日和一个远端起息日。这两个不同起息日所对应的汇率称为掉期汇率（Swap Rate）。因此，掉期汇率可分为近端汇率（第一次交换货币时适用的汇率）和远端汇率（第二次交换货币时适用的汇率）。远端汇率和近端汇率的点差被称为“掉期点”（Swap Point）。

一般而言，在外汇掉期交易中交易双方分为发起方和报价方，双方会使用两个约定的汇价交换货币。这两个约定的汇价被称之为掉期全价（Swap All－In rate），由交易成交时报价方报出的即期汇率加相应期限的“掉期点”计算获得。因此，掉期全价包括近端掉期全价和远端掉期全价。

由于掉期交易中发起方可以先买后卖，也可以先卖后买，发起方的掉期全价计算方法也有所不同。需要注意的是，一般掉期交易中汇率的报价方式为做市商式（bid/ask，即做市商买价/做市商卖价）报价。例如，美元兑人民币即期汇率报价为6.2340/6.2343，表示报价方愿意以1美元兑6.2340元人民币的价格买入，以1美元兑6.2343元人民币的价格卖出。

因此，在外汇掉期交易中，发起方的近端掉期全价和远端掉期全价如图7－3所示。

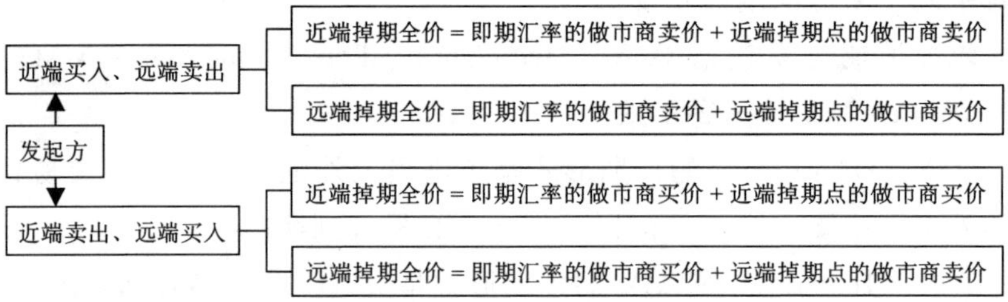

图7－3　发起方的外汇近端掉期全价和远端掉期全价示意图

【例7－14】 一笔1M/2M的美元兑人民币掉期交易成交时，银行（报价方）报价如下：

美元兑人民币即期汇率为：6.2340/6.2343

（1M）近端掉期点为：40.01/45.23（bp）

（2M）远端掉期点为：55.15/60.15（bp）

作为发起方的某机构，如果交易方向是先买入、后卖出，则近端掉期全价为6.2343＋45.23bp＝6.238823，远端掉期全价为6.2343＋55.15bp＝6.239815，掉期点为55.15bp－45.23bp＝9.92bp；如果交易方向是先卖出、后买入，则近端掉期全价为6.2340＋40.01bp＝6.238001，远端掉期全价为6.2340＋60.15bp＝6.240015，掉期点为60.15bp－40.01bp＝20.14bp。

（四）外汇掉期的适用情形

1. 对冲货币贬值风险

交易者持有货币A，因为需要转换成另一种货币B，而在远期又要将B换回成A，通过掉期交易可避免B的贬值风险。例如，客户想借B

(假如是挪威克朗)六个月，而银行难以从货币市场拆借到B，但银行可以很容易借到A（假如是美元)，于是银行可以在货币市场和外汇市场上先借A六个月，即期卖A买B，将B向客户贷放，银行为了防止贷放六个月期后B贬值换回较少A的风险，在贷出B的同时做一个六个月远期买A卖B的反向交易。银行即期卖A远期买A就构成掉期交易，使原先所借的A转换成B，满足了客户要求，同时又防止了B的贬值风险。

2. 调整资金期限结构

所谓资金期限结构是指支付外汇与收到外汇的期限分布。所谓调整就是当外汇收付时间不匹配时，将所持有的即期外汇变成远期外汇或将远期外汇变成即期外汇（或是比原来期限短的远期）使得外汇收付时间一致。例如，假如银行从客户手中买进100万六个月期远期英镑，为避免英镑贬值风险，银行可进行如下操作：

方案一：银行直接向其他银行卖出180天远期英镑。这在理论上当然未尝不可，但若此时该银行与其他银行进行单方向卖出远期英镑（即只卖出该笔英镑的远期而没有即期的买入）进行抵补，会破坏对方的头寸状态，增加对方银行头寸风险。这同一般商业客户的情况不同，商业客户可以进行单方向的远期交易以回避商业风险。事实上，大部分银行间的交易，都不是按方案一的单方向方式进行。

方案二：银行在买入100万远期英镑之后，立即在同业市场售出100万即期英镑，同时进行买/卖180天远期100万英镑的掉期交易。这样既可避免英镑贬值风险，同时又使银行英镑资金期限结构不匹配的情况得到调整。虽然本方案操作有两个步骤，但实际上比方案一更容易实现。银行进行即期交易极易找到对手，银行进行掉期交易也很容易找到对手（掉期交易意味着“双向交易”，不会破坏对方的头寸状态，因而这种做法并不增加对方的头寸风险)。

（五）外汇掉期交易的应用

外汇掉期基本不改变整体资产的规模，因此，企业进行风险管理的重点主要是分析自身的资产结构。另外，外汇掉期的外汇远期合约也意味着其具有一定的短期融资功能。

【例 7－15】 某企业为德国一家贸易公司，贸易范围遍及全球。3 月，该企业与非洲某公司签订了一份贸易合同，约定当月月底进口一批货物，在 4 月底支付货款 80 万美元。同时，该企业在 3 月底将此货物转卖给亚洲一家公司，预期在 3 个月后获得收入 100 万美元。该企业认为目前欧元汇率不太稳定，准备采取风险管理来避免未来汇率风险带来可能的损失。

该企业目前面临 1 个月后支付 80 万美元，3 个月后获得 100 万美元的状况。为了避免汇率波动，该企业可以用欧元兑美元的外汇掉期来转移风险，管理未来外汇收支。具体操作见表 7－15。

表 7－15　　金融机构报价

项　　目	买价/卖价
1 个月期欧元兑美元远期报价	1.4070/1.4130
3 个月期欧元兑美元远期报价	1.3930/1.4010

（1）按照 1 个月期欧元兑美元远期汇率出售外汇远期，抛出欧元，买入 80 万美元。

（2）同时购入 3 个月期欧元兑美元外汇远期，用美元买入欧元，即抛出 80 万美元，买入欧元。

该企业通过掉期卖出 1 个月期欧元兑美元远期，同时买入 3 个月期欧元兑美元远期。1 个月后按约定汇率买入 80 万美元所需要的欧元为 80 万美元/1.4070＝56.859 万欧元，即花费约 56.859 万欧元购入 80 万美元，用于 4 月底的支付。

3 个月后，该企业一方面能够获得 100 万美元的收入，另一方面按照约定的 3 个月远期汇率卖价 1.4010 抛出美元买入欧元，所获得欧元金额为 80 万美元/1.4010＝57.102 万欧元。在此交易中，企业等于获得了 57.102－56.859＝0.2435 万欧元的“收益”（见表 7－16）。

表 7－16　　外汇掉期交易

时间	交易	
1 个月远期	买入：80 万美元	卖出：56.859 万欧元
3 个月远期	卖出：80 万美元	买入：57.102 万欧元
		收入：0.2435 万欧元

假设该企业并未进行外汇掉期的风险管理措施：

（1）若未来3个月后的即期汇率为1.3710/1.3780，则80万美元会兑换得到欧元的金额为：80万美元/1.3780=58.055万欧元。

（2）若未来3个月后的即期汇率为1.4110/1.4190，则80万美元会兑换得到欧元的金额为：80万美元/1.4190=56.377万美元。

由此可见，企业对于80万美元的风险管理做得比较到位，面对未来可能的汇率波动，此笔掉期业务将风险控制在适当的范围内。该例中我们尤其需要关注的是，该企业的风险管理并没有对所有头寸都操作，留了20万美元的风险敞口。显然，这是企业基于整体风险考虑，若欧元兑美元方向对自身有利，可以继续等待，若汇率方向对自身不利，则可继续使用其他外汇风险管理工具进行风险管理。因此，在外汇掉期交易中，企业不一定要将所有的风险头寸都拿来交易，可以预留一定的头寸应对特殊的需求。具体需要留多大比例的头寸，应根据企业的整体风险大小和以往的经营状况而定。

二 货币互换

（一）货币互换的定义

货币互换（Currency Swap），是指在约定期限内交换约定数量两种货币的本金，同时定期交换两种货币利息的交易。

其中，本金交换的形式包括：（1）在协议生效日双方按约定汇率交换两种货币本金，在协议到期日双方再以相同的汇率、相同的金额进行一次本金的反向交换；（2）在协议生效日和到期日均不实际交换两种货币本金；（3）在协议生效日不实际交换两种货币本金、到期日实际交换本金；（4）主管部门规定的其他形式。

利息交换指交易双方定期向对方支付以换入货币计算的利息金额，交易双方可以按照固定利率计算利息，也可以按照浮动利率计算利息。

图7-4的货币互换交易中，付息周期，是指交易双方每隔一段固定的期限会向对方支付换入货币计算的利息金额的期限。起息日是付息周期的起始日，也是这个付息周期开始计息的日期。付息日是付息周期

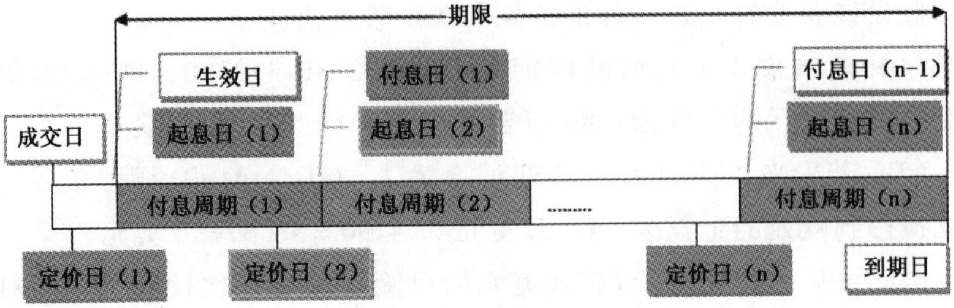

图 7－4　货币互换的交易期限示意图

的终止日，也是这个付息周期支付利息的日期。

每个付息周期都有对应的起息日和付息日。上一付息周期的付息日即为下一付息周期的起息日。

定价日，又称利率重置日，是指在每个付息周期开始前根据参考利率确定该期利率值的日期。

生效日，是期初本金交换的日期，也是第一个付息周期的起息日，又称首次起息日，期初本金交换日。

一般情况下，期末本金交换日和最后一次利息交换日为到期日。生效日与到期日之间所跨时间长度为期限。

（二）货币互换的适用情形

货币互换中的双方交换利息的形式，可以是固定利率换浮动利率，也可以是浮动利率换浮动利率，还可以是固定利率换固定利率。货币互换中本金互换所约定的汇率，通常在期初与期末使用相同的汇率。

【例 7－16】 2015 年 2 月 25 日，机构 A 通过外汇交易系统与机构 B 达成了一笔美元兑人民币货币掉期交易，机构 A 为发起方。约定机构 A 在 2015 年 2 月 27 日以 USD/CNY＝6.1560 的价格从机构 B 买入 USD100 万，在 2016 年 2 月 27 日以同样价格向机构 B 卖出 USD100 万。

双方约定每 3 个月向对方支付以换入货币计算的利息金额，机构 A 按照 USD 3M Libor 向机构 B 支付美元浮动利率，定价日为起息日前两个营业日，日基准为 A/360。机构 B 按照 3M Shibor－50.01bps 向机构 A 支付人民币浮动利率，定价日为起息日前一个营业日，日基准为 A/360。

因此，在暂不考虑节假日因素的前提下，2015 年 5 月 27 日，2015

年8月27日，2015年11月27日，2016年2月27日机构A需要分别按照2015年5月25日，2015年8月25日，2015年11月25日，2016年2月25日的USD 3M Libor向机构B支付美元浮动利率，而机构B需要分别按照2015年5月26日，2015年8月26日，2015年11月26日，2016年2月26日的3M Shibor －50.01bps向机构A支付人民币浮动利率。例如，2015年5月25日的美元3M Libor为0.2286%，2015年5月25日的3M Shibor －50.01bps为4.999%，2015年5月27日～2015年8月27日共有92天，因此在2015年8月25日，机构A需要向机构B支付1 000 000×0.2286% ×92/360＝584.20美元；在2015年8月26日，机构B需要向机构A支付6 156 000×4.999% ×92/360＝78 644.27元人民币（交易要素见表7－17）。

表7－17　　　　机构A与机构B货币互换协议

<table>
<tr><td colspan="2">发起方</td><td>机构A</td><td colspan="2">报价方</td><td>机构B</td></tr>
<tr><td colspan="2">成交日</td><td>2015年2月25日</td><td colspan="2">到期日</td><td>2016年2月25日</td></tr>
<tr><td colspan="2">货币对</td><td>美元/人民币</td><td colspan="2">交易模式</td><td>询价交易</td></tr>
<tr><td colspan="2">即期汇率</td><td>6.1560</td><td colspan="2">期　限</td><td>1年</td></tr>
<tr><td colspan="2">清算模式和方式</td><td>双边清算</td><td colspan="2"></td><td></td></tr>
<tr><td colspan="2">本金交换方向和金额</td><td colspan="4">2015年2月25日，机构A买入100万美元，卖出6 156 000元人民币；机构B买入6 156 000元人民币，卖出100万美元
2016年2月27日，双方做相反的货币交换</td></tr>
<tr><td rowspan="7">利息支付</td><td>方　向</td><td colspan="4">机构A向机构B支付美元浮动利率，机构B向机构A支付人民币浮动利率</td></tr>
<tr><td>名义本金</td><td colspan="2">1 000 000美元</td><td colspan="2">6 156 000元人民币</td></tr>
<tr><td>利　　率</td><td colspan="2">Libor 3M</td><td colspan="2">Shibor－50.01bps</td></tr>
<tr><td>定息周期</td><td colspan="2">3M</td><td colspan="2">3M</td></tr>
<tr><td>定息规则</td><td colspan="2">V－2</td><td colspan="2">V－1</td></tr>
<tr><td>付息周期</td><td colspan="2">3M</td><td colspan="2">3M</td></tr>
<tr><td>日基准</td><td colspan="2">A/360</td><td colspan="2">A/360</td></tr>
</table>

货币互换中本金互换的特点与外汇掉期类似，所以货币互换本身并不改变整体资产的规模，并且主要适用于长期风险管理。企业使用货币互换进行风险管理时，必须明确企业自身的需求。

（三）货币互换的应用

【例7－17】 国内某中型宝石加工企业在海外享有一定声誉，尤其在意大利、美国、澳大利亚等地均有销售平台以出售国内加工的精美饰品。该企业为了拓展高端市场，决定投入500万澳元在澳大利亚开设多家精品店用以占领市场份额。同时，国内另外一家企业希望在美国直接开设分厂用以在美国地区打开销量，这需要公司直接投入约450万美元。澳元/美元的即期汇率在0.9附近，两者借贷成本见表7－18。

表7－18　　双方借贷成本

	美元贷款利率	澳元贷款利率
宝石加工企业	5.5%	8.5%
设备制造企业	7.6%	9.8%

两企业若各自进行贷款，则该宝石加工企业的澳元借贷成本为8.5%，而设备制造企业的美元贷款成本为7.6%。该宝石加工企业认为，远期澳元汇率走势不太确定，对于其澳元负债而言持有风险增加，同时其澳元贷款成本较大，因而该企业担忧未来会增加企业财务成本。同时，另一家设备制造业企业也因为其本身评级因素导致美元贷款成本较大。

目前，观察两者借贷成本，宝石加工企业在美元贷款成本上具有比较优势，即宝石加工企业在美元贷款利率上比设备制造企业低2.1%，而在澳元贷款利率上比设备制造企业仅低1.3%。双方贷款利率差计算见表7－19。

表7－19　　双方贷款利率差计算

	美元贷款利率	澳元贷款利率	利率差
宝石加工企业	5.5%	8.5%	—
设备制造企业	7.6%	9.8%	—
利率差	2.1%	1.3%	2.1%－1.3%＝0.8%

同时，宝石加工企业主要营业收入为美元和欧元收入，而设备制造企业的主要业务收入为澳元收入，因此，两者可以通过澳元/美元的货

币互换协议将双方的借贷成本总体降低 0.8%（2.1% －1.3% ＝0.8%，假设中介不从中收取费用），并且宝石加工企业锁定了澳元/美元的远期汇率，规避了澳元汇率波动的风险。

公司考虑如下方案：

利用澳元/美元的货币互换合约，双方互换本金以及利息，期限为 3 年。双方在各自具有比较优势的借贷市场中进行融资，并且平分借贷成本总体降低的 0.8% 利率。宝石加工企业融资 450 万美元，年利息为 5.5%，期限为 3 年，一年付息两次；设备制造企业融资 500 万澳元，年利息为 9.8%，一年付息两次。根据澳元/美元的货币互换合约约定，宝石加工企业以澳元/美元的即期汇率 0.90 交换 450 万美元，获得 500 万澳元。同时，宝石加工企业支付给设备制造企业澳元利率 8.5%，设备制造企业支付给宝石加工企业美元利率 5.9%（即 5.5% ＋0.4%）。到期日之后，宝石加工企业用 500 万澳元换回 450 万美元本金，而设备制造企业则拿回其 500 万澳元本金。

此方案降低了两家企业的实际贷款利率。对于宝石加工企业公司而言，通过货币互换，其澳元负债的实际利率成本为：5.5% －5.9% ＋8.5% ＝8.1%，比其能获得的澳元贷款利率 8.5% 低 0.4%。对于设备制造企业公司而言，通过货币互换，其美元负债的实际利率成本为：9.8% －8.5% ＋5.9% ＝7.2%，比其能够获得的美元贷款利率 7.6% 低 0.4%。

由于交易双方都想开拓新的市场，融资也处于一定的汇率波动风险之中，各自的贷款成本也相对较高，通过澳元/美元的货币互换协议，彼此可以先在各自熟悉的市场中进行融资，在一定程度上降低了外汇风险。货币互换中的利率互换过程使得双方的实际贷款成本都有所降低，因此，这个方案对双方来说是一种共赢，不仅降低了企业的实际贷款成本，也锁定了远期汇率。

三 外汇掉期与货币互换的区别

外汇掉期与货币互换的主要区别见表 7－20。

表 7－20　　外汇掉期与货币互换的主要区别

	外汇掉期	货币互换
期　限	一般为 1 年以内的交易，也有一年以上的交易（以我国外汇交易中心的人民币兑美元外汇掉期为例，期限一般分为 O/N、T/N、S/N、1W、2W、3W、1M、2M、3M、4M、5M、6M、9M、1Y、18M、2Y、3Y 等）	一般为 1 年以上的交易（以我国外汇交易中心的人民币兑美元货币互换为例，期限一般分为 1Y、2Y、3Y、4Y、5Y、6Y、7Y、8Y、9Y、10Y 等）
汇　率	前后交换货币通常使用不同汇率	前后交换货币通常使用相同汇率
交换本金金额	前期交换和后期收回的本金金额通常不一致	前期交换和后期收回的本金金额通常一致
利　息	不进行利息交换	通常进行利息交换，交易双方需向对方支付换进货币的利息。利息交换形式包括固定利率换固定利率、固定利率换浮动利率、浮动利率换浮动利率
本　金	通常前后交换的本金金额不变，换算成相应的外汇金额不一致，由约定汇率决定	期初、期末各交换一次本金，金额不变

第四节　外汇期权

一　外汇期权的分类及价格影响因素

（一）外汇期权的定义

外汇期权（FX Options）指交易买方向卖方支付一定费用后，所获得的在未来约定日期或一定时间内，按照约定汇率可以买进或者卖出一定数量外汇资产的选择权。我国外汇交易中心人民币外汇期权交易期限示意图见图7－5。

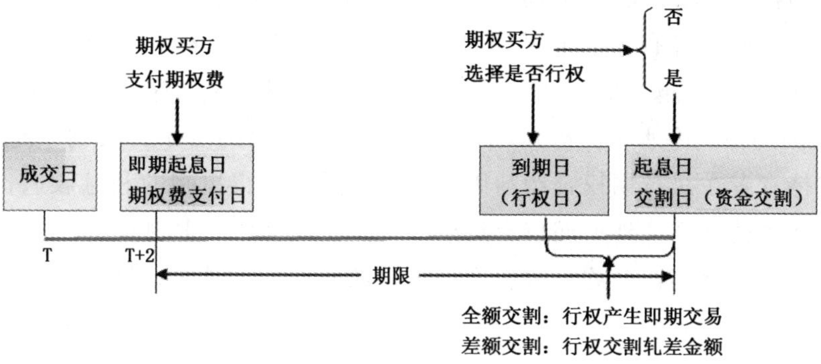

图7－5　人民币外汇期权交易期限示意图

（二）外汇期权的分类

外汇期权按不同标准可分为不同种类：（1）按期权持有者的交易目的划分，可分为买入期权（看涨期权）和卖出期权（看跌期权）。（2）按产生期权合约的原生金融产品划分，可分为现汇期权（又称之为货币期权）和外汇期货期权。现汇期权是以外汇现货为期权合约的基础资产；外汇期货期权是以外汇期货合约为期权合约的基础资产。（3）按期权持有者可行使交割权利的时间可分为欧式期权和美式期权。其中，欧式期权是指期权的持有者只能在期权到期日当天决定执行或不执行期权合约；美式期权是指期权持有者可以在期权到期日以前的任何一个工作日选择执行或不执行期权合约。因此，美式期权比欧式期权的灵活性更大，期权费也更高一些。

（三）外汇期权价格的影响因素

交易者更关心影响外汇期权价格的因素。一般而言，影响期权价格的因素包括：（1）期权的执行价格与市场即期汇率。对于看涨期权而言，执行价格越高，买方盈利的可能性越小，期权价格越低。对于看跌期权而言，执行价格越高，买方盈利的可能性越大，期权价格越高。即期汇率上升，看涨期权的内在价值上升，期权费升高，而看跌期权的内在价值却下跌，期权费变小。（2）到期期限（距到期日之间的天数）。

到期期限越长，汇率变化的不确定性越大，增加了外汇期权的时间价值，期权的价格也随之增加。（3）预期汇率波动率大小。汇率的波动性越大，期权持有人获利的可能性越大，期权出售者承担的风险就越大，期权价格越高；反之，汇率的波动性越小，期权价格越低。（4）国内外利率水平。外汇期权合约中规定卖出的货币，其利率越高，期权持有者在执行期权合约前因持有该货币可获得更多的利息收入，期权价格也就越高。外汇期权合约中规定买入的货币，其利率越高，期权持有者在执行期权合约前因放弃该货币的利息收入越高，期权价格也就越低。

二　外汇期权的综合应用

（一）人民币外汇期权交易

【例 7-18】 2014 年 4 月 28 日，机构 A 通过外汇交易系统向机构 B 买入一笔金额为 10 000 000 美元，期限为 1 个月的美元兑人民币看涨期权交易，机构 A 为发起方，机构 B 为报价方。双方约定期权费率为 2.00 个基点，隐含波动率为 2.00%，行权价格为 6.1150，约定差额交割，2014 年 5 月 28 日中间价为 6.1250，则 2014 年 4 月 30 日机构 A 向机构 B 支付期权费：1 000 万美元 × 0.0002 = 2 000 美元。2014 年 5 月 28 日，机构 A 在 15:00 前选择行权，采用差额交割方式，则机构 B 需要在 5 月 30 日向机构 A 交付 10 000 000 美元 ×（6.1250 - 6.1150）= 100 000元人民币。

（二）货币期权的应用

企业或交易者利用货币期权的灵活性，通过锁定未来汇率，既可套期保值也可在汇率变动向有利方向发展时从中获利。由于具有杠杆性和保险性的特征，货币期权经常作为外汇资产保值和投资策略的工具。

【例 7-19】 国内某企业与美国客户在 2014 年 3 月 11 日签订进口 100 万美元的废旧塑料合约，约定 3 个月后支付货款。签订合同当天，美元兑人民币的即期汇率价格为 6.1402。2014 年以来，美元兑人民币汇率一直处于上升趋势，美元升值使企业承担巨大的汇率风险。因此，企业决定利用货币期权来进行套期保值。具体方案为：通过购买 2014 年 7 月到期、执行价格为 6.1406 元人民币/美元看涨期权，规避 100 万美元的升值风险。交易中，期权价格为 0.005 元人民币/美元，故该企业共需支付 5 000 元人民币(1 000 000 ×0.005)的权利金。

3 个月后，美元兑人民币汇率从 6.1402 上涨至 6.1522。如果该企业没有进行套期保值，由于美元升值，企业需要多支付 12 000 元人民币[(6.1522 -6.1402) ×100 万元人民币]的成本。然而，由于企业购买了美元/人民币看涨期权，有权利以 6.1406 元人民币 =1 美元的汇率购买美元，这为企业节约了 6 600[12 000 -5 000 -(6.1406 -6.1402) × 100 万]元人民币的成本。如果 7 月份美元对人民币贬值，那么企业可以选择放弃行权，企业仅仅损失 5 000 元人民币的权利金，但可以得到由美元贬值而使成本减少的益处。

综上所述，企业利用货币期权进行套期保值，其优点是可以完全规避外汇汇率波动的风险，同时也保留了获得机会收益的权利。虽然，货币期权套期保值的缺点在于权利金带来的费用支出相比外汇期货套期保值更高，但是，企业最大的成本（权利金）支出之后不存在其他任何费用支出，企业的成本控制更加方便。

（三）外汇期货期权的应用

外汇期货期权（Options on Foreign Currency Futures）与货币期权的区别在于执行外汇期货期权时，买方获得或交付的标的资产是外汇期货合约，而不是货币本身。

大多数情况下，由于外汇期货合约要比标的资产的流动性好，价格更容易获得，人们更愿意使用外汇期货期权来避险、套利和投机。有时，人们会因为期货与期权在同一交易所中同时交易，并且期货期权比货币期权的交易费用要低，认为外汇期货期权非常方便。外汇期货期权行权后的交割等同于外汇期货交割，而与货币期权不同的是，外汇期货期权的行使有效期一般为美式，即可以在到期日前任何时候行使。

【例 7 -20】 6 月 18 日，国内某石油公司收购美国一家油气田 6 亿美元股份的提案被当地政府批准，但由于该油气田股东结构调整及当地法律限制，收购无法即刻完成，双方约定当年9月18日由国内石油公司支付并购款。另外，9月18日，该国内石油公司还需向俄罗斯一家石油公司支付2亿美元原油进口货款。6月18日的即期汇率为1美元＝6.8479元人民币。

表7－21　　企业的收支结构

9月18日	支付油气田并购款	支付原油进口货款
	6亿美元	2亿美元

由表7－21可知，该石油公司所面临的外汇风险敞口为：3个月后6亿美元＋2亿美元＝8亿美元的应付账款。

若人民币兑美元升值，则该企业将从人民币升值中获得好处，而近期人民币兑美元确实处于升值趋势当中，该石油企业认为，人民币兑美元继续升值的可能性依然较大，所以不希望通过外汇期货或外汇远期进行套期保值，因为那样将无法获得机会收益。但是，由于外汇风险敞口较大，企业从稳定经营的角度出发，又希望进行外汇风险管理，以免遭受意外损失。在这种情况下，该石油公司考虑选择外汇期货期权这一权责分离工具来管理所面对的汇率风险。

该企业根据未来现金流时点，选择以当年9月交割RMB/USD期货合约为标的资产的期货期权合约（报价见表7－22）进行套期保值，因为该企业担心人民币贬值，所以买入人民币兑美元期货的看跌期权。

表7－22　　期权报价　　单位：元人民币/美元

看涨期权	执行价格	看跌期权
0.00409	0.14300	0.00041
0.00332	0.14400	0.00063
0.00262	0.14500	0.00093
0.00203	0.14600	0.00130
0.00151	0.14700	0.00179
0.00110	0.14800	0.00237
0.00077	0.14900	0.00303

6月18日，CME交易所RMB/USD期货9月合约价格在0.14613附近波动，因此，该企业买入执行价格为0.14600的RMB/USD期货的看

跌期权，相关计算见表7－23。

表7－23 买入看跌期权相关计算

项目	期权交易相关计算
期权合约面值	100万元人民币
风险管理头寸	8亿美元
买入看跌期权数量	80 000万美元/0.14613/100万元人民币＝5 474.58手≈5 475手
权利金	5 475手×100万元人民币×0.00130＝711.75万美元

9月17日，人民币即期汇率变为1美元＝6.6786元人民币，CME交易所RMB/USD期货9月合约交割价为0.14974（9月17日RMB/USD期货合约交割），该石油公司放弃行权。套期保值效果评估见表7－24。

表7－24 套期保值效果评估

项目	损益计算
期权交易损益	－711.75万美元（损失权利金） 利用6月1日人民币即期汇率可计算对应的人民币损益为： －711.75万美元×6.8479＝4 873.99万元人民币
现货市场损益	80 000万美元×（6.8479－6.6786）＝13 544.00万元人民币
总损益	13 544.00万元人民币－4 873.99万元人民币＝8 706.01万元人民币 （不考虑权利金的时间价值，下同）

由此可见，至9月18日人民币兑美元汇率确实如同该企业预料的那样继续升值，该石油公司充分理解外汇期权权责分离的特点，利用外汇期货期权进行套期保值，获得了8 706.01万元人民币的收益。当然，如果该企业不进行套期保值，企业还可以节省711.75万美元的权利金支出。但是，企业进行风险管理的目的是为了稳定经营环境，本例中，如此大的风险敞口，若因为企业预期人民币将继续升值而不采取任何风险管理手段，则无异于在外汇现货市场中投机。该企业通过外汇期货期权进行套期保值，付出了相对较少的成本，对庞大的外汇风险敞口进行了风险管理，同时也获得了机会受益。

三 其他外汇衍生品

其他典型的外汇衍生品还包括汇率类结构化产品等。在形式上，汇率类结构化产品通常表现为债券和票据。但是，汇率类结构化产品主要区别于普通的债券或者票据的是产品的未来利息支付或（和）本金回收都在一定程度上取决于特定的汇率的变化。例如，双货币债券和指数货币期权票据。其中，双货币债券与普通债券类似，会定期支付利息并在期末偿还本金，但债券利息的计价货币与本金偿还的计价货币不同；指数货币期权票据是普通债券类资产与货币期权的组合，其内嵌货币期权价值会以乘数因子的方式按特定比例来影响票据的赎回价值。

第八章
利率期货及衍生品

常见的利率类衍生品主要有利率远期、利率期货、利率期权、利率互换四大类。本章共分三节：第一节主要介绍利率期货基础、报价与价格影响因素等内容；第二节主要介绍国债期货及其基础应用；第三节结合案例简要介绍远期利率协议、利率期权和利率互换的概念和原理。

第一节　利率期货及其价格影响因素

一　利率期货概述

（一）利率期货的概念

利率期货（Interest Rate Futures）是指利率类金融工具为期货合约

标的物的期货品种。

用作利率期货合约标的的利率类金融工具通常有定期存单、同业拆借资金、短期国债（国库券）、中长期国债等。

（二）利率期货的分类

根据利率期货合约标的期限不同，利率期货分为短期利率期货和中长期利率期货两类。中长期利率期货主要是国债期货。

短期利率期货合约的标的主要是定期存单和同业拆借资金，期限在1年以下（含1年）。

以定期存单和同业拆借资金为合约标的的期货合约，合约价值都是面值为一定金额的资金，参与者通常为金融机构，参与的目的均为短期借贷，期货合约的报价方式相似，价格都由相关利率决定。因此，以定期存单和同业拆借资金为合约标的的期货合约从本质上讲没有什么区别。

国际市场较有代表性的以存单和同业拆借资金为标的的利率期货品种有芝加哥商品交易所（CME）的1个月和3个月的欧洲美元期货（One – month、Three – month Eurodollar Futures）、伦敦国际金融期货交易所（LIFFE）的3个月欧元拆借利率期货［Three Month Euro（EURIBOR）Interest Rate Futures］和3个月英镑利率期货［Three Month Sterling（Short Sterling）Interest Rate Futures］、欧洲期货交易所（EUREX）的3个月欧元拆借利率期货［Three – Month EURIBOR Futures（FEU3）］、欧元隔夜拆借利率期货［EONIA Future（FEO1）］、香港期货交易所（HKFE）的1个月和3个月港元拆借利率期货（One – Month、Three – Month HIBOR Futures）等。

中长期利率期货合约的标的主要是中长期国债，也称为国债期货，期限在1年以上。

国际市场较有代表性的期货品种有芝加哥商品交易所（CME）的2年期、3年、5年期、10年期的美国中期国债（T – Notes）期货（2、3、5、10 – Year T – Note Futures）和美国长期国债（T – Bonds）期货（剩余到期期限从交割月份第1天起至少为15年，但不超过25年）；伦敦国际金融期货交易所（LIFFE）的2年期德国国库券期货［Two –

Year German Government Treasury Note（Schatz）]、10 年德国政府债券期货［German Government Bond（Bund）］和英国政府债券期货（Long Gilt Futures）等。

芝加哥商品交易所（CME）和欧洲期货交易所（EUREX）等交易所的中长期利率期货还有利率互换期货，CME 的利率互换期货有 5 - Year 、10 - Year、20 - Year、30 - Year USD MAC Swap Futures 等，EUREX 的利率互换期货是 Euro - Swap Futures。

我国国债期货在中国金融期货交易所（以下简称“中金所”）上市交易，目前有 5 年期和 10 年期国债期货两个品种。

二　利率期货的报价

（一）短期利率期货的报价

短期利率期货的报价比较典型的是 3 个月欧洲美元期货和 3 个月欧元拆借利率期货的报价。两者均采用指数式报价，用 100 减去不带百分号的年利率报价。

CME 欧洲美元期货交易报价采用的是 3 个月欧洲美元伦敦拆借利率指数，用 100 减去按 360 天计算的不带百分号的年利率（比如年利率为 2.5%，报价为 97.500）形式。

CME 的 3 个月欧洲美元期货合约的标的本金为 1 000 000 美元，期限为 3 个月期欧洲美元定期存单。交易所规定，最近到期合约最小变动价位为 1/4 个基点（1 个基点是指数的 1%，即 0.01，代表的合约价值为 1 000 000 × 0.01% × 3/12 = 25 美元），即 0.0025，代表合约的最小变动价值为 6.25 美元。其他挂牌合约最小变动价位为 1/2 个基点，即 0.005，代表合约的最小变动价值为 12.5 美元。

短期利率期货的实质是在成交日约定的在交割日的资金借贷行为，买方在到期时交付资金，得到存单，实质上是贷出资金；卖方则交付存单得到资金，所以是资金的借方。

当 3 个月欧洲美元期货合约的成交价格为 98.580 时，意味着到期交割时合约的买方将获得本金为 1 000 000 美元、年贴现率为(100 -

98.580)% =1.42%、贴现值为 1 000 000×(1－1.42%/4)=994 650 美元、期限 3 个月的存单。当 3 个月欧洲美元期货成交价格为 99.000 时，意味着到期交割时合约的买方将获得本金为 1 000 000 美元、年贴现率为(100－99.000)% =1%、贴现值为 1 000 000×(1－1%/4)=997 500 美元、期限 3 个月的存单。

因此，3 个月欧洲美元期货成交价格越高，存单的贴现率越低，意味着买方买进存单的价值越高，贷出资金的收益越低；3 个月欧洲美元期货成交价格越低，存单的贴现率越高，意味着买方买进存单的价值越低，贷出资金的收益越高。

相应的，市场利率上升，3 个月欧洲美元期货价格一般会下跌；市场利率下降，3 个月欧洲美元期货价格一般会上涨。

例如，投资者以 98.580 价格买入 3 个月欧洲美元期货 10 手，以 99.000 价格平仓卖出。若不计交易费用，其收益为 42 点/手(99.000－98.580 = 42)，即 1 050 美元/手（1 000 000×0.42%÷4），总收益为 10 500 美元。

不过，短期利率期货通常采用现金交割，即合约到期时，买卖双方并不进行现金和存单的实际交付，而是按照交割结算价与上一交易日结算价轧差持仓双方的差额进行现金划转。

（二）国债期货的报价

大部分国家国债期货的报价通常采用价格报价法，按照百元面值国债的净价报价（不含持有期利息），价格小数点后按十进位制。中金所的国债期货就以此种方式报价，比如“97.335”的报价意味着面值为 100 元的国债期货价格为 97.335 元，为不含持有期利息的交易价格。

美国中长期国债期货也是采用价格报价法，但其价格小数点后价格进位方式比较特殊，在美国中长期国债期货报价中，比如 118′222（或 118－222），报价由三部分组成，“①118′ ②22 ③2”。其中“①”部分可以称为国债期货报价的整数部分，“②”、“③”两个部分称为国债报价的小数部分（见表 8－1）。

“①”部分的价格变动的“1 点”代表 100 000 美元/100 =1 000 美元，比如从 118 上涨为 119，称为价格上升 1 点。

“②”部分数值为“00 到 31”，采用 32 进位制，价格上升达到

“32”向前进位到整数部分加“1”，价格下降跌破“00”向前整数位借“1”得到“32”。此部分价格变动“1/32 点”代表 1 000 × 1/32 = 31.25 美元，比如从“05”涨到“06”，或跌到“04”。

“③”部分用“0”、“2”、“5”、“7”四个数字“表示”。其中“0”代表 0，“2”代表 1/32 点的 1/4，即 0.25/32 点；“5”代表 1/32 点的 1/2，即 0.5/32 点；“7”代表 1/32 点的 3/4，即 0.75/32 点。

表 8-1　　美国 10 年期国债期货报价

期货报价	代表的价格	合约价值
118′220	118 + (22 + 0)/32 = 118.6875 点	118.6875 × 1 000 = 118 687.5 美元
118′222	118 + (22 + 1/4)/32 = 118.69531 点	118.69531 × 1 000 = 118 695.31 美元
118′225	118 + (22 + 1/2)/32 = 118.70313 点	118.70313 × 1 000 = 118 703.13 美元
118′227	118 + (22 + 3/4)/32 = 118.71094 点	118.71094 × 1 000 = 118 710.94 美元

以美国 10 年期国债期货为例，其合约面值为 100 000 美元，按 100 美元面值的标的国债价格报价。这里，1 点对应合约价值为 1 000 美元，1/32 点为 31.25 美元，1/32 点的 1/2 为 15.625 美元。合约的最小变动价位为 1/32 点的 1/2，为 15.625 美元；跨月套利交易最小变动价位为 1/32 点的 1/4，为 7.8125 美元。

当 10 年期国债期货合约报价为 126 - 175（或 126′175）时，表示该合约价值为 1 268 546.88 美元(1 000 × 126 + 31.25 × 17 + 31.25 × 1/2 = 126 546.875 美元，四舍五入为 126 546.88 美元)。

如果报价变为 125 - 020（或 125′020)，则表示下跌了 1 - 155（或 1′155)，即合约价值下跌了 1 484.38 美元（1 000 美元 × 1 + 31.25 美元 × 15.5 = 1 484.375 美元，四舍五入为 1 484.38 美元)。

三　利率期货价格的影响因素

从报价方式可以看出，短期利率期货价格通常和市场利率呈反向变动。影响和决定国债期货价格的主要因素是国债现货价格，而国债现货价格主要受市场利率影响，并和市场利率呈反向变动。因此，如何准确地分析和预测市场利率及其变化对投资者分析利率期货价格的走势和波动至关重要。影响市场利率的主要因素有以下几种。

（一）政策因素

一国的财政政策、货币政策、汇率政策对市场利率变动的影响最为直接。

1. 财政政策

扩张性的财政政策，通过财政分配活动来增加和刺激社会的总需求，造成对资金需求的增加，市场利率将上升；紧缩性的财政政策，通过财政分配活动来减少和抑制社会的总需求，会造成对资金需求的减少，市场利率将下降。

2. 货币政策

扩张性的货币政策是通过提高货币供应增长速度来刺激总需求，在这种政策下，取得信贷资金更为容易，市场利率将下降；紧缩性的货币政策是通过削减货币供应增长速度来降低总需求，在这种政策下，取得信贷资金较为困难，市场利率将上升。货币供应量的变化对市场利率的影响较为直接。

3. 汇率政策

一国政府一般通过本币汇率的升降来控制进出口及资本流动以达到国际收支平衡目的。汇率将通过影响国内物价水平、短期资本流动而间接地对利率产生影响。

首先，当本币汇率下降时，有利于促进出口、限制进口，进口商品成本上升，引起国内物价水平上升，导致实际市场利率水平下降。如果本币汇率上升，对利率的影响正好与上述情况相反。

其次，一国货币贬值，受心理因素的影响，往往使人们产生该国货币汇率进一步下降的预期，从而引起短期资本外逃，国内资金供应减少将推动本币利率上升；与此相反，一国货币升值，短期内将导致市场利率下降。

如果一国货币汇率下降能改善该国贸易条件，促使该国外汇储备增加，假设其他条件不变，将增加国内资金供应，导致利率水平下降；相反，如果一国货币汇率上升，促使该国外汇储备减少，将减少国内资金供应，导致利率水平上升。

（二）经济因素

1. 经济周期

在经济周期的不同阶段，商品市场和资金市场的供求关系会发生相应的变化，包括财政政策和货币政策在内的宏观经济政策也会随之做出相应调整，从而对市场利率水平及其走势产生重要影响。

2. 通货膨胀率

通货膨胀率的高低不仅影响市场利率的变化，而且影响人们对市场利率走势的预期。市场利率的变动通常与通货膨胀率的变动方向一致。通货膨胀率上升，市场利率也上升；通货膨胀率下降，市场利率也下降。

3. 经济增长速度

经济增长速度较快，社会资金需求旺盛，则市场利率水平上升；经济增长速度缓慢，社会资金需求相对减少，则市场利率水平下降。

（三）全球主要经济体利率水平

由于国际资本流动频繁，一国利率水平很容易受到其他国家利率水平的影响。在经济全球化的今天，全球主要经济体的利率水平会直接或间接地影响一个国家的利率政策和利率水平。

（四）其他因素

人们对经济形势的预期、消费者收入水平、消费者信贷等其他因素也会在一定程度上影响市场利率的变化。

分析影响市场利率和利率期货价格时，要特别关注宏观经济数据及其变化，主要包括：国内生产总值、工业生产指数、消费者物价指数、生产者物价指数、零售业销售额、失业率、耐用品订单及其他经济指标等。经济统计数据的好坏直接影响经济政策的变化和投资者的市场预期，进而影响市场利率水平。

第二节 国债期货及其应用

一 国债期货

（一）什么是国债期货

国债期货是指以主权国家发行的国债为期货合约标的的期货品种。目前来看，全球交易活跃的国债期货品种主要是中长期国债期货，一般采用实物交割。

2013 年 9 月 6 日，国内推出 5 年期国债期货交易；2015 年 3 月 20 日，推出 10 年期国债期货交易（见表 8－2 和表 8－3）。

表 8－2　　5 年期国债期货合约（摘要）

合约标的	面值为 100 万元人民币、票面利率为 3% 的名义中期国债
可交割国债	合约到期月份首日剩余期限为 4～5.25 年的记账式附息国债
报价方式	百元净价报价
最小变动价位	0.005 元
合约月份	最近的 3 个季月（3 月、6 月、9 月、12 月中的最近 3 个月循环）
交易时间	09:15～11:30，13:00～15:15
最后交易日交易时间	09:15～11:30
每日价格最大波动限制	上一交易日结算价的 ±1.2%
最低交易保证金	合约价值的 1%
最后交易日	合约到期月份的第二个星期五
最后交割日	最后交易日后的第三个交易日
交割方式	实物交割
交割代码	TF
上市交易所	中国金融期货交易所

表 8-3 10 年期国债期货合约（摘要）

合约标的	面值为 100 万元人民币、票面利率为 3% 的名义长期国债
可交割国债	合约到期月份首日剩余期限为 6.5 ~ 10.25 年的记账式附息国债
报价方式	百元净价报价
最小变动价位	0.005 元
合约月份	最近的 3 个季月（3 月、6 月、9 月、12 月中的最近 3 个月循环）
交易时间	09:15 ~ 11:30，13:00 ~ 15:15
最后交易日交易时间	09:15 ~ 11:30
每日价格最大波动限制	上一交易日结算价的 ±2%
最低交易保证金	合约价值的 2%
最后交易日	合约到期月份的第 2 个星期五
最后交割日	最后交易日后的第 3 个交易日
交割方式	实物交割
交割代码	T
上市交易所	中国金融期货交易所

我国 5 年期国债期货合约标的为面值为 100 万元人民币、票面利率为 3% 的名义中期国债，可交割国债为合约到期日首日剩余期限为 4 ~ 5.25 年的记账式付息国债。我国 10 年期国债期货合约标的为面值为 100 万元人民币、票面利率为 3% 的名义长期国债，可交割国债为合约到期日首日剩余期限为 6.5 ~ 10.25 年的记账式付息国债。两者均采用百元净价报价和交易，合约到期进行实物交割。

国债期货合约中的名义中期国债和名义长期国债体现一种“名义标准券”的设计思路。通过“名义标准国债”将票面利率和剩余期限标准化，现实中满足一定期限要求的多个国债品种——“一揽子可交割国债”均可以与“名义标准国债”进行对比，实现国债期货的多券种替代交割。和“名义标准国债”相匹配的“一揽子可交割国债”扩大可交割国债的范围、增强价格的抗操纵性、降低交割时的逼仓风险。

（二）转换因子

1. 什么是转换因子

国债期货实行一揽子可交割国债的多券种交割方式，当合约到期进行实物交割时，可交割国债为一系列符合条件的不同剩余期限、不同票面利率的国债品种。因票面利率与剩余期限不同，必须确定各种可交割国债与期货合约标的名义标准国债之间的转换比例，这个比例就是转换因子（Conversion Factor，CF）。

转换因子实质上是面值 1 元的可交割国债在其剩余期限内的所有现金流按国债期货合约标的票面利率折现的现值。中国金融期货交易所国债期货转换因子的计算公式如下：

$$CF = \frac{1}{(1+r/f)^{xf/12}} \times \left[\frac{c}{f} + \frac{c}{r} + \left(1 - \frac{c}{r}\right) \times \frac{1}{(1+r/f)^{n-1}}\right] - \frac{c}{f} \times \left(1 - \frac{xf}{12}\right)$$

其中：

r 为国债期货合约标的票面利率；

x 为交割月到下一付息月的月份数；

n 为剩余付息次数；

c 为可交割国债的票面利率；

f 为可交割国债每年的付息次数。

转换因子在合约上市时由交易所公布，其数值在合约存续期间不变。如果可交割国债票面利率高于国债期货合约标的票面利率，转换因子大于 1；如果可交割国债票面利率低于国债期货合约标的票面利率，转换因子小于 1。表 8－4 为中金所 2014 年 12 月 12 日在 TF1509 合约上市前公布的可交割国债和转换因子。

表 8－4　　TF1509 合约可交割国债和转换因子

序号	国债全称	国债代码			票面利率（%）	到期日期	转换因子
		银行间	上交所	深交所			
1	2005 年记账式（十二期）国债	050012	010512	100512	3.65	20201115	1.0309
2	2006 年记账式（十九期）国债	060019	010619	100619	3.27	20211115	1.0151
3	2009 年记账式附息（二十七期）国债	090027	019927	100927	3.68	20191105	1.0264
4	2010 年记账式附息（二期）国债	100002	019002	101002	3.43	20200204	1.0176

续表

序号	国债全称	国债代码			票面利率（%）	到期日期	转换因子
		银行间	上交所	深交所			
5	2010年记账式附息（十二期）国债	100012	019012	101012	3.25	20200513	1.0108
6	2010年记账式附息（十九期）国债	100019	019019	101019	3.41	20200624	1.0180
7	2010年记账式附息（二十四期）国债	100024	019024	101024	3.28	20200805	1.0127
8	2010年记账式附息（三十四期）国债	100034	019034	101034	3.67	20201028	1.0314
9	2010年记账式附息（四十一期）国债	100041	019041	101041	3.77	20201216	1.0371
10	2011年记账式附息（二期）国债	110002	019102	101102	3.94	20210120	1.0460
11	2011年记账式附息（十五期）国债	110015	019115	101115	3.99	20210616	1.0519
12	2011年记账式附息（十九期）国债	110019	019119	101119	3.93	20210818	1.0501
13	2011年记账式附息（二十四期）国债	110024	019124	101124	3.57	20211117	1.0318
14	2012年记账式附息（四期）国债	120004	019204	101204	3.51	20220223	1.0295
15	2012年记账式附息（九期）国债	120009	019209	101209	3.36	20220524	1.0216
16	2012年记账式附息（十五期）国债	120015	019215	101215	3.39	20220823	1.0242
17	2013年记账式附息（三期）国债	130003	019303	101303	3.42	20200124	1.0167
18	2013年记账式附息（八期）国债	130008	019308	101308	3.29	20200418	1.0121
19	2013年记账式附息（十五期）国债	130015	019315	101315	3.46	20200711	1.0203

续表

序号	国债全称	国债代码			票面利率（%）	到期日期	转换因子
		银行间	上交所	深交所			
20	2013 年记账式附息（二十期）国债	130020	019320	101320	4.07	20201017	1.0497
21	2014 年记账式附息（三期）国债	140003	019403	101403	4.44	20210116	1.0699
22	2014 年记账式附息（六期）国债	140006	019406	101406	4.33	20210403	1.0673
23	2014 年记账式附息（十三期）国债	140013	019413	101413	4.02	20210703	1.0538
24	2014 年记账式附息（二十四期）国债	140024	019424	101424	3.70	20211023	1.0384
25	2014 年记账式附息（二十六期）国债	140026	019426	101426	3.53	20191030	1.0200

【例 8－1】 国债基差计算。2013 年记账式附息（三期）国债，票面利率为 3.42%，到期日为 2020 年 1 月 24 日。对应于 TF1509 合约的转换因子为 1.0167。2015 年 4 月 3 日上午 10 时，现货价格为 99.640，期货价格为 97.525。

国债基差＝国债现货价格－国债期货价格×转换因子

$=99.640-97.525\times1.0167=0.4863$

2. 发票价格

通过转换因子国债期货实物交割时不同剩余期限、不同票面利率的可交割国债价值可以进行比较。转换因子可用于计算期货合约可交割国债的交割价格。用可交割国债的转换因子乘以期货交割结算价可得到转换后该国债的价格（净价），用国债净价加上持有国债期间的应计利息收入即可得到国债期货交割时卖方出让可交割国债时应得到的实际现金价格（全价），该价格为可交割国债的出让价格，也称发票价格（Invoice Price）。其计算公式如下：

发票价格＝国债期货交割结算价×转换因子＋应计利息

根据中金所规定，国债期货交割时，应计利息的日计数基准为“实际持有天数/实际计息天数”，每100元可交割国债的应计利息计算公式如下：

$$应计利息 = \frac{可交割国债票面利率 \times 100}{每年付息次数} \times \frac{配对缴款日 - 上一付息日}{当前付息周期实际天数}$$

（三）最便宜可交割债券

1. 什么是最便宜可交割债券

在一揽子可交割国债的交割制度下，剩余期限在一定范围内的国债都可以参与交割。由于可交割债券的票面利率和剩余期限不同，即便使用转换因子进行折算，各种可交割国债之间仍然存在差别。由于期货合约的卖方拥有可交割国债的选择权，卖方一般会选择最便宜、对己方最有利、交割成本最低的可交割国债进行交割，该债券就是最便宜可交割债券（Cheapest to Deliver，CTD）。确切地说，最便宜可交割债券的价格决定了国债期货合约的价格。

2. 如何寻找最便宜可交割国债

最便宜可交割国债是指在一揽子可交割国债中，能够使投资者买入国债现货、持有到期交割并获得最高收益的国债，一般用隐含回购利率来衡量。隐含回购利率（Implied Repo Rate，IRR）是指买入国债现货并用于期货交割所得到的收益率。显然，隐含回购利率越高的国债价格越便宜，用于期货交割对合约空头越有利。隐含回购利率最高的国债就是最便宜可交割国债。

如果购买国债后，在交割日之前没有利息支付，可交割国债的隐含回购利率（IRR）计算公式为：

$$隐含回购利率 = \frac{(期货报价 \times 转换因子 + 交割日应计利息) - 国债购买价格}{国债购买价格} \times \frac{365}{交割日之前的天数}$$

式中，国债购买价格为市场价格加上应计利息的全价。

【例8-2】2013年记账式附息（三期）国债，票面利率为3.42%，到期日为2020年1月24日。对应于TF1509合约的转换因子为1.0167。2015年4月3日，该国债现货报价为99.640元，上次付息日1月24日至计算日 4 月 3 日，应计利息天数是 69 天，应计利息为 0.6465 元，期货结算价格为 97.525 元。TF1509 合约最后交割日 2015 年 9 月 16 日，4 月 3 日到最后交割日计 166 天，上一付息日至交割日的期限为 166 + 69 = 235 天。计算该国债的隐含回购利率。

第一，计算 2013 年记账式附息（三期）国债的隐含回购利率，必须首先计算购买价格，即债券全价。

购买价格 = 99.640 + 0.6465 = 100.2865（元）

第二，计算可交割券从上次付息日至合约交割日这一期间所产生的利息，即应计利息。

应计利息 = 235 × 3.42/365 = 2.2019（元）

第三，计算交割时的发票价格。

发票价格 = 97.525 × 1.0167 + 2.2019 = 101.3556（元）

因为在交割日之前没有利息支付，所以 2013 年记账式附息（三期）国债的隐含回购利率为：

IRR = （101.3556 − 100.2865）÷ 100.2865 ×（365 ÷ 166）= 2.34%

通过计算，可以得到一篮子可交割国债的隐含回购利率，隐含回购利率最高的可交割国债就是最便宜可交割国债。

（四）国债期货理论价格

通常，国债期货理论价格可以运用持有成本模型计算，即：

期货理论价格 = 现货价格 + 持有成本

= 现货价格 + 资金占用成本 − 利息收入

如果用可交割券的价格代替现货价格，则国债期货的理论价格为：

期货理论价格 = （可交割券全价 + 资金占用成本 − 利息收入）/转换因子

式中，利息收入为可交割券上一付息日至交割日的应计利息。

下面通过一个实例完整介绍国债期货理论价格的计算。

【例 8 − 3】 2013 年 1 月 24 日发行的 2013 年记账式附息（三期）国债票面利率为 3.42%，一年付息一次，付息日为每年的 1 月 24 日，到期日为 2020 年 1 月 24 日。其距离 TF1509 合约月份交割首日剩余期限约为 4.4 年，符合可交割国债条件，对应 TF1509 合约的转换因子为 1.0167。

2015 年 4 月 3 日，该国债现货报价为 99.640 元，TF1509 期货报价为 97.525 元。

假设市场利率 r = 3.5%，2013 年记账式附息（三期）国债为 TF1509 的最便宜可交割国债。计算 TF1509 的理论价格。

1. 计算持有期间资金占用成本

（1）2013 年记账式附息（三期）国债上一次付息日为 2015 年 1 月 24 日，至 4 月 3 日，应计利息为：

$AI_{15.1.24 \sim 15.4.3} = 68 \div 365 \times 3.42 = 0.6465$

（2）4 月 3 日，以 99.640 价格购入 2013 记账式附息（三期）国债，国债现货的全价为：

$CP = 99.640 + 0.6465 = 100.2865$（元）

2. 持有期间资金占用成本

TF1509 合约最后交易日为 2015 年 9 月 11 日，持有国债到最后交易日的时间为 161 天，期间的资金占用成本为：

$$C = CP \times \frac{T-t}{365} \times r = 100.2865 \times \frac{161}{365} \times 0.035 = 1.5483$$

3. 计算上一付息日至最后交易日可交割券的应计利息

上一付息日 1 月 24 日至最后交易日 9 月 11 日共计 230 天，应计利息为：

$$AI_{15.4.3 \sim 15.9.11} = \frac{230}{365} \times 3.42 = 1.5554 = 2.1551$$

4. 计算 4 月 3 日 TF1509 合约的理论价格

2013 年记账式附息（三期）国债为 TF1509 的最便宜可交割国债，由其决定了 TF1509 合约的理论价格。

$$\text{TF1509 的理论价格} = \frac{1}{\text{转换因子}}（\text{现货价格} + \text{资金占用成本} - \text{利息收入}）$$

$$= \frac{1}{1.0167} \times (100.2865 + 1.5483 - 2.1551)$$

$$= 98.0424（\text{元}）$$

二 国债期货投机和套利

国债期货投机是指通过买卖国债期货合约，持有多头或空头头寸，以期从期货合约价格变动中博取风险收益的交易策略。按持有头寸和交易方向不同，国债期货投机分为牛市策略和熊市策略。

国债期货套利包括国债期货合约间价差套利策略和期现套利策略两大类。

（一）多头策略和空头策略

若投资者预期市场利率下降，或者预期一定有效期内债券收益率下降，则债券价格将会上涨，便可选择多头策略，买入国债期货合约，期待期货价格上涨获利。

若投资者预期市场利率上升或债券收益率上升，则债券价格将下跌，便可选择空头策略，卖出国债期货合约，期待期货价格下跌获利。

【例 8-4】 10 月 10 日，某投资者认为未来的市场利率将走低，于是以 94.500 价格买入 50 手 12 月份到期的中金所 TF1412 合约。一周之后，该期货合约价格涨到 95.600，投资者以此价格平仓。若不计交易费用，该投资者将获利 1 100 点，即 11 000 元/手，总盈利为 55 万元。

（二）期现套利与国债基差交易

国债期现套利是指投资者基于国债期货和现货价格的偏离，同时买入（或卖出）现货国债并卖出（或买入）国债期货，以期获得套利收益的交易策略。因该交易方式和基差交易较为一致，通常也称国债基差交易。

国债基差是指国债现货价格和可交割国债对应期货价格之差，用公式表示如下：

国债基差 = 国债现货价格 - 国债期货价格 × 转换因子

基差交易者时刻关注期货市场和现货市场间的价差变化，积极寻找和捕捉做多基差和做空基差的套利机会。做多国债基差，即投资者认为基差会上涨，国债现货价格的上涨（下跌）幅度会高于（低于）期货价格乘以转换因子上涨（下跌）的幅度，则买入国债现货，卖出国债期货，待基差上涨后分别平仓获利；做空国债基差，即投资者认为基差会下跌，国债现货价格的上涨（下跌）幅度会低于（高于）期货价格乘以转换因子上涨（下跌）的幅度，则卖出国债现货，买入国债期货，待基差下跌后分别获利。

1. 买入基差（基差多头）策略

买入基差策略，即买入国债现货、卖出国债期货，待基差走强平仓获利。

2. 卖出基差（基差空头）策略

卖出基差策略，即卖出国债现货、买入国债期货，待基差走弱平仓获利。

（三）国债期货合约间套利

在国债期货交易中，跨市场套利机会一般很少。下面介绍国债期货跨期套利、跨品种套利和期现套利三类。

1. 跨期套利

在国债期货交易中，当国债期货不同交割月份合约间价差过大或过小时，就存在潜在的套利机会。

根据价差买卖方向不同，国债期货跨期套利分为国债期货买入套利和国债期货卖出套利两种。买入价差套利，适用于国债期货合约间价差低估的情形，买入高价合约的同时卖出低价合约，待价差恢复后，同时平仓获利；卖出价差套利，适用于国债期货合约间价差高估的情形，卖出高价合约的同时买入低价合约，待价差恢复后，同时平仓获利。

【例 8 –5】 在市场流动性足够的前提下，3 月 4 日，某机构投资者看到 5 年期国债期货 TF1506 合约和 TF1503 合约之间的价差偏高，于是采用卖出套利策略建立套利头寸，卖出 100 手 TF1506 合约，同时买入 100 手 TF1503 合约，成交价差为 1.080 元。3 月 6 日，上述合约间价差缩小为 0.980 元，该投资者以 0.980 元的价差平仓原套利头寸（见表 8 –5）。

表 8-5　　美国 5 年期国债期货跨月套利案例

3月4日	建立套利头寸，卖出 10 手 TF1506 合约，买入 10 手 TF1503 合约	成交价差为 1.080
3月6日	平仓套利头寸，买入平仓 100 手 TF1506 合约，卖出平仓 100 手 TF1506 合约	成交价差为 0.980
盈亏状况	不计交易费用，投资者获利为 0.100/100 × 100 万元 × 100 手 = 10（万元）	价差缩小 0.100

投资者在该笔套利交易中，入市时价差为 1.080 元，平仓时价差为 0.980 元，价差缩小 0.100 元。若不计交易费用，投资者可获利为 0.100 ÷ 100 × 100 万元 × 100 手 = 10（万元）。

2. 跨品种套利

国债期货跨品种套利交易策略主要是利用不同期限债券对市场利率变动的不同敏感程度而制定的。一般情况下，期限长的债券对利率变动的敏感程度要大于期限短的债券对利率变动的敏感程度。也就是说，当市场利率上升或下降时，长期债券价格的跌幅或涨幅要大于短期债券价格的跌幅或涨幅。因而，投资者可以根据对市场利率变动趋势的预测，选择期限不同的国债期货合约进行跨品种套利。

比如，在美国期货市场，比较常见的跨品种套利有 5 年期和 10 年期国债期货间的跨品种套利、5 年期国债和长期国债期货间的跨品种套利、10 年期国债和长期国债期货间的跨品种套利等。

当然，如果债券收益率曲线出现平坦化或陡峭化的变动，不同期限国债期货品种之间的价差就会存在高估或低估的情形，从而出现跨品种套利机会。例如，当投资者预期收益率曲线将更为陡峭，则可以买入短期国债期货，卖出长期国债期货，实现“买入收益率曲线”套利；相反，当投资者预期收益率曲线将变得平坦时，则可以卖出短期国债期货，买入长期国债期货，实现“卖出收益率曲线”套利。

三　国债期货套期保值

利用国债期货进行套期保值的主要目的是对冲利率风险。国债期货套期保值分为买入套期保值、卖出套期保值两类。

（一）买入套期保值

国债期货买入套期保值是通过期货市场开仓买入国债期货合约，以期在现货和期货两个市场建立盈亏冲抵机制，规避市场利率下降的风险。其适用的情形主要有：

（1）计划买入债券，担心利率下降，导致债券价格上升。

（2）按固定利率计息的借款人，担心利率下降，导致资金成本相对增加。

（3）资金的贷方，担心利率下降，导致贷款利率和收益下降。

【例 8－6】 4 月份，某机构投资者预计在 6 月份将购买面值总和为 800 万元的某 5 年期 A 国债，假设该债券是最便宜可交割债券，相对于 5 年期国债期货合约，该国债的转换因子为 1.25，当时该国债价格为每百元面值 118.50 元。为锁住成本，防止到 6 月份国债价格上涨，该投资者在国债期货市场上进行买入套期保值，具体操作策略如表 8－6 所示。

表 8－6　　国债期货多头套期保值案例

	国债现货市场	国债期货市场
当前	4 月 6 日，5 年期的 A 国债每百元价格 118.50 元	4 月 6 日，以每百元 94.55 元的价格购入 10 份 6 月份交割的 5 年期国债期货合约，每份合约面值 100 万元，共计 1 000 ×（800 × 1.25）万元
价格上涨	6 月 6 日，国债现货市场价上涨至 119.70 元，买入面值 800 万元的 A 国债	6 月 6 日，以 95.55 元价格平仓 10 份面值 100 万元 5 年期国债期货合约
上涨时购入成本	国债现货购入成本－国债期货盈利 ＝80 000 × 119.70 － 10 × 10 000 ×（95.55 － 94.55）＝9 476 000（元） ［原购入成本 80 000 × 118.50 ＝9 480 000（元），按市价购入成本为 80 000 × 119.70 ＝9 576 000（元）］	
价格下跌	6 月 6 日，国债现货市场价下跌至 117.30 元，买入面值 800 万元的 A 国债	6 月 6 日，以 93.55 元价格平仓 10 份面值 100 万元的 5 年期国债期货合约
下跌时购入成本	国债现货购入成本＋国债期货亏损 ＝80 000 × 117.30 ＋ 10 × 10 000 ×（94.55 － 93.55）＝9 484 000（元） ［按市价购入成本为 80 000 × 117.30 ＝9 384 000（元）］	

为了方便计算，在上例中假设套期保值比率等于转换因子，要对冲800万元面值的现券则须用1 000万元的期货合约对冲。6月6日，无论利率上行或是下行，投资者实际购入成本与4月6日9 480 000元(118.50×80 000)接近，而与当前国债现货的购入成本无关。也就是说，投资者利用国债期货价格变动的盈亏冲抵现货价格的变动风险，从而锁定现货购入成本实现套期保值。

（二）卖出套期保值

国债期货卖出套期保值是通过期货市场开仓卖出利率期货合约，以期在现货和期货两个市场建立盈亏冲抵机制，规避市场利率上升的风险。其适用的情形主要有：

（1）持有债券，担心利率上升，其债券价格下跌或者收益率相对下降。

（2）利用债券融资的筹资人，担心利率上升，导致融资成本上升。

（3）资金的借方，担心利率上升，导致借入成本增加。

【例8－7】4月份，某机构投资者拥有800万元面值的某5年期B国债，假设该国债是最便宜可交割债券，并假设转换因子为1.125。当时国债价格为每百元面值107.50元。该公司预计6月份要用款，需将其卖出，为防止国债价格下跌，该投资者在市场上的操作如表8－7所示。可见，空头套期保值依然是用国债期货价格的变动冲抵现货价格的变动，以达到套期保值的目的。

表8－7　　国债期货空头套期保值案例

	国债现货市场	国债期货市场
当前	4月6日，拥有800万元5年期的B国债，当时每百元价格107.50元	4月6日，以94.55元的价格售出9份6月份交割的5年期国债期货合约，合约总面值900万元（800×1.125）
价格下跌	6月6日，国债现货市场价下跌至106.30元，卖出面值800万元的5年期B国债	6月6日，5年国债期货价格下跌至93.55元，将4月6日卖出的合约平仓
下跌时获得资金	卖出国债现货收益＋国债期货盈利 ＝80 000×106.30＋9×10 000×(94.55－93.55)＝8 594 000(元) [原获得资金量为80 000×107.50＝8 600 000(元)，按市值变现获得资金量为80 000×106.30＝8 504 000(元)]	

续表

	国债现货市场	国债期货市场
价格上涨	6月6日，国债现货市场价上涨至108.60元，卖出面值为800万元的5年期B国债	6月6日，以95.55元的国债期货价格将4月6日的900万元面值合约平仓
上涨时获得资金	卖出国债现货收益－国债期货亏损 =80 000×108.60－9×10 000×(95.55－94.55)=8 598 000(元) [按市值变现获得资金量为80 000×108.60=8 688 000(元)]	

（三）套期保值（对冲）合约数量的确定

在国债期货套期保值方案设计中，确定合适的套期保值合约数量，即确定对冲的标的物数量是有效对冲现货债券或债券组合利率风险，达到最佳套期保值效果的关键。常见的确定合约数量的方法有面值法、修正久期法和基点价值法。

理论上，对冲所需国债期货合约的数量应等于利率变动所引起的债券组合价值的变动和国债期货合约价值变动的比值。

1. 面值法

根据债券组合的面值与对冲期货合约的面值之间的关系确定对冲所需的期货合约数量，其计算公式为：

国债期货合约数量=债券组合面值÷国债期货合约面值

该计算方法最为简单，但因没有考虑国债期货和债券组合对利率变动的敏感性差异，故不太精确。

2. 修正久期法

(1) 麦考利久期（Macaulay Duration）。久期的概念是1938年由F. R. Macaulay提出的，是指投资的加权平均回收时间，也称麦考利久期。一笔期限为n年的投资，如果在投资期限内有现金流流入，则投资加权平均回收时间将短于n年，即久期小于n年。

债券久期，是指债券在未来产生现金流时间的加权平均，其权重是各期现金流现值占债券现值的比重，通常以年为单位。债券久期D的计算公式为：

$$D = \frac{\sum_{t=1}^{n} \frac{tC_t}{(1+r)^t}}{\sum_{t=1}^{n} \frac{C_t}{(1+r)^t}}$$

其中，t 为收到现金流的时期（$t=1,2,\cdots,n$），n 为现金流发生的次数，r 为债券的到期收益率或市场利率，C_t 为第 t 期的现金流，公式中分母为债券的价格。

债券的久期与到期时间、票面利率、付息频率、到期收益率存在如下关系：

①零息债券的久期等于到它到期的时间。

②债券的久期与票面利率成负相关关系。

③债券的久期与到期时间成正相关关系。

④债券的到期收益率与久期成负相关关系。

对于债券组合，其久期可以表示为组合中每只债券久期的加权平均，权重等于各债券在组合中所占的比重。

（2）修正久期。修正久期是在麦考利久期概念的基础上发展而来的，刻画的是市场利率或债券到期收益率变化引起的债券价格的变动幅度，是用来衡量债券价格对市场利率变化敏感程度的指标。

修正久期在数值上描述的是当市场利率变化一个百分点时债券价格的变动百分比。一年支付一次利息的债券的修正久期 D_m 的计算公式为：

$$D_m = -\frac{dp}{dr} \cdot \frac{1}{p} = \frac{1}{1+r} \cdot \frac{1}{p} \sum_{t=1}^{n} \frac{t \cdot C_t}{(1+r)^t} = \frac{1}{1+r} \cdot D$$

其中，P 为债券价格，D 为债券的久期，t 为收到现金流的时期（$t=1,2,\cdots,n$），n 为现金流发生的次数，r 为债券的到期收益率或市场利率，C_t 为第 t 期的现金流。

如果一年支付 f 次利息，即付息频率为 f，则修正久期和久期的关系为：

$$D_m = \frac{1}{1+r/f} \cdot D$$

若债券的久期为 7 年，市场利率为 3.65%，则其修正久期为 7/(1

+3.65%）=6.75。当债券的修正久期为6.75时，意味着市场利率上升1%，将导致债券价格下跌约6.75%。

债券的修正久期与到期时间、票面利率、付息频率、到期收益率存在如下关系：

①票面利率相同，剩余期限相同，付息频率相同，到期收益率不同的债券，到期收益率较低的债券，修正久期较大。

②剩余期限相同，付息频率相同，到期收益率相同，票面利率不同的债券，票面利率较低的债券，修正久期较大。

③票面利率、到期收益率、剩余期限均相同，付息频率不同的债券，具有较低付息频率债券的修正久期较小。

（3）修正久期的应用。利用修正久期计算债券组合和国债期货的利率敏感度，从而确定对冲所需国债期货合约数量的方法，称为修正久期法。

修正久期度量了债券价格随利率变动的波动特征，可用来计算对冲所需国债期货合约数量。国债期货合约价格近似等于最便宜可交割债券价格除以转换因子；国债期货合约的修正久期可以用最便宜可交割债券的修正久期除以转换因子得到，但实践中，常常用最便宜可交割债券的修正久期替代国债期货的修正久期，进而计算出最优套期保值合约数量：

$$\text{对冲所需国债期货合约数量}=\frac{\text{债券组合市值}\times\text{债券组合的修正久期}}{\text{期货合约市值}\times\text{期货合约的修正久期}}$$

$$=\frac{\text{债券组合市值}\times\text{债券组合的修正久期}}{(CTD\text{价格}\times\text{期货合约面值}\div 100)\div CTD\text{转换因子}\times CTD\text{修正久期}}$$

当利率变动较大时，用修正久期度量债券价格的变动并不精确，使得修正久期法计算的对冲所需国债数量存在一定缺陷，但并不严重（公式中分子和分母中的修正久期可部分抵消）。

3. 基点价值法

基点价值（Basis Point Value，BPV），又称为DV01（Dollar Value of 01），是指利率每变化一个基点（0.01个百分点）时，引起的债券价格变动的绝对额。

收益率变动1bp（Basis Point）所引起的债券价格的变动值，即债券的基点价值：

$\Delta p_{0.0001} \approx -Dm \times p \times 0.01\%$

对于债券组合 V，收益率变动 1bp（Basis Point）所引起的债券组合价值的变动值，即债券组合的基点价值：

$\Delta V_{0.0001} \approx -Dm \times V \times 0.01\%$

由于国债期货合约的基点价值约等于最便宜可交割国债的基点价值除以其转换因子，即：

$\Delta F_{0.0001} \approx \Delta P_{CTD\ 0.0001} / CF$

式中，$\Delta F_{0.0001}$ 和 $\Delta P_{CTD0.0001}$ 分别为国债期货的基点价值和最便宜可交割债券的基点价值。

每手国债期货的基点价值等于：

$\Delta F_{0.0001} \times 1\ 000\ 000/100 \approx (\Delta P_{CTD0.0001}/CF) \times 10\ 000$

比较基点价值和修正久期的关系，对冲所需国债期货合约数量的公式可以调整为：

$$\text{对冲所需国债期货合约数量} = \frac{\text{债券组合市值} \times \text{债券组合的修正久期}}{(\text{期货合约面值} \div 100) \div CTD\text{转换因子} \times CTD\text{价格} \times CTD\text{修正久期}}$$

$$= \frac{\text{债券组合基点价值}/0.01\%}{(\text{期货合约面值} \div 100) \div CTD\text{转换因子} \times CTD\text{的基点价值}/0.01\%}$$

$$= \frac{\text{债券组合基点价值}}{(\text{期货合约面值} \div 100) \div CTD\text{转换因子} \times CTD\text{的基点价值}}$$

【例 8-8】 投资者持有价值 1 亿元的债券 TB，利用中金所国债期货 TF 合约对冲利率风险。TF 合约的最便宜可交割国债 CTD 的转换因子为 1.0294，债券 TB 和 CTD 的相关信息如表 8-8 所示。

表 8-8　　TB 和 CTD 相关信息

项目	TB	CTD
债券净价	99.3926	101.7685
债券全价	101.1582	102.1571
修正久期	4.9556	4.9756

具体分析如下：

（1）基于修正久期法计算套期保值合约数量。

①债券的修正久期：

债券的修正久期 =4.9556

②国债期货 TF 的修正久期：

国债期货 TF 的修正久期 = 最便宜可交割券的修正久期 =4.9756

③对冲债券 TB 利率风险所需 TF 合约数量的计算公式为：

$$\frac{(101.1582 \times 10\ 000\text{万元} \div 100) \times 4.9556}{(102.1571 \times 100\text{万元} \div 100) \div 1.0294 \times 4.9756} = 101.52 \approx 102(\text{手})$$

（2）基于基点价值法的计算套期保值合约数量。

①债券组合的基点价值为：

（100 000 000 × 101.1582 ÷ 100）× 4.9556 × 0.01% = 50 129.95759（元）

②CTD 券的基点价值为：

102.1571 ×4.9756 ×0.01% =0.050829287（元）

③对冲债券 TB 利率风险所需 TF 合约数量的计算公式为：

$$\frac{50\ 129.95759}{(100\text{万元} \div 100) \div 1.0294 \times 0.050829287} = 101.52 \approx 102(\text{手})$$

投资者也可以利用国债期货来调整其资产和负债的久期，使得其资产与负债的久期匹配，以消除或规避市场利率变动对其组合价值的不利影响，通过资产与负债价值变动的相互冲抵，实现组合免疫。

第三节 其他利率类衍生品

一 远期利率协议

（一）什么是远期利率协议

远期利率协议（Forward Rate Agreements，FRA）是远期合约的一种，是指买卖双方同意从未来某一时刻开始的某一特定期限内按照协议借贷一定数额以特定货币表示的名义本金的协议。

FRA 中的协议利率通常称为远期利率，即未来时刻开始的一定期限的利率。

远期利率协议用 M × N 表示，M 表示协议开始的时间，N 表示协议结束的时间。

例如，1 ×4 远期利率协议，表示 1 个月之后开始、4 个月之后结束，期限为 3 个月的远期利率协议；3 ×6 远期利率协议，表示 3 个月之后开始、6 个月之后结束，期限为 3 个月的远期利率协议。

远期利率协议的买方是名义借款人，其订立远期利率协议的目的主要是规避利率上升的风险。远期利率协议的卖方则是名义贷款人，其订立远期利率协议的目的主要是规避利率下降的风险。之所以称为“名义”，是因为借贷双方不必交换本金，只是在结算日根据协议利率和参照利率之间的差额及名义本金额，由交易一方付给另一方结算金。

在远期利率协议下，如果参照利率超过合同的协议利率，那么卖方就要支付给买方一笔结算金，以补偿买方在实际借款中因利率上升而造成的损失；反之，则由买方支付给卖方一笔结算金。

（二）案例分析

【例 8－9】 3 月 15 日，国内某企业 A 根据投资项目进度，预计将在 6 个月后向银行贷款人民币 1 000 万元，贷款期为半年，但担心 6 个月后利率上升提高融资成本，即与银行商议，双方同意 6 个月后企业 A 按年利率 6.2%（一年计两次复利）向银行贷入半年 1 000 万元贷款。这就是远期利率协议。

9 月 15 日 FRA 到期时，市场实际半年期贷款利率为 6.48%。这时企业 A 有两个选择：

（1）直接执行 FRA，以 6.2% 向银行贷入半年期 1 000 万元贷款，比市场利率节省 1 000 万元 $\times \frac{6.48\% - 6.2\%}{2} = 1.4$（万元）的利息支出。

（2）对 FRA 进行现金结算，由于市场利率上升，银行支付给 A 企业 1 000 万元 $\times \frac{6.48\% - 6.2\%}{2} = 1.4$（万元），同时企业 A 直接到市场上以即期利率6.48%借入1 000万元的资金，等价于按6.2%贷款。

假设9月15日FRA到期时，市场实际半年期贷款利率下跌至6%。这时企业A在FRA中损失而银行盈利，具体损失金额为1 000万元× $\frac{6\% - 6.2\%}{2} = -1$（万元）。无论如何，企业A的真实贷款利率锁定为6.2%。

二 利率期权

（一）什么是利率期权

利率期权，是指以利率类金融工具为期权标的物的期权合约。利率期权的标的物一般是利率和与利率挂钩的产品，包括国债、存单等。

在场外衍生品市场，常见利率期权有利率看涨期权（Interest Rate Call Options）、利率看跌期权（Interest Rate Put Options）、利率上限（期权）协议（Interest Rate Caps）、利率下限（期权）协议（Interest Rate Floors）、利率双限（期权）协议（Interest Rate Collars）、部分参与利率上限（期权）协议（Participating Caps）和利率互换（期权）（Interest Rate Swaptions）等。其中，利率上限（期权）协议和利率下限（期权）协议是比较典型的场外利率期权。

目前，场外利率期权交易主要通过交易双方签订主协议的方式来确认双方的权利和义务。场外利率期权交易中，在国际市场使用最多、影响最大的是ISDA（International Swaps and Derivatives Association）主协议。ISDA主协议适用的场外利率期权产品包括利率上限（期权）协议、利率下限（期权）协议、利率双限（期权）协议及其组合产品。场外利率期权交易的价格一般由交易双方协议确定。

（二）利率上限（期权）协议

1. 什么是利率上限（期权）协议

利率上限（期权）协议又称“利率封顶”，通常与利率互换组合，指期权的买方支付权利金，与期权的卖方达成一个协议，该协议中指定某一种市场参考利率，同时确定一个利率上限水平。在规定的期限内，如果市场参考利率高于协定的利率上限水平，卖方向买方支付市场利率高于利率上限的差额部分；如果市场参考利率低于或等于协定的利率上限水平，则卖方无须承担任何支付义务。

2. 案例分析

【例 8－10】 A 公司在 2014 年 3 月 1 日发行了 1 000 万美元的一年期债券，该债券每季度付息，利率为 3M－LIBOR（伦敦银行间同业拆借利率）＋25 个基点（BP）计算得到，即 A 公司必须在 2014 年的 6 月 1 日、9 月 1 日、12 月 1 日支付利息，2015 年的 3 月 1 日支付利息和本金。2014 年 6 月 1 日支付利息的利率为 2014 年 3 月 1 日的 3M－LIBOR＋25BP，即支付 0.25×(3M－LIBOR＋25BP)×1 000 万美元的利息。

A 公司预期市场利率会下降，但又担心利率上涨带来的融资成本上升的风险，希望将风险控制在一定的范围内，因而 A 公司与一家美国银行 B 签订了一份利率上限（期权）合约。该合约期限为 1 年，面值 1 000万美元，上限利率为 5%，按季度支付，支付日与付息日相同。即 B 银行承诺，在未来的一年里，如果重置日的 3M－LIBOR 超过 5%，则 B 银行 3 个月后向 A 公司支付重置日 3M－LIBOR 利率和利率上限 5% 之间的利息差，即支付金额为 0.25×Max{0,(3M－LIBOR－5%)}×1 000万美元。该合约签订时，A 公司需要向 B 银行支付一笔期权费，期权费报价为 0.8%，一次性支付。整个交易流程如图 8－1 所示。

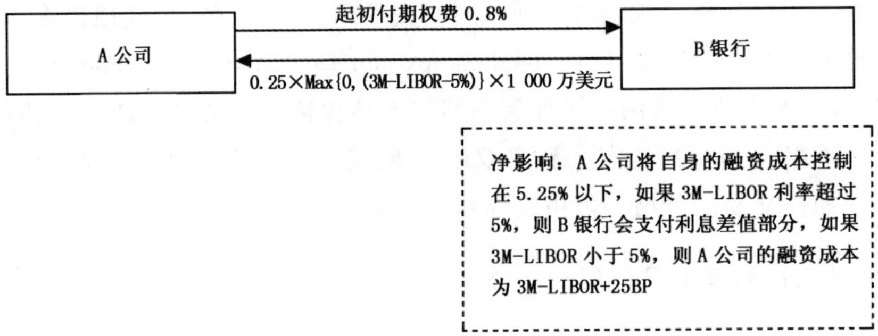

图 8－1　A 公司与 B 银行的关系

A 公司的现金流如图 8－2 所示：

利率上限（期权）协议交易之所以会发生，是因为购买利率上限

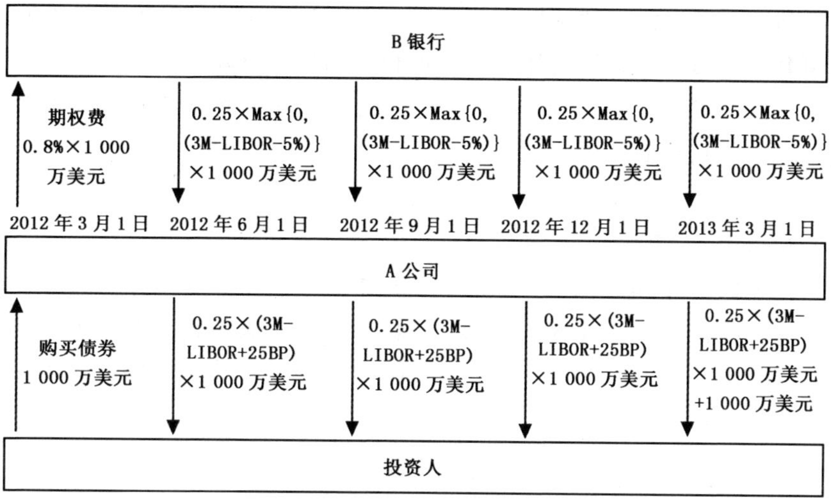

图 8－2 A 公司的现金流

（期权）协议后，A 公司在保留获得利率下行时降低融资成本的收益，同时对其面临的利率风险进行了保护，而损失的只是期初支付的期权费。通过购买利率上限（期权）协议，A 公司将自己的融资成本保护在 5.25%（＝5%＋25BP）以下。

（1）如果市场利率 3M－LIBOR 为 6%，则 A 公司需要向投资者支付 15.625 万美元[0.25×(6%＋25BP)×1 000 万美元]的利息，由于购买了利率上限（期权）协议，B 银行向 A 公司支付 2.5 万美元[0.25×(6%－5%)×1 000 万美元]。A 公司最终支付 13.125 万美元。

（2）如果市场利率 3M－LIBOR 为 4%，则 A 公司仅需要向投资者支付 10.625 万美元[0.25×(4%＋25BP)×1 000 万美元]的利息，利率上限（期权）协议没有生效，B 银行不需要向 A 公司支付。A 公司最终支付 10.625 万美元。

（二）利率下限（期权）协议

1. 什么是利率下限（期权）协议

利率下限（期权）协议又称“利率封底”，与利率上限（期权）协议相反，期权买方在市场参考利率低于下限利率时可取得低于下限利率的差额。利用利率上限（期权）协议可以防范利率下降的风险。如果市场利率下降，浮动利率投资的利息收入会减少，固定利率债务的利息负担会相对加重，企业面临债务负担相对加重的风险。通过买入利率下限（期权）协议，固定利率负债方或者浮动利率投资者可以获得市场利率与协定利率的差额作为补偿。

2. 案例分析

【例 8－11】 A 公司在 2014 年 3 月 1 日发行了 1 000 万美元的一年期债券，该债券每半年付息一次，利率为 5%，即 A 公司必须在 2014 年的 9 月 1 日支付利息 25 万美元，2015 年的 3 月 1 日支付利息和本金共 1 025 万美元。

A 公司预期市场利率会上涨，但又担心利率下跌带来融资成本相对上升的风险，希望将风险控制在一定的范围内，因而 A 公司与一家美国银行 B 签订了一份利率下限（期权）合约。该合约期限为 1 年，面值 1 000 万美元，下限利率为 5%，参考利率为 6M－LIBOR，每半年支付，支付日与付息日相同。即 B 银行承诺，在未来的一年里，如果重置日的 6M－LIBOR 低于 5%，则 B 银行 6 个月后向 A 公司支付重置日 6M－LIBOR利率和利率下限 5% 之间的利息差，即支付金额为 $0.5 \times \mathrm{Max}\{0,(5\% - 6M - LIBOR)\} \times 1\,000$ 万美元。该合约签订时，A 公司需要向 B 银行支付一笔期权费，期权费报价为 0.8%，一次性支付 $0.8 \times 1\,000$ 万美元。整个交易流程如图 8－3 所示。

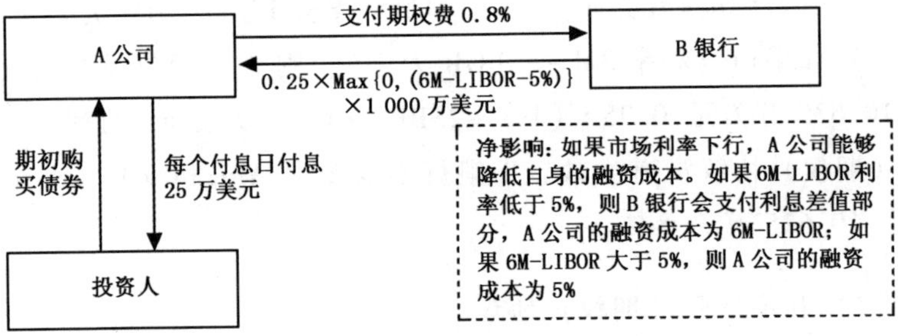

图 8－3　A 公司与 B 银行的关系

A 公司的现金流如图 8－4 所示。

通过购买利率上限（期权）协议，A 公司可以在市场利率下降时降低自己的融资成本。

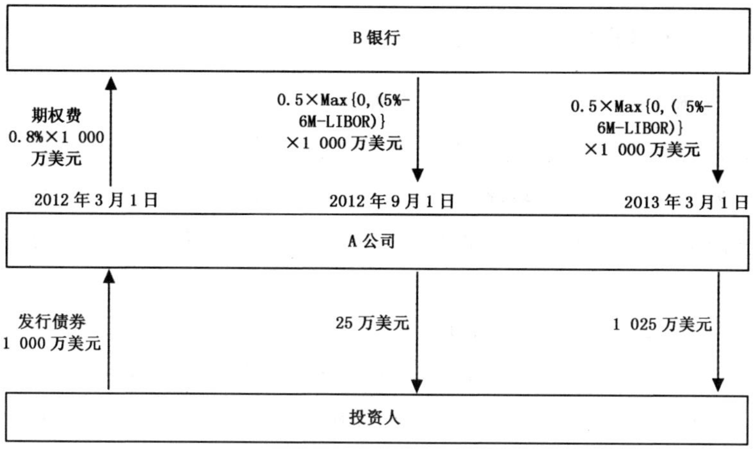

图 8－4　A 公司的现金流

（1）如果市场利率 6M－LIBOR 为 6%，则 A 公司向投资者支付 25 万美元(0.5 × 5% ×1 000 万美元)的利息，由于未低于利率下限，B 银行不需向 A 公司支付。A 公司最终支付 25 万美元利息，融资成本 5%。

（2）如果市场利率 6M－LIBOR 为 4%，则 A 公司仍向投资者支付 25 万美元(0.5 × 5% ×1 000 万美元)的利息，由于市场利率低于下限利率，期权生效，B 银行需要向 A 公司支付 5 万美元[0.5 ×（5% － 4%）×1 000 万美元]，则 A 公司最终支付 20 万美元，融资成本为 4%。

三　利率互换

（一）什么是利率互换

利率互换（Interest Rate Swaps，IRS），是指交易双方约定在未来一定期限内，根据同种货币的名义本金交换现金流，其中一方的现金流按事先确定的某一浮动利率计算，另一方的现金流则按固定利率计算。

利率互换的常见期限有 1 年、2 年、3 年、4 年、5 年、7 年与 10 年，30 年和 50 年的互换也时有发生。

（二）案例分析

1. 案例1——满足不同的筹资需求

如交易双方一方可获得固定利率贷款，但希望以浮动利率筹集资金，而另一方可获得浮动利率贷款，却希望以固定利率筹集资金。通过利率互换交易，双方均可获得期望的融资形式，以规避双方可能存在的利率风险。

【例8－12】 A公司在2012年1月1日向银行申请了一笔1 000万美元的一年期贷款，并约定每个季度偿还利息，且还款利率按照结算日的6M－LIBOR（伦敦银行间同业拆借利率）＋25个基点（BP）计算得到。A公司必须在2012年的4月1日、7月1日、10月1日及2013年的1月1日支付利息，且于2013年1月1日偿还本金。A公司担心利率上涨风险，希望将浮动利率转化为固定利率，因而与另一家美国公司B签订了一份普通型利率互换。该合约规定，B公司在未来的一年里，每个季度都将向A公司支付LIBOR利率，从而换取6%的固定年利率。该利率互换的现金流情况如图8－5所示。

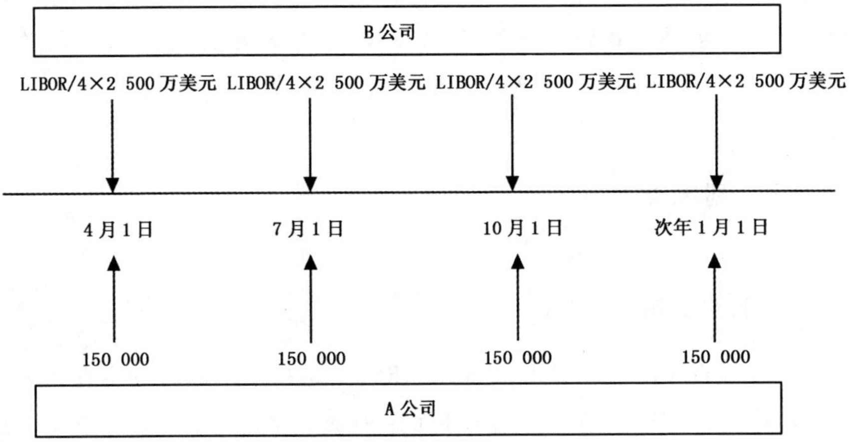

图8－5 A公司与B公司利率互换的现金流

在进行利率互换后，A公司对其面临的利率风险进行了对冲，但也失去了利率下跌的潜在收益。因为银行的利率为6M－LIBOR＋25个基点，而利率互换合约中，A公司以6%的利率换取了LIBOR利息收入，所以 A 公司的实际利率为 6.25%。

2. 案例 2——降低双方资金成本

有的公司采用固定利率借款具有比较优势，而其他公司采用浮动利率借款具有比较优势，此时各自的比较优势可以通过利率互换发挥出来。这种比较优势到底是什么？利率互换怎样将这种比较优势发挥出来？下面通过案例进行分析。

【例 8 - 13】 假设 A 和 B 两家公司都希望借入期限为 5 年的 1 亿美元，各自的利率如表 8 - 9 所示。B 公司想按固定利率借款，而 A 公司想按 3 个月期 SHIBOR（上海银行间同业拆借利率）的浮动利率借款。

表 8 - 9　　具有比较优势的借款利率

	固定利率	浮动利率
公司 A	10%	3 个月 SHIBOR +0.3%
公司 B	11.20%	3 个月 SHIBOR +1%

虽然 B 公司在固定利率和浮动利率市场支付的利率都比 A 公司高，但从提供给 A 公司和 B 公司的利率报价可以看出，B 公司与 A 公司之间固定利率的差值大于浮动利率的差值，即在固定利率市场 B 公司比 A 公司多付 1.2%，但在浮动利率市场只比 A 公司多付 0.7%，说明 B 公司相对于 A 公司虽然没有绝对优势，但采用浮动利率具有比较优势，A 公司在固定利率市场有比较优势，即按固定利率较 B 公司少出的部分比浮动利率少出的部分要多。因此，各自的比较优势可通过利率互换交易实现双赢。A 公司以 10% 借入固定利率资金，B 公司以 SHIBOR +1% 借入浮动利率资金，然后签订一份互换协议，确保 A 公司最终获得浮动利率资金，B 公司获得固定利率资金。

为理解互换是如何进行的，假设 A 与 B 直接交易，商定的互换类型如图 8 - 6 所示。A 公司同意向 B 公司支付本金为 1 亿美元的以 3 个月期 SHIBOR 计算的利息，作为回报，B 公司同意向 A 公司支付本金为 1 亿美元的以 9.95% 固定利率计算的利息。

A 公司有三种现金流：

（1）支付给贷款发放人 10%。

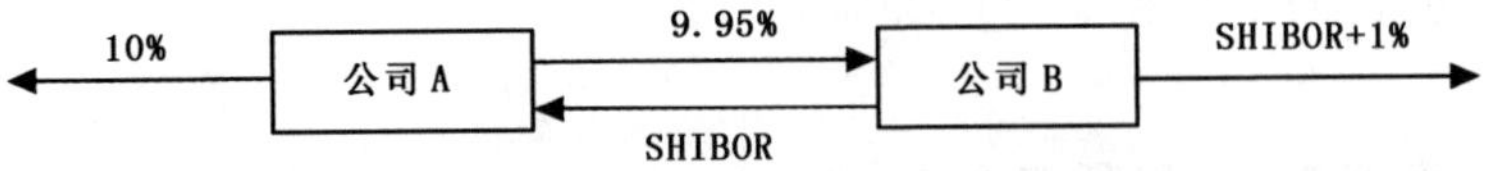

图 8-6　A 公司经过利率互换之后实际的融资利率

（2）从 B 公司得到 9.95%。

（3）向 B 公司支付 SHIBOR。

这三项现金流的净效果为 A 公司支付 SHIBOR+0.05%，它比直接在浮动利率市场借款减少了 0.25% 的利率支出。

B 公司也有三项现金流：

（1）支付给贷款发放人 SHIBOR+1%。

（2）从 A 公司得到 SHIBOR。

（3）向 A 公司支付 9.95%。

这三项现金流的净效果为 B 公司支付年利率为 10.95% 的利息，比它直接在固定利率市场借款减少了 0.25% 的利率支出。

这项互换同时改善了 A 公司和 B 公司的借款利率，每年都少支付 0.25%，因此利率互换节约的总成本为每年 0.5%。这可以预先算出，因为利率互换潜在节约的总成本是 a-b，其中 a 为两个公司按固定利率计算的利率差，b 为两个公司按浮动利率计算的利率差。本例中，a=1.2%，b=0.7%。

可见，利率互换既可以满足不同的筹资需求，也可以发挥交易双方的比较优势，使交易双方实现双赢。

第九章

股指期货及其他权益类衍生品

权益类衍生品是以权益类资产为标的资产的衍生品。其中，权益类资产一般指股票、股票指数，也可以是股权、股指期货等其他金融工具。权益类衍生品主要包括权益类远期、权益类期货、权益类期权、权益类互换及其他权益类衍生产品。作为一类重要的资产工具，权益类衍生品在投资理财、融资服务和风险管理等方面都发挥着重要的作用。

股指期货作为典型的权益类衍生品，是目前全世界交易最活跃的衍生品之一。2010 年 4 月 16 日，我国第一个股指期货——沪深 300 股指期货在中国金融期货交易所上市交易。上市后其市场交易额一度超过国内所有商品期货的交易总额，占据我国国内期货市场交易的半数以上。目前，沪深 300 股指期货已经成为广大市场参与者配置资产和防范风险的重要金融工具。随后，中国金融期货交易所为满足投资者进行套期保值和风险管理的需要，以及丰富投资者构建投资组合所需投资标的的需要等市场需求，于 2015 年 4 月 16 日推出了上证 50 股指期货和中证 500 股指期货的交易。上海证券交易所于 2015 年 2 月 9 日推出了上证 50ETF 期权合约的交易。一系列权益类衍生品的上市，丰富了市场的交易品种，是对现有衍生工具的有益补充，灵活便捷地实现了客户的投资管理和风险管理的目标，提高了市场交易效率。

本章重点考察以沪深 300 股指期货为重点的股指期货合约条款的主

要内容、合约的收益风险特点及其交易规则，介绍股指期货套期保值和套利交易的操作要点，同时介绍股指期权、股指期货期权、股票收益互换等其他权益类衍生品。

第一节 股指期货

一 股票指数及股指期货

股票指数（Stock Index，简称股指），是反映和衡量所选择的一组股票的价格的平均变动的指标。不同股票市场有不同的股票指数，同一股票市场也可以有多个股票指数。不同股票指数除了其所代表的市场组合可能不同之外，另一主要区别是它们的具体编制方法可能不同，即具体的抽样和计算方法不同。一般而言，在编制股票指数时，首先需要从所有上市股票中选取一定数量的样本股票。在确定了样本股票之后，还要选择一种计算简便、易于修正并能保持统计口径一致和连续的计算公式作为编制工具。通常的计算方法有三种：算术平均法、加权平均法和几何平均法。在此基础上，确定一个基期日，并将某一既定的整数（如10、100、1 000等）定为该基期的股票指数。然后，根据各时期的股票价格和基期股票价格的对比，计算出升降百分比，得出该时点的股票指数。

世界上著名的股票指数包括道琼斯工业平均指数（DJIA）、标准普尔500指数（Standard and Poor's 500 Index，S&P500）、纽约证交所综合股票指数（New York Stock Exchange Composite Index）、道琼斯欧洲STOXX50（DJ Euro STOXX 50）指数、英国的金融时报指数（FT－SE100）、日本的日经225股价指数（Nikkei225）、中国香港的恒生指数（Hang Sheng Index）等。在我国境内常用的股票指数有沪深300指数、上证50指数、中证500指数、上证综合指数、深证综合指数、上证180指数、深证成分指数等。在这些世界最著名的股票指数中，道琼斯工业平均指数与日经225股价指数的编制采用算术平均法，而其他指数都采用加权平均法编制。它们各自反映不同市场的股票价格运动和变化趋势，成为各种机构和一般投资者了解市场和进行投资选择的重要指标和依据。

股指期货（Stock Index Futures，即股票价格指数期货，也可称为股价指数期货），是指以股票指数为标的资产的标准化期货合约。双方约定在未来某个特定的时间，可以按照事先确定的股价指数的大小，进行标的指数的买卖。股指期货交易的标的物是股票价格指数。自1982年2月美国堪萨斯期货交易所上市价值线综合平均指数期货交易以来，股指期货日益受到各类投资者的重视，交易规模迅速扩大，交易品种不断增加。目前，股指期货交易已成为金融期货——也是所有期货交易品种中的重要品种。

股指期货与其他期货在产品定价、交易规则等方面并无大的区别。但是，由于股指期货有着特殊的标的物，在某些具体的细节上，股指期货也有一定的特殊性。

第一，像股票指数现货交易一样，股指期货以指数点数报出，期货合约的价值由所报点数与每个指数点所代表的金额相乘得到。每一股指期货合约都有预先确定的每点所代表的固定金额，这一金额称为合约乘数。因此，股指期货合约的规模是不确定的，它会随着股指期货市场点数的变化而变化。

第二，指数期货没有实际交割的资产，指数是由多种股票组成的组合；合约到期时，不可能将所有标的股票拿来交割，故而只能采用现金交割。

第三，与利率期货相比，由于股价指数波动大于债券，而期货价格与标的资产价格紧密相关，股指期货价格波动要大于利率期货。

由于股票价格波动频繁，投资者和经营者都必须密切关注股票市场的变化，从而及时调整投融资策略和资产配置，降低风险并增加收益。相对于现货市场，股指期货具有流动性好、交易成本低、对市场冲击小等特点。因此，投资者和经营者可以利用股指期货与股票、股票组合等其他金融工具构建各种灵活的组合方式来实现风险管理。股指期货的应用领域主要有套期保值、投机套利和资产管理三个方面。

（一）套期保值

利用股指期货进行套期保值，可以降低投资组合的系统性风险。它不仅可以对现货指数进行套期保值，而且可以对单只股票或特定的股票组合进行套期保值。由于灵活的开平仓交易制度，这种套期保值操作简单，调整及时，而且，在套期保值的过程中，投资者还可以根据意愿，灵活调节整个资产组合的风险大小。

（二）投机套利

股指期货与股票指数之间以及不同的股指期货之间存在密切的价格联系。当市场价格与它们之间合理的价格关系暂时发生背离时，投资者就可以抓住时机，买进价格被低估的资产，卖出价格被高估的资产，待市场理性回归时，做相反的操作，实现盈利。另外，投资者如果能够比较有把握地预测某种股指期货未来的价格走势，也可以在价格低估时买进，之后卖出；或者价格高估时卖出，之后买进，以实现投机盈利。与股票现货市场上的投机相比，在股指期货市场投机所需资金量少，操作便利，而且由于期货投资的杠杆效应，这种投机具有成倍放大收益的作用。

（三）作为组合管理或企业发行或回购股票的工具

对于各种投资基金等机构性投资者来说，股指期货是一个重要而灵活的资产配置和管理工具。比如，如果一个投资经理管理一个规模庞大的多元化证券组合。假如该经理长期看好该组合，但是又预测市场有短期下跌的风险，既担心市场的短期下跌给他带来损失，又希望长期持有组合，那么，他可以用股指期货进行短期套期保值，待风险期过后，平仓期货，恢复对原组合的持有。这样，就可以避免仅在股市操作带来的不便。其实，如果仅在股市操作，可能根本就不能实现长期持有和短期避险的双重目的。除此之外，上市公司在增发或回购股票时，也可以借助股指期货的买卖，帮助自己实现目的。以上市公司增发股票为例。上市公司增发股票，在市场状态较好时更容易实现。但在“熊市”中，常规增发是很难进行的。为实现增发目的，上市公司可采用单独回购或者与承销商合作等适度买进自己公司的股票，将股票价格维持在“合理”范围一段时间的方式，增加本公司股票的吸引力，直到完成融资增发。但这样做在股市震荡剧烈或者向不利方向发展时，容易使公司蒙受重大损失。为兼顾二者，上市公司可以同时卖出股指期货合约，对股票相应头寸进行套期保值，来规避股市系统风险，最大限度地保证增发计划的高效完成，为上市公司及时主动、最大限度地增发配股提供帮助。

二　国内主要的股指期货品种

（一）沪深 300 指数期货

沪深 300 指数期货是中国金融期货交易所推出的第一份金融期货合约。推出以来，交易活跃、平稳，交易规模逐年扩大，已经成为我国乃至国际股指期货市场的重要产品。上市以来，沪深 300 指数期货合约的条款已经过几次调整，表 9－1 是目前条款的主要内容。

表 9－1　　沪深 300 指数期货合约

合约标的	沪深 300 指数
合约乘数	每点 300 元
报价单位	指数点
最小变动价位	0.2 点
合约月份	当月、下月及随后两个季月
交易时间	上午 09:15～11:30，下午 13:00～15:15
最后交易日交易时间	上午 09:15～11:30，下午 13:00～15:00
每日价格最大波动限制	上一个交易日结算价的 ±10%
最低交易保证金	合约价值的 8%
最后交易日	合约到期月份的第 3 个周五，遇法定节假日顺延
交割日期	同最后交易日

续表

交割方式	现金交割
交易代码	IF
上市交易所	中国金融期货交易所

（二）中证500股指期货

中证500股指期货的推出旨在综合反映沪深证券市场内中小市值公司的整体状况，中证500指数由全部A股中剔除沪深300指数成分股及总市值排名前300名的股票后，总市值排名靠前的500只股票组成。中证500股指期货合约于2015年4月16日正式挂牌交易，与沪深300股指期货合约相比只是在合约乘数上存在区别，其余合约条款一样，表9－2是该合约条款的主要内容。

表9－2　　中证500股指期货合约表

合约标的	中证500指数
合约乘数	每点200元
报价单位	指数点
最小变动价位	0.2点
合约月份	当月、下月及随后两个季月
交易时间	上午9:15～11:30，下午13:00～15:15
最后交易日交易时间	上午9:15～11:30，下午13:00～15:00
每日价格最大波动限制	上一个交易日结算价的±10%
最低交易保证金	合约价值的8%
最后交易日	合约到期月份的第三个周五，遇法定节假日顺延
交割日期	同最后交易日
交割方式	现金交割
交易代码	IC
上市交易所	中国金融期货交易所

（三）上证50股指期货

上证50股指期货的推出旨在反映上海证券市场最具市场影响力的一批龙头企业的整体状况，上证50指数由全上海证券市场规模大、流动性好的最具代表性的50只股票组成。上证50股指期货合约于2015

年 4 月 16 日正式挂牌交易，与中证 500 股指期货相比，其在合约乘数上存在一定区别，其余合约条款一样，表 9－3 是该合约条款的主要内容。

表 9－3　　上证 50 股指期货合约表

合约标的	上证 50 指数
合约乘数	每点 300 元
报价单位	指数点
最小变动价位	0.2 点
合约月份	当月、下月及随后两个季月
交易时间	上午 9:15～11:30，下午 13:00～15:15
最后交易日交易时间	上午 9:15～11:30，下午 13:00～15:00
每日价格最大波动限制	上一个交易日结算价的 ±10%
最低交易保证金	合约价值的 8%
最后交易日	合约到期月份的第三个周五，遇法定节假日顺延
交割日期	同最后交易日
交割方式	现金交割
交易代码	IH
上市交易所	中国金融期货交易所

三　合约条款及交易规则

（一）合约乘数

一张股指期货合约的合约价值用股指期货指数点乘以某一既定的货币金额表示，这一既定的货币金额称为合约乘数。股票指数点越大，或合约乘数越大，股指期货合约价值也就越大。沪深 300 指数期货的合约乘数为每点人民币 300 元。当沪深 300 指数期货指数点为 2 300 点时，合约价值等于 2 300 点乘以 300 元，即 69 万元；当指数点为 3 000 点时，合约价值等于 3 000 点乘以 300 元，即 90 万元。中证 500 股指期货、上证 50 股指期货的合约乘数分别为每点人民币 200 元、300 元。因此，与其他期货品种有着固定的合约规模不同，股指期货的规模是随着股指期货价格的变化而变化的。

（二）报价方式与最小变动价位

股指期货合约以指数点报价。以沪深 300 股指期货为例，交易指令分为市价指令、限价指令及交易所规定的其他指令。交易指令每次最小下单数量和最大下单数量根据中国金融期货交易所的规定而变动。报价变动的最小单位即为最小变动价位，合约交易报价指数点必须是最小变动价位的整数倍。沪深 300 指数期货的最小变动价位为 0.2 点，意味着合约交易报价的指数点必须为 0.2 点的整数倍。每张合约的最小变动值为 0.2 乘以 300 元，即 60 元。中证 500 股指期货和上证 50 股指期货的最小变动价位都是 0.2 点，但每张合约的最小变动值分别为 40 元、60 元。

（三）合约月份

股指期货的合约月份是指股指期货合约到期进行交割所在的月份。不同国家和地区股指期货合约月份的设置不尽相同。在境外期货市场上，股指期货合约月份的设置主要有两种方式：一种是季月模式（季月是指 3 月、6 月、9 月和 12 月）。欧美市场采用的就是这种设置方式，如芝加哥商业交易所的 S&P500 指数期货的合约月份以 3 月、6 月、9 月、12 月为循环月份，如果当前时间是 2015 年 1 月，S&P500 指数期货的合约月份为 2015 年 3 月、6 月、9 月、12 月和 2016 年 3 月、6 月、9 月、12 月。另外一种是以近期月份为主，再加上远期季月。如我国香港地区的恒生指数期货和我国台湾地区的台指期货的合约月份就是两个近月和两个季月。

沪深 300 指数期货合约的合约月份为当月、下月及随后两个季月，共 4 个月份合约。如果当前时间是 2015 年 1 月 13 日，那么期货市场上同时有以下 4 个合约在交易：IF1501、IF1502、IF1503、IF1506。这 4 个合约中，IF1501、IF1502 是当月和下月合约；IF1503、IF1506 是随后两个季月合约。同样，中证 500 股指期货和上证 50 股指期货的合约月份也是当月、下月及随后两个季月。

（四）每日价格最大变动限制

为了防止价格大幅波动所引发的风险，国际上通常对股指期货交易规定每日价格最大波动限制。比如，新加坡交易的日经225指数期货规定当天的涨跌幅度不超过前一交易日结算价±2 000点。但并非所有交易所都采取每日价格波动限制，例如我国香港地区的香港恒生指数期货、英国的FT-SE100指数期货交易就没有此限制。

沪深300指数期货的每日价格波动限制为上一交易日结算价的±10%。季月合约上市首日涨跌停板幅度为挂盘基准价的±20%。上市首日有成交的，于下一交易日恢复到合约规定的涨跌停板幅度；上市首日无成交的，下一交易日继续执行前一交易日的涨跌停板幅度。沪深300指数期货合约最后交易日涨跌停板幅度为上一交易日结算价的±20%。同样，中证500股指期货与上证50股指期货的每日价格波动限制为上一交易日结算价的±10%，合约最后交易日涨跌停板幅度为上一交易日结算价的±20%。另外，以上三种股指期货合约都实行熔断制度，都以中证指数有限公司编制和发布的沪深300指数作为基准指数，设置5%和7%两档熔断幅度。

（五）保证金

合约交易保证金是指投资者进行期货交易时缴纳的用来保证履约的资金，一般占交易合约价值的一定比例。

沪深300指数期货的交易保证金最初设定为12%。上市之初，按照中国证监会“高标准、稳起步”的指示精神，在12%最低保证金标准的基础上，中国金融期货交易所实际收取的交易保证金甚至上浮到15%。随着这一期货品种几年来的稳健运行，为降低交易成本，提高市场的资金使用效率，中国金融期货交易所已将沪深300指数期货所有合约的交易保证金标准统一调整至10%，并将沪深300指数期货合约最低保证金标准下调至8%。同样，中证500股指期货和上证50股指期货合约的保证金均为8%。

（六）持仓限额

沪深300股指期货的持仓限额，是指交易所规定的会员或者客户对某一合约单边持仓的最大数量。同一客户在不同会员处开仓交易，其在某一合约单边持仓合计不得超出该客户的持仓限额。会员和客户的股指期货合约持仓限额由中金所出台具体规定。

（七）投资者适当性制度

沪深300股指期货市场实行股指期货投资者适当性制度。该制度按照“把适当的产品销售给适当的投资者”的原则，从资金实力、投资经历、知识测试等方面对投资者进行了限制性的规定，从而减少了中小投资者因盲目参与而遭受较大损失的可能性。股指期货投资者适当性制度主要包含以下要点：（1）自然人申请开户时保证金账户可用资金余额不低于人民币50万元；（2）具备股指期货基础知识，开户测试不低于80分；（3）具有累计10个交易日、20笔以上的股指期货仿真交易成交记录，或者最近三年内具有10笔以上的商品期货交易成交记录。对于一般法人及特殊法人投资者申请开户除具有以上三点要求外，还应该具备：（1）一般法人投资者申请开户，净资产不低于人民币100万元；（2）一般法人申请开户，还应当具备相应的决策机制和操作流程；决策机制主要包括决策的主体与决策程序，操作流程应当明确业务环节、岗位职责以及相应的制衡机制；（3）特殊法人投资者申请开户，还应当提供相关监管机构、主管机构的批准文件或者证明文件。

第二节 股指期货套期保值交易

一 最优套期保值比率与β系数

如果像我们前面在商品期货套期保值中一直假设的那样，在使用期货合约对现货交易进行套期保值时，所使用合约的标的资产与所交易的现货资产一致，而现货资产与期货合约的交易金额以及保值期限与期货的到期期限都相同，那么，就可以实现完全消除价格风险的目的，从达到完美套期保值的目的。但是，现实中往往不能实现这种完美的套期保值。比如，我们有时要为某项现货交易进行套期保值，市场上却不存在以该资产为标的的期货合约，这时，我们只能选择标的资产与这种资产高度相关的期货作为保值工具，这种套期保值称为交叉套期保值。又比如，我们要保值的资产的数量或期限不能与用来套期保值的期货的数量或期限完全匹配。交叉套期保值以及套期保值数量或期限的不匹配都会影响套期保值的实现程度。这时候，为尽可能减少价格风险，就必须选择最优的期货合约，选择最合理的套期保值头寸。我们把用于套期保值的期货合约头寸与被套期保值的资产头寸的比例称为套期保值比率。而能够最有效、最大限度地消除被保值对象价格变动风险的套期保值比率称为最优套期保值比率。

用股指期货进行的套期保值多数是交叉套期保值。因为投资者只有买卖指数基金或严格按照指数的构成买卖一揽子股票，才能做到与股指期货的完全对应。事实上，对绝大多数的股市投资者而言，很少会完全按照指数成分股来构建股票组合。因此，要有效地对投资者的股票组合进行保值，需要确定一个合理买卖股指期货合约的数量，也就是说，必须确定最优套期保值比率。这需要引入 β 系数这一概念。

（一）单个股票的 β 系数

β 系数是测度股票的市场风险的传统指标。β 系数的定义是股票的收益率与整个市场组合的收益率的协方差和市场组合收益率的方差的比值。即：对于股票 i，其 β 系数为：

$$\beta_i = \frac{Cov(R_i, R_m)}{Var(R_m)}$$

其中，R_m 是包括所有股票的整个市场的收益率，R_i 是股票 i 的收益率。股票的 β 系数可以用线性回归的方法来得到。给定一组股票 i 与整体市场组合收益率的历史观测值 R_{it} 和 R_{mt}，做回归得下式：

$$R_{it} = \alpha + \beta R_{mt} + \varepsilon_{it}$$

得到的系数 β 即是对股票 i 的 β 系数的估计。

β 系数显示股票的价值相对于市场价值变化的相对大小，也称为股票的相对波动率。β 系数大于 1，说明股票比市场整体波动性高，因而其市场风险高于平均市场风险；β 系数小于 1，说明股票比市场整体波动性低，因而其市场风险低于平均市场风险。

（二）股票组合的 β 系数

当投资者拥有一个股票组合时，就要计算这个组合的 β 系数。假定一个组合 P 由 n 个股票组成，第 i 个股票的资金比例为 X_i（$X_1+X_2+\cdots+X_n=1$）；β_i 为第 i 个股票的 β 系数。则有：$\beta=X_1\beta_1+X_2\beta_2+\cdots+X_n\beta_n$。注意，$\beta$ 系数是根据历史资料统计而得到的，在应用中，通常就用历史的 β 系数来代表未来的 β 系数。股票组合的 β 系数比单个股票的 β 系数可靠性要高，这一点对于预测应用的效果来说也是同样的。在实际应用中，为了提高预测能力，有时还会对 β 系数做进一步的修改与调整。

（三）最优套期保值比率的确定

基本的最优套期保值比率是最小方差套期保值比率，即使得整个套期保值组合（包括用于套期保值的资产部分）收益的波动最小化的套期保值比率，具体体现为整个资产组合收益的方差最小化。研究表明，当用来进行套期保值的股指期货的标的股指与整个市场组合高度相关时，股票或股票组合的 β 系数就是股指期货最小方差套期保值比率的一个良好近似。也就是说，这时，可以把 β 系数用做最优套期保值比率。比如，在美国，用 S&P500 指数期货为特定股票或股票组合进行套期保值时，就可以用被保值股票或股票组合的 β 系数作为最优套期保值比率。在我国市场上，用沪深 300 指数期货进行套期保值，同样可以用被保值股票或股票组合的 β 系数作为最优套期保值比率。这样，在给定被保值股票或股票组合的 β 系数的情况下，就可以计算套期保值时所需要买入或卖出的股指期货合约的数量，即：

$$\text{买卖期货合约数量}=\beta\times\frac{\text{现货总价值}}{\text{期货指数点}\times\text{每点乘数}}$$

其中，公式中的“期货指数点×每点乘数”实际上就是一张期货合约的价值。从公式中不难看出：当现货总价值和期货合约的价值已定下来后，所需买卖的期货合约数就与 β 系数的大小有关，β 系数越大，所需的期货合约数就越多；反之，则越少。

二　股指期货卖出套期保值

卖出套期保值是指交易者为了回避股票市场价格下跌的风险，通过在期货市场卖出股票指数期货合约的操作，而在股票市场和期货市场上建立盈亏冲抵机制。进行卖出套期保值的情形主要是：投资者持有股票组合，担心股市大盘下跌而影响股票组合的收益。

【例9－1】 国内某证券投资基金在某年9月2日时，其收益率已达到26%，鉴于后市不太明朗，下跌的可能性很大，为了保持这一业绩到12月，决定利用沪深300指数期货实行保值。假定其股票组合的现值为2.24亿元，并且其股票组合与沪深300指数的β系数为0.9。假定9月2日时的现货指数为3400点，而12月到期的期货合约为3650点。该基金首先要计算卖出多少期货合约才能使2.24亿元的股票组合得到有效保护。

$$应该卖出的期货合约数 = 0.9 \times \frac{224\ 000\ 000}{3\ 650 \times 300} \approx 184\ (张)$$

12月2日，现货指数跌到2200点，而期货指数跌到2290点（现货指数跌1200点，跌幅为35.29%，期货指数跌1360点，跌幅为37.26%），这时该基金买进184张期货合约进行平仓，则该基金的损益情况为：股票组合市值缩水35.29%×0.9＝31.76%，市值减少为1.5286亿元，减少市值0.7114亿元；期货合约上赢得184×1360×300÷100 000 000＝0.75072（亿元），实现避险目的（见表9－4）。

表9－4　　股指期货卖出套期保值

日期	现货市场	期货市场
9月2日	股票总值2.24亿元，沪深300现指为3400点	卖出184张12月到期的沪深300指数期货合约，期指为3650点，合约总值为：184×3650×300÷100 000 000＝2.0148亿元
12月2日	沪深300现指跌至2200点，该基金持有的股票价值缩水为1.5286亿元	买进184张12月到期的沪深300指数期货合约平仓，期指为2290点，合约总值为：184×2290×300÷100 000 000＝1.26408亿元
损益	－0.7114亿元	0.75072亿元

如果到了 12 月 2 日，股票指数和股指期货合约价格都上涨了，结果便是期货市场出现亏损，但股票组合升值，盈亏相抵之后，基本上仍能实现当初的愿望，即保持以往的收益业绩。

三　股指期货买入套期保值

买入套期保值是指交易者为了回避股票市场价格上涨的风险，通过在期货市场买入股票指数的操作，在股票市场和期货市场上建立盈亏冲抵机制。进行买入套期保值的情形主要是：投资者在未来计划持有股票组合，担心股市大盘上涨而使购买股票组合成本上升。

【例 9－2】 某机构在 4 月 15 日得到承诺，6 月 10 日会有 300 万元资金到账。该机构看中 A、B、C 三只股票，现在价格分别为 20 元、25 元、50 元，如果现在就有资金，每个股票投入 100 万元就可以分别买进 5 万股、4 万股和 2 万股。由于现在处于行情看涨期，他们担心资金到账时，股价已上涨，就买不到这么多股票了。于是，采取买进股指期货合约的方法锁定成本。

假定相应的 6 月到期的期指为 2500 点，每点乘数为 100 元。三只股票的 β 系数分别为 1.5、1.3 和 0.8，则首先得计算应该买进多少期指合约。

$$\text{三只股票组合的 } \beta \text{ 系数} = 1.5 \times \frac{1}{3} + 1.3 \times \frac{1}{3} + 0.8 \times \frac{1}{3} = 1.2$$

$$\text{应该买进期指合约数} = 1.2 \times \frac{3000\,000}{2500 \times 100} = 14.4 \text{（张）} \approx 15 \text{（张）}$$

6 月 10 日，该机构如期收到 300 万元，这时现指与期指均已涨了 10%，即期指已涨至 2750 点，而三只股票分别上涨至 23 元（上涨 15%）、28.25 元（上涨 13%）、54 元（上涨 8%）。如果仍旧分别买进 5 万股、4 万股和 2 万股，则共需资金：$23 \times 5 + 28.25 \times 4 + 54 \times 2 = 336$（万元），显然，资金缺口为 36 万元。

由于他们在指数期货上做了多头保值，6 月 10 日将期指合约卖出平仓，共计可得：$15 \times (2750 - 2500) \times 100 = 37.5$（万元），弥补资金缺口后尚有余裕。可见，通过套期保值，该机构基本上可以把一个多月后买进股票的价格锁定在4月15日的水平上。同样，如果到时股指和股票价格都跌了，实际效果仍旧如此。这时，该机构在期指合约上亏损，但由于股价低了，扣除亏损的钱后，余额仍旧可以买到足额的股票数量。表9－5仅列出价格上涨时的情况。

表9－5　　股指期货买入套期保值

日期	现货市场	期货市场
4月15日	预计6月10日可收到300万元，准备购进A、B、C三只股票，当天三只股票的市场价为： A股票20元，β系数1.5 B股票25元，β系数1.3 C股票50元，β系数0.8 按此价格，各投资100万元，可购买： A股票5万股 B股票4万股 C股票2万股	买进15张6月到期的指数期货合约，期指点为2500点，合约总值为$15 \times 2500 \times 100 \div 10000 = 375$万元
6月10日	收到300万元，但股票价格已上涨至： A股票23元（上涨15%） B股票28.25元（上涨13%） C股票54元（上涨8%） 如仍按计划数量购买，资金缺口为36万元	卖出15张6月到期的指数期货合约平仓，期指为2750点，合约总值为$15 \times 2750 \times 100 \div 10\,000 = 412.5$万元
损益	－36万元	37.5万元

第三节　股指期货投机与套利交易

一　股指期货投机

股指期货市场的投机交易是指交易者根据对股指期货合约价格的变

动趋势做出预测，通过看涨时买进股指期货合约，看跌时卖出股指期货合约而获取价差收益的交易行为。股指期货的投机交易在流程和形式上与商品期货的投机交易类似，第五章中已有详细介绍，此处不再赘述。但由于股指期货的标的是股票指数，其反映的信息面更为广泛，交易者应做好对各种经济信息的研究，综合研判股指期货的价格走势。

一般而言，分析股指期货价格走势有两种方法：基本面分析方法和技术面分析方法。基本面分析方法重在分析对股指期货价格变动产生影响的基本面因素，这些因素包括国内外政治因素、经济因素、社会因素、政策因素、行业周期因素等多个方面，通过分析基本面因素的变动对股指可能产生的影响来预测和判断股指未来变动方向。技术分析方法重在分析行情的历史走势，以期通过分析当前价和量的关系，再根据历史行情走势来预测和判断股指未来变动方向。通常情况下，股指期货的成交量、持仓量和价格的关系见表9－6。

表9－6　　股指期货量价关系

价格	交易量	持仓量	市场趋向
上涨	增加	上升	新开仓增加，多头占优
上涨	减少	上升	新开仓增加，空头占优
下跌	增加	下降	平仓增加，空头占优
下跌	减少	下降	平仓增加，多头占优
上涨	不活跃	上升	多头占优，但优势不明显
上涨	减少	上升	空头占优，但优势不明显
下跌	不活跃	下降	空头可能被逼平仓
下跌	增加	下降	多头可能被逼平仓

基本面分析方法和技术面分析方法各有优劣，一般在进行投机交易时需要将两种方法有机结合，以提高判断的准确率。

二　股指期货期现套利

股指期货合约的理论价格由其标的股指的价格、收益率和无风险利率共同决定。在正常情况下，期货指数与现货指数维持一定的动态关系。但是，在现实中，由于各种因素的影响，股票指数与期货指数都在不断的变化，期货与现货价格关系经常偏离其应有的水平。当这种偏离超出一定的范围时，就会产生套利机会。交易者可以利用这种套利机会从事套利交易，获取无风险利润。

在判断是否存在期现套利机会时，依据现货指数来确定股指期货理论价格非常关键，只有当实际的股指期货价格高于或低于理论价格时，套利机会才有可能出现。

（一）股指期货合约的理论价格

根据期货理论，期货价格与现货价格之间的价差主要是由持仓费决定的。股指期货也不例外。假定甲拥有一笔市场流动性极好的基础资产（Underlying Asset），现在市场价值为 1 万元。乙想获得这份资产，与甲签订买卖协议。如果买卖是即时的，则定价问题极易解决，就是 1 万元。但如果签订的是一份 3 个月后交割的远期合约，该如何定价呢？站在甲的立场上看，1 万元肯定太低，因为还不如现在卖给他人，取得现款后将其贷出，3 个月后的本利和不止 1 万元。所以，站在甲的立场上看，远期合约价格必须考虑在资产持有期中发生的成本，即持有成本（Cost of Carry）。假定持有成本由资金成本和储存成本组成，当市场年利率为 6% 时，按单利计算，3 个月的利率为 1.5%，相应的利息为 150 元。又假设期末应付出的储存费为 100 元，对甲来说，10 250 元的要价是合理的。低于这个价格，甲是不会答应的。同样，站在乙的立场上考虑，如果签约价格高于 10 250 元，还不如现在贷款借入 1 万元，买下这份资产，3 个月后，还掉本利和 10 150 元（假定利率同前），再支付 100 元的储存费，总计价格也不过是 10 250 元。显然，10 250 元的签约价格对甲、乙双方而言都是可以接受的，也是公平合理的价格。这种考虑资产持有成本的远期合约价格，就是所谓远期合约的“合理价格”（Fair Price），也称为远期合约的理论价格（Theoretical Price）。

对于股票这种基础资产而言，由于它不是有形商品，故不存在储存成本。但其持有成本同样有两个组成部分：一项是资金占用成本，这可以按照市场资金利率来度量；另一项则是持有期内可能得到的股票分红红利。然而，由于这是持有资产的收入，当将其看作成本时，只能是负值成本。前项减去后项，便可得到净持有成本。当前项大于后项时，净持有成本大于零；反之，当前项小于后项时，净持有成本便小于零。平均来看，市场利率总是大于股票分红率的，故净持有成本通常是正数。但是，如果考察的时间较短，期间正好有一大笔红利收入，则在短时期中，有可能净持有成本为负。

【例 9－3】 买卖双方签订一份3个月后交割一揽子股票组合的远期合约，该一揽子股票组合与沪深300指数构成完全对应，现在市场价值为99万元，即对应于沪深300指数3300点（沪深期货合约的乘数为300元）。假定市场年利率为6%，且预计一个月后可收到6 600元现金红利，该远期合约的合理价格计算过程是：

资金占用99万元，相应的利息为990 000×6%×3÷12＝14 850（元），一个月后收到红利6 600元，再计剩余两个月的利息为6 600×6%×2÷12＝66（元），本利和共计为6 666元；净持有成本＝14 850－6 666＝8 184（元）；该远期合约的合理价格应为990 000＋8 184＝998 184（元）。

如果将上述金额用指数点表示，则为：99万元相当于3300指数点；3个月的利息为3 300×6%×3÷12＝49.5（个指数点）；红利6 600元相当于22个指数点，再计剩余两个月的利息为22×6%×2÷12＝0.22（个指数点），本利和共计为22.22个指数点；净持有成本为49.5－22.22＝27.28（个指数点）；该远期合约的合理价格应为3 300＋27.28＝3 327.28（个指数点）。

期货合约与远期合约同样具有现时签约并在日后约定时间交割的性质。尽管两者之间有一定的区别，但从交易者可以选择最后参与交割来看，其定价机制并没有什么差别。事实上，可以用严格的数学方法来证明，在一系列合理的假设条件下，股指期货合约的理论价格与远期合约的理论价格是一致的。

股指期货理论价格的计算公式可表示为：

$$F(t,T) = S(t) + S(t)\cdot(r-d)\cdot(T-t)/365$$
$$= S(t)[1+(r-d)\cdot(T-t)/365]$$

其中：t 为所需计算的各项内容的时间变量；T 代表交割时间；$T-t$ 就是 t 时刻至交割时的时间长度，通常以天为计算单位，而如果用1年的 365 天去除，$(T-t)/365$ 的单位显然就是年了；$S(t)$ 为 t 时刻的现货指数；$F(t,T)$ 表示 T 时交割的期货合约在 t 时的理论价格（以指数表示）；r 为年利息率；d 为年指数股息率。

相关的假设条件有：暂不考虑交易费用，期货交易所需占用的保证金以及可能发生的追加保证金也暂时忽略；期、现两个市场都有足够的流动性，使得交易者可以在当前价位上成交；融券以及卖空极易进行，且卖空所得资金随即可以使用。

计算公式（以指数表示）如下：

持有期利息公式为：

$S(t)\cdot r\cdot(T-t)/365$

持有期股息收入公式为：

$S(t)\cdot d\cdot(T-t)/365$

持有期净成本公式为：

$S(t)\cdot r\cdot(T-t)/365-S(t)\cdot d\cdot(T-t)/365$

$=S(t)\cdot(r-d)\cdot(T-t)/365$

注意：在计算时既可以采用单利计算法，也可以采用复利计算法。但从实际效果来看，由于套利发生的时间区间通常都不长，两者之间的差别并不大。

（二）股指期货期现套利操作

股指期货合约实际价格恰好等于股指期货理论价格的情况比较少，多数情况下股指期货合约实际价格与股指期货理论价格总是存在偏离。当前者高于后者时，称为期价高估（Overvalued），当前者低于后者时称为期价低估（Undervalued）。

1. 期价高估与正向套利

当存在期价高估时，交易者可通过卖出股指期货同时买入对应的现货股票进行套利交易，这种操作称为“正向套利”。假定数据同上，但实际沪深 300 股票指数期指为 3347.28 点，高出理论期指 20 点。这时交易者可以通过卖出沪深 300 指数期货，同时买进对应的现货股票进行套利交易。步骤为：

（1）卖出一张沪深300指数期货合约，成交价位3347.28点，同时以6%的年利率贷款99万元，买进相应的一揽子股票组合。

（2）一个月后，将收到的6 600元股息收入按6%的年利率贷出。

（3）再过两个月，即到交割期，将沪深300指数期货对冲平仓，将一揽子股票卖出，并收回贷出的6 600元的本利。注意，在交割时，期、现货价格是一致的。

（4）还贷。99万元3个月的利息为14 850元，需还贷本利和共计1 004 850元。

表9－5列出了交割时指数值在不同的3种情况下的盈亏状况：情况A的交割价高于原期货实际成交价（3347.28点），情况C的交割价低于原期货实际成交价（3347.28点），情况B的交割价等于原期货实际成交价（3347.28点）。

从表9－7中可以看出，无论在哪种情况下，此种操作的盈利都是固定的6 000元，恰是实际期价与理论期价之差（3 347.28－3 327.28）×300＝6 000（元），实现了无风险的套利。

表9－7　　期价高估时的套利情况表

	情况A	情况B	情况C
交割价	3367.28点	3347.28点	3317.28点
现货市场收回现金（卖出股票组合获得现金＋6 600元股息贷款收回现金）	3367.28×300＋6 600×（1＋6%×2/12）＝1 016 850元	3347.28×300＋6 600×（1＋6%×2/12）＝1 010 850元	3317.28×300＋6 600×（1＋6%×2/12）＝1 001 850元
还贷所需现金（元）	1 004 850	1 004 850	1 004 850
现货盈亏（元）	1 016 850－1 004 850＝12 000	1 010 850－1 004 850＝6 000	1 001 850－1 004 850＝－3 000
期货盈亏	3347.28－3367.28＝－20（点），即－6 000元	3347.28－3347.28＝0，即盈亏持平	3347.28－3317.28＝300（点），即9 000元
期现盈亏合计（元）	12 000－6 000＝6 000	6 000＋0＝6 000	－3 000＋9 000＝6 000

2. 期价低估与反向套利

当存在期价低估时，交易者可通过买入股指期货的同时卖出对应的现货股票进行套利交易，这种操作称为“反向套利”。假定基本数据同上，实际沪深300股票指数期货为3297.28点，比3327.28点的理论指数低30点。这时交易者可以通过买进期货，同时卖出相应的现货股票组合来套利。具体步骤为：

（1）以3297.28点的价位买进一张沪深300指数期货合约，同时借入一揽子对应的股票在股票市场按现价3300点卖出，得款99万元，再将这99万元按市场年利率6%贷出3个月。

（2）3个月后，收回贷款本利合计1 004 850元，然后在期货市场将沪深300指数期货卖出平仓，同时在现货市场上买进相应的股票组合，将这个股票组合还给原出借者，还必须补偿股票所有者本来应得的分红本利和6 666元。

（3）与正向套利相同，不论最后的交割价为多少，最后实现的盈亏总额都是相同的。设最后交割指数为H，则：

净利 = 收回贷款本利和 − 赔偿分红本利和 + 期货盈亏 − 买回股票组合所需资金

$$= 1\ 004\ 850 - 6\ 666 + (H - 3297.28) \times 300 - H \times 300$$

$$= 998\ 184 + H \times 300 - 3297.28 \times 300 - H \times 300$$

$$= 998\ 184 - 989\ 184 = 9\ 000 \text{（元）}。$$

这笔利润正是理论期价与实际期价之差（3327.28 − 3297.28）× 300 = 9 000（元）。

套利是在期、现两个市场同时反向操作，将利润锁定，不论价格涨跌，都不会因此而产生风险，故常将期现套利交易称为无风险套利，相应的利润称为无风险利润。从理论上讲，这种套利交易是不需资本的，因为所需资金都是借来的，所需支付的利息已经在套利过程中考虑了，故套利利润实际上是已扣除机会成本后的净利润。当然，在以上分析中，略去了一些影响因素，例如交易费用以及融券问题、利率问题等与实际情况是否吻合等，这会在一定程度上影响套利操作和效果。

（三）交易成本与无套利区间

无套利区间是指考虑交易成本后，将期指理论价格分别向上移和向下移所形成的一个区间。在这个区间中，套利交易不但得不到利润，反而可能导致亏损。具体而言，将期指理论价格上移一个交易成本之后的价位称为无套利区间的上界，将期指理论价格下移一个交易成本之后的价位称为无套利区间的下界，只有当实际的期指高于上界时，正向套利才能够获利；反之，只有当实际期指低于下界时，反向套利才能够获利。

假设 TC 为所有交易成本的合计数，则无套利区间的上界应为：

$$F(t,T)+TC=S(t)[1+(r-d)\cdot(T-t)/365]+TC$$

而无套利区间的下界应为：

$$F(t,T)-TC=S(t)[1+(r-d)\cdot(T-t)/365]-TC$$

相应的无套利区间应为：$\{S(t)[1+(r-d)\times(T-t)/365]-TC,\ S(t)[1+(r-d)\times(T-t)/365]+TC\}$。

【例 9－4】 设 $r=5\%$，$d=1.5\%$，6 月 30 日为 6 月期货合约的交割日，4 月 1 日、5 月 1 日、6 月 1 日及 6 月 30 日的现货指数分别为 1 400 点、1420 点、1465 点及 1440 点，这几日的期货理论价格计算如下：

（1）4 月 1 日至 6 月 30 日，持有期为 3 个月，即 3/12 年：

F(4 月 1 日,6 月 30 日) $=1400\times[1+(5\%-1.5\%)\times3\div12]=$ 1412.25（点）

（2）5 月 1 日至 6 月 30 日，持有期为 2 个月，即 2/12 年：

F(5 月 1 日,6 月 30 日) $=1420\times[1+(5\%-1.5\%)\times2\div12]=$ 1428.28(点)

（3）6 月 1 日至 6 月 30 日，持有期为 1 个月，即 1/12 年：

F(6 月 1 日,6 月 30 日) $=1465\times[1+(5\%-1.5\%)\times1\div12]=$ 1469.27(点)

（4）6 月 30 日，期货到期，期、现价格相等，均为 1440 点。

【例 9－5】 基本数据如上例，又假定①借贷利率差 $\Delta r=0.5\%$；②期货合约买卖手续费双边为 0.2 个指数点，同时，市场冲击成本也是 0.2 个指数点；③股票买卖的双边手续费及市场冲击成本各为成交金额的 0.6%，即合计为成交金额的 1.2%，如以指数点表示，则为 1.2% ×

$S(t)$。4 月 1 日、6 月 1 日的无套利区间计算如下：

（1）4 月 1 日：

股票买卖的双边手续费及市场冲击成本为 1400 × 1.2% = 16.8 点；期货合约买卖双边手续费及市场冲击成本为 0.4 个指数点；借贷利率差成本为 1400 × 0.5% × 3 ÷ 12 = 1.75（点）；三项合计，TC = 16.8 + 0.4 + 1.75 = 18.95（点）。无套利区间上界为 1412.25 + 18.95 = 1431.2（点）；无套利区间下界为 1412.25 − 18.95 = 1393.3（点）。无套利区间为 [1393.3, 1431.2]。上下界幅宽为 1431.2 − 1393.3 = 37.9（点）。

（2）6 月 1 日：

股票买卖的双边手续费及市场冲击成本为 1465 × 1.2% = 17.58（点）；期货合约买卖双边手续费及市场冲击成本为 0.4 个指数点；借贷利率差成本为 1465 × 0.5% × 1 ÷ 12 = 0.61（点）；三项合计，TC = 17.58 + 0.4 + 0.61 = 18.59（点）。无套利区间上界为 1469.27 + 18.59 = 1487.86（点）；无套利区间下界为 1469.27 − 18.59 = 1450.68（点）。无套利区间为［1450.68，1487.86］。上下界幅宽为 1487.86 − 1450.68 = 37.18（点）。

无论是从组成 TC 的公式中还是从例题中都不难看出：借贷利率差成本与持有期的长度有关，它随着持有期缩短而减小，当持有期为零时（即交割日），借贷利率差成本也为零；而交易费用和市场冲击成本却是与持有期的长短无关的，即使到交割日，它也不会减少。因而，无套利区间的上下界幅宽主要是由交易费用和市场冲击成本这两项所决定的。

（四）套利交易中的模拟误差

准确的套利交易意味着卖出或买进股指期货合约的同时，买进或卖出与其相对应的股票组合。与使用股指期货进行的套期保值通常是交叉套期保值一样，在套利交易中，实际交易的现货股票组合与指数的股票组合也很少会完全一致。这时，就可能导致两者未来的走势或回报不一致，从而导致一定的误差。这种误差，通常称为模拟误差。

模拟误差来自两方面。一方面是因为组成指数的成分股太多，如 S&P500 指数是由 500 只股票所组成的。短时期内同时买进或卖出这么多的股票难度较大，并且准确模拟将使交易成本大大增加，因为对一些成交不活跃的股票来说，买卖的冲击成本非常大。通常，交易者会通过构造一个取样较小的股票投资组合来代替指数，这会产生模拟误差。另一方面，即使组成指数的成分股并不太多，如道琼斯工业指数仅由30只股票所组成，但由于指数大多以市值为比例构造，以及交易最小单位的限制，严格按比例复制很可能根本就难以实现。比如，如果按比例构建组合出现某些股票应买卖100股以下的结果，也就是股市交易规定的最小单位1手以下，就没办法实现。这也会产生模拟误差。

模拟误差会给套利者原先的利润预期带来一定的影响。举例来说，如果期价高出无套利区间上界5个指数点，交易者进行正向套利，理论上到交割期可以稳挣5个指数点，但是如果买进的股票组合（即模拟指数组合）到交割期落后于指数5个指数点，套利者将什么也挣不到。当然，如果买进的股票组合到交割期领先指数5个指数点，那该套利者就将挣到10个指数点。因此，模拟误差会增加套利结果的不确定性，在套利交易活动中，套利者应该给予足够的重视。

三　股指期货跨期套利

跨期套利是在同一交易所同一期货品种不同交割月份期货合约间的套利。同一般的跨期套利相同，它是利用不同月份的股指期货合约的价差关系，买进（卖出）某一月份的股指期货的同时卖出（买进）另一月份的股指期货合约，并在未来某个时间同时将两个头寸平仓了结的交易行为。

（一）不同交割月份期货合约间的价格关系

股指期货一般都有两个到期交割月份以上合约，其中交割月离当前较近的称为近期合约，交割月离当前较远的称为远期合约。当远期合约价格大于近期合约价格时，称为正常市场或正向市场；近期合约价格大于远期合约价格时，称为逆转市场或反向市场。

在正常市场中，远期合约与近期合约之间的价差主要受到持有成本的影响。股指期货的持有成本相对低于商品期货，而且可能收到的股利在一定程度上可以降低股指期货的持有成本。当实际价差高于或低于正常价差时，就存在套利机会。例如，假定3月和2月沪深300指数期货的正常价差为100点，当3月和2月沪深300指数期货的实际价差为200点，明显高于100点的水平，此时可通过买入价格低估合约、同时卖出价格高估合约的做法进行套利，可以获取稳定利润。当然，价差随着套利活动的增加而逐渐减小，直至回归合理价差。

在逆转市场上，两者的价格差主要取决于近期供给相对于需求的短缺程度，以及购买者愿意花费多大代价换取近期合约。

根据以上关系，再结合具体的市场行情及对市场发展趋势的分析预测，就可以判断不同交割月份合约价格间的关系是否正常。如果不正常，无论价差过大还是过小，投资者都可以相机采取套利交易，待价格关系恢复正常时同时对冲了结，以获取套利利润。

（二）股指期货跨期套利的操作

根据期货定价理论，可以推算出不同月份股指期货之间的理论价差。现实中，两者的合理价差可能包含更多因素，但基本原理类似。

设：$F(T_1)$ 为近月股指期货价格；$F(T_2)$ 为远月股指期货价格；S 为现货指数价格；r 为利率；d 为红利率。

则根据期、现价格理论有：

$$F(T_1) = S[1 + (r - d)T_1/365]$$

$$F(T_2) = S[1 + (r - d)T_2/365]$$

可推出：

$$\begin{aligned} F(T_2) - F(T_1) &= S[1 + (r - d)T_2/365] - S[1 + (r - d)T_1/365] \\ &= S(r - d)T_2/365 - S(r - d)T_1/365 \\ &= S(r - d)(T_2 - T_1)/365 \end{aligned}$$

此即为两个不同月份的股指期货的理论价差，当实际价差与理论价差出现明显偏离时，可以考虑进行套利交易，等到价差回归到合理水平时了结头寸结束交易。

由于股指期货的价格受众多因素的影响，实际价格可能会经常偏离理论价格，完全依据理论价格进行套利分析和交易可能会面临较大的不确定性。

股指期货跨月套利也可以完全根据价差/价比分析法进行分析和操

作。通过分析两个不同月份期货合约的价差和价比数据，并观察和统计数据分布区间及其相应概率，当实际价差出现在大概率分布区间之外时，可以考虑建立套利头寸；当价差或价比重新回到大概率区间时，可以平掉套利头寸获利了结。

【例9-6】 假定利率比股票分红高3%，即 $r-d=3\%$。5月1日上午10点，沪深300指数为3000点，沪深300指数期货9月合约为3100点，6月合约价格为3050点，9月期货合约与6月期货合约之间的实际价差为50点，而理论价差为：

$$S(r-d)(T_2-T_1)/365=3000\times3\%\times3/12=22.5(点)$$

因此，投资者认为价差很可能缩小，于是买入6月合约，卖出9月合约。5月1日下午2点，9月合约涨至3150点，6月合约涨至3 120点，9月期货合约与6月期货合约之间的实际价差缩小为30点。在不考虑交易成本的情况下，投资者平仓后每手合约获利为：20×300 = 6 000（元）。

该跨期套利损益见表9-8。

表9-8　　跨期套利损益示意图

5月1日上午10:00	买入1手6月合约，价格为3050点	卖出1手9月合约，价格为3100点	价差50点
5月1日下午2:00	卖出1手6月合约，价格为3120点	买入1手9月合约，价格为3150点	价差30点
每手合约损益	+70点	-50点	价差缩小20点
最终盈亏	盈利20×300=6 000（元）		

第四节　其他权益类衍生品

一　股票期权

股票期权是以股票为标的资产的期权。股票看涨期权给予其持有者在未来确定的时间，以确定的价格买入确定数量股票的权利；股票看跌期权给予其持有者在未来确定的时间，以确定的价格卖出确定数量股票的权利。股票期权的买方在向卖方支付期权费（期权价格）后享有在合约条款规定的时间内执行期权的权利，但没有行权的义务，即当市场价格不利时，可以放弃行权。不行权时，买方的损失就是事先支付的整个期权费。而股票期权的卖方则在买方行权时负有履行合约的义务。

股票期权一般是美式期权。每份期权合约中规定的交易数量一般与股票交易中规定的一手股票的交易数量相当，多数是 100 股。而无论是执行价格还是期权费都以 1 股股票为单位给出。表 9 – 9 给出了 CBOE 交易的股票期权合约文本的基本条款。

表 9 – 9　　CBOE 股票期权基本条款

标的资产	标的股票或 ADRs
合约规模	100 股
执行类型	美式
到期月	两个近期月和两个在 1 月、2 月或 3 月的季度周期中的月份
执行价格间距	在一般情况下，当定约价在 5 美元与 25 美元之间，定约价间隔为 2.5 点，如果定约价在 25 美元与 200 美元之间，定约价间隔为 5 点，如果定约价高于 200 美元，间隔为 10 点。定约价会因为分股和重组等公司事件而调整
最后交易日	个股期权的交易通常终止于到期日之前的那个交易日（一般是星期五）
交割方式	实物交割
交易时间	08:30 ~ 15:00（美国中部时间）

为举例说明报价方式，表 9 – 10 给出了 2015 年 1 月 21 日 CBOE 交易所对部分通用电气股票（GE）的期权报价。

表 9 – 10　　股票期权报价示例

GE 看涨期权

2015 年 1 月（到期日：01/23）

行权价	最新价	变动	买入价	卖出价	成交量	未平仓合约数
GE1523A23.5 – E	0.66	+0.19	0.68	0.71	41	1 533
GE1523A24 – E	0.38	+0.13	0.35	0.38	1 462	6 358
GE1523A24.5 – E	0.14	+0.06	0.14	0.17	560	5 436
GE1523A25 – E	0.04	+0.01	0.05	0.07	362	22 422

GE 看跌期权

2015 年 1 月（到期日：01/23）

行权价	最新价	变动	买入价	卖出价	成价量	未平仓合约数
GE1523M23.5 - E	0.14	-0.04	0.13	0.15	888	3 150
GE1523M24 - E	0.32	-0.21	0.30	0.33	155	38 775
GE1523M24.5 - E	0.59	-0.32	0.59	0.62	11	1 081
GE1523M25 - E	1.05	-0.30	0.97	1.08	20	1 543

我国现有上海证券交易所和深圳证券交易所进行的个股期权仿真交易。目前，我国设计的期权都是欧式期权。表 9 - 11 是上海证券交易所股票期权的基本合约条款情况。

表 9 - 11　　　　上海证券交易所个股期权合约介绍

（依据上海证券交易所信息绘制）

合约名称	上海证券交易所个股期权合约
合约标的	大盘蓝筹股或 ETF
合约类型	认购期权、认沽期权
行权方式	欧式
报价单位	元
最小变动价位	0.001 元
涨跌停板	认购期权：= Max｛行权价 ×0.2%，Min［（2 × 正股价 - 行权价），正股价］×10%｝
	认沽期权：= Max｛行权价 ×0.2%，Min［（2 × 行权价 - 正股价），正股价］×10%｝
标的合约月份	当月、下月及连续两个季月（下季与隔季）
到期月份	当月、下月及连续两个季月（下季与隔季）
行权价格数量	5 个（1 个平值合约、2 个虚值合约与 2 个实值合约）
交易时间	上午 09:15 ~ 11:30（09:15 ~ 09:25 为开盘集合竞价时间），下午 13:00 ~ 15:00
最后交易日	到期月份的第 4 个星期三（遇法定节假日顺延）

续表

卖方保证金	股票为标的物：认购期权保证金 = ｛前结算价 + Max（25% × 合约标的前收盘价 - 认购期权虚值，10% × 合约标的前收盘价）｝ × 合约单位；认沽期权保证金 = Min ｛前结算价 + Max ［25% × 合约标的前收盘价 - 认沽期权虚值，10% × 行权价］，行权价｝ × 合约单位；认购期权虚值 = Max（行权价 - 合约标的前收盘价，0）；认沽期权虚值 = Max（合约标的前收盘价 - 行权价，0）；ETF 为标的物：认购期权保证金 = ｛前结算价 + Max（15% × 合约标的前收盘价 - 认购期权虚值，7% × 合约标的前收盘价）｝ × 合约单位；认沽期权保证金 = Min ｛前结算价 + Max ［15% × 合约标的前收盘价 - 认沽期权虚值，7% × 行权价］，行权价｝ × 合约单位；认购期权虚值 = Max（行权价 - 合约标的前收盘价，0）；认沽期权虚值 = Max（合约标的前收盘价 - 行权价，0）
交割方式	实物交割

表 9 - 11 中所谓认购期权和认沽期权即是通常所说的看涨期权和看跌期权。表 9 - 12 是上海证券交易所仿真交易的中国平安与上汽集团股票合约简单条款。

表 9 - 12　　　　中国平安与上汽集团股票期权合约

合约名称	中国平安股票期权合约
合约标的	中国平安（601318）
合约类型	认购期权、认沽期权
合约单位	1 000
最小变动价位	0.001 元
申报单位	张
合约到期月份	当月、下月及随后两个季月
交易时间	开盘集合竞价时间：上午 09:15 ~ 09:25；连续竞价时间：上午09:30 ~ 11:30、下午 13:00 ~ 15:00
行权时间	上午 09:15 ~ 09:25、09:30 ~ 11:30；下午 13:00 ~ 15:30
最后交易日	到期月份的第 4 个星期三（遇国家法定节假日顺延）
合约到期日	同最后交易日

续表

行权日	同最后交易日
履约方式	欧式
交割方式	实物交割（特殊情况下，可能采用现金交割）
交易经手费（虚拟资金）	2 元/张
合约名称	上汽集团股票期权合约
合约标的	上汽集团（600104）
合约类型	认购期权、认沽期权
合约单位	5 000
最小变动价位	0.001 元
申报单位	张
合约到期月份	当月、下月及随后两个季月
交易时间	开盘集合竞价时间：上午 09:15 ~ 09:25；连续竞价时间：上午09:30 ~ 11:30，下午 13:00 ~ 15:00
行权时间	上午：09:15 ~ 09:25、09:30 ~ 11:30；下午：13:00 ~ 15:30
最后交易日	到期月份的第 4 个星期三（遇国家法定节假日顺延）
合约到期日	同最后交易日
行权日	同最后交易日
履约方式	欧式
交割方式	实物交割（特殊情况下，可能采用现金交割）
交易经手费（虚拟资金）	2 元/张

二　股指期权

股指看涨期权给予其持有者在未来确定的时间，以确定的价格买入确定数量股指的权利（而非义务）；股指看跌期权给予其持有者在未来确定的时间，以确定的价格卖出确定数量股指的权利（而非义务）。与股指期货相似，股指期权也只能现金交割。因此，股指看涨期权和股票看涨期权的主要区别就是结算程序：处于实值状态的单只股票看涨期权或看跌期权的持有者按行权价格支付，并获得给定数量的股票，而处于实值状态的股指看涨期权或看跌期权的持有者收到的是由股指价值和行权价格之间的差额乘以合约规模而得到的金额。

表 9－13 给出在 CBOE 交易的标准普尔 500 指数期权的合约文本。

表 9－13　　CBOE 标准普尔 500 指数期权合约文本

标的资产	标准普尔 500 指数（Standard and Poor's 500，SPX）
乘数	100 美元
行权价格间隔	5 点，远期月份为 25 点
行权价格	最初列出实值、虚值和平价状态的行权价格。当有标的资产在现行的最低或最高行权价交易时，逐渐加入新的品种序列
报价	以小数表示。1 点等于 100 美元。报价低于 3.00 点时最小变动为 0.05 点（5.00 美元），其余序列最小变动为 0.10 点（10 美元）
行权方式	欧式期权，通常只能在终止前的最后一个交易日执行
到期日期	在 2015 年 2 月 15 日之前，期权的到期日是每个到期月的第 3 个星期五之后的那个星期六。在 2015 年 2 月 15 日之后，期权的到期日将为每个到期月的第 3 个星期五
到期月份	12 个近期月，另外，交易所可能推出 10 个到期月从 12 个月到 60 个月的长期期权
交割方式	现金交割
交易时间	08:30～15:00（美国中部时间）

股指期权的报价方式与股票期权相同。在美国，股指期权有美式期权，也有欧式期权。中国金融期货交易所目前有沪深 300 指数期权的仿真交易，其合约条款见表 9－14。

表 9－14　　沪深 300 股指期权仿真交易合约表

报价单位	点
最小变动价位	0.1 点
每日价格最大波动限制	上一交易日沪深 300 指数收盘价的 ±10%

续表

合约月份	当月、下两个月及随后两个季月	
行权价格间距	当月与下两个月合约	季月合约
	50 点	100 点
行权方式	欧式	
交易时间	09:15～11:30，13:00～15:15	
最后交易日交易时间	09:15～11:30，13:00～15:00	
最后交易日	合约到期月份的第 3 个星期五，遇国家法定假日顺延。	
到期日	同最后交易日	
交割方式	现金交割	
交易代码	IO	
上市交易所	中国金融期货交易所	

三 ETF 与 ETF 期权

ETF 是 Exchange Traded Fund 的英文缩写，即交易所交易基金。ETF 是一种将跟踪指数证券化，通过复制标的指数来构建跟踪指数变化的组合证券，使得投资者可以通过买卖基金份额实现一揽子证券的交易。ETF 可以在交易所像买卖股票那样进行交易，也可以作为开放型基金，随时申购与赎回。便利的交易方式和专业化的管理，使得 ETF 成为供投资者选择的便捷而低成本的投资工具。投资者借助 ETF 可以非常方便地实现指数化投资，可以像投资于单个股票一样，投资于某个行业指数、某些特定板块，甚至某些分散化的一揽子股票。截至 2013 年，全球 ETF 产品已超过 2 万亿美元。我国自 2004 年底推出上证 50ETF，发展至今，ETF 产品已达数百种，总市值达 2 000 多亿元。目前，几乎所有股票市场指数都有 ETF 产品。ETF 既有以大盘指数为标的的产品，也有以相对窄盘为标的资产的产品，是构建相关期货和期权等衍生品的比较理想的标的物。目前，我国上证 50ETF 期权的模拟交易已在上海证券交易所进行，即将正式挂牌交易。上海证券交易所交易的上证 50ETF

期权，即是以上证 50ETF 基金作为标的资产的期权，可看作股票期权。表 9－15 是上证 50ETF 期权的合约条款。

表 9－15　上证 50ETF 期权的合约条款

合约标的	上证 50 交易型开放式指数证券投资基金（50ETF）
合约类型	认购期权和认沽期权
合约单位	10 000 份
合约到期月份	当月、下月及随后两个季月
行权价格	5 个（1 个平值合约、2 个虚值合约、2 个实值合约）
行权方式	欧式期权，通常只能在终止前的最后一个交易日执行
行权价格间距	3 元或以下为 0.05 元，3 元至 5 元（含）为 0.1 元，5 元至 10 元（含）为 0.25 元，10 元至 20 元（含）为 0.5 元，20 元至 50 元（含）为 1 元，50 元至 100 元（含）为 2.5 元，100 元以上为 5 元
行权方式	到期日行权（欧式）
交割方式	实物交割（业务规则另有规定的除外）
到期日	到期月份的第四个星期三（遇法定节假日顺延）
行权日	合约到期日，行权指令提交时间为 9:15～9:25，9:30～11:30，13:00～15:30
交收日	行权日次一交易日
交易时间	上午 9：15～9：25，9：30～11：30（9：15～9：25 为开盘集合竞价时间） 下午 13：00～15：00（14：57～15：00 为收盘集合竞价时间）
委托类型	普通限价委托、市价剩余转限价委托、市价剩余撤销委托、全额即时限价委托、全额即时市价委托以及业务规则规定的其他委托类型
买卖类型	买入开仓、买入平仓、卖出开仓、卖出平仓、备兑开仓、备兑平仓以及业务规则规定的其他买卖类型
最小报价单位	0.0001 元
申报单位	1 张或其整数倍
涨跌幅限制	认购期权最大涨幅＝max｛合约标的前收盘价×0.5%，min［（2×合约标的前收盘价－行权价格），合约标的前收盘价］×10%｝ 认购期权最大跌幅＝合约标的前收盘价×10% 认沽期权最大涨幅＝max｛行权价格×0.5%，min［（2×行权价格－合约标的前收盘价），合约标的前收盘价］×10% 认沽期权最大跌幅＝合约标的前收盘价×10%
熔断机制	连续竞价期间，期权合约盘中交易价格较最近参考价格涨跌幅度达到或者超过 50%且价格涨跌绝对值达到或者超过 5 个最小报价单位时，期权合约进入 3 分钟的集合竞价交易阶段

续表

开仓保证金最低标准	认购期权义务仓开仓保证金 = ［合约前结算价 + Max（12% × 合约标的前收盘价 - 认购期权虚值，7% × 合约标的前收盘价）］ × 合约单位 认沽期权义务仓开仓保证金 = Min［合约前结算价 + Max（12% × 合约标的前收盘价 - 认沽期权虚值，7% × 行权价格），行权价格］ × 合约单位
维持保证金最低标准	认购期权义务仓维持保证金 = ［合约结算价 + Max（12% × 合约标的收盘价 - 认购期权虚值，7% × 合约标的收盘价）］ × 合约单位 认沽期权义务仓维持保证金 = Min［合约结算价 + Max（12% × 合标的收盘价 - 认沽期权虚值，7% × 行权价格），行权价格］ × 合约单位

四　股指期货期权

股指期货期权是以股指期货为标的资产的期权。期权持有者拥有在确定的时间以确定的价格买入（看涨期权）或卖出（看跌期权）相应股指期货合约而非标的资产本身的权利。相应的，期权出售方有义务在买方行权时持有相反的期货头寸。例如：（1）标准普尔500指数期货看涨期权的买方有权按特定的行权价格持有标准普尔500指数期货合约多头头寸。（2）标准普尔500指数期货看涨期权的卖方有义务以特定的行权价格持有标准普尔500指数期货合约相应的空头头寸。（3）标准普尔500指数期货看跌期权的买方有权按特定的行权价格持有标准普尔500指数期货合约空头头寸。（4）标准普尔500指数期货看跌期权的卖方有义务以特定的行权价格持有标准普尔500指数期货合约相应的多头头寸。

CME E - Mini标准普尔500指数期货期权合约文本见表9 - 16。

表9 - 16　CME E - Mini标准普尔500指数期货期权合约文本

标的资产	1份E - Mini标准普尔500指数（Standard and Poor's 500，SPX）期货合约
乘数	50美元
行权价格间隔	前一交易日标的期货合约结算价 ±50以内，25点；前一交易日标的期货合约结算价 ±20以内，10点；当成为第二近期合约时，为前一交易日期货结算价 ±10以内，5点

续表

最小变动价位	0.25 = 12.50 美元（期权费）5.00 情况，0.05 = 2.5 美元（期权≤5.00 情况）
行权程序	期权可在交易期间的任何交易日下午 19:00 之前行权。未执行实值季度期权在最后结算价格确定日的下午 19:00 自动行权；未执行的实值序列月期权在到期日下午 19:00 自动执行
行权方式	美式期权
最后交易日	季度合约：第 3 个周五（上午 08:30） 序列合约：第 3 个周五（下午 15:15）
到期月份	4 个季度月加上 3 个序列月
到期结算	到期——所有价内期权在最后交易日按以下方式自动行权： 实值期权在没有反向指令的情况下，在到期日下午 19:00 之前交割清算，行权成为将到期的（季度）或最近期（序列）的现金结算期货
交易时间	周一～周五：前一天下午 17:00～下午 16:15；下午 15:15～15:30 交易暂停（美国中部时间）

以股票和股票指数为标的资产的期权以及股指期货期权是单边投资或风险管理工具。期权的多头方的交易成本是有限的，最大损失限于开始支付的期权费，而期权费相对于整个交易标的规模是非常小的。因此，在变幻无常的股票市场上善用股权类期权进行风险管理、杠杆化投机、套利具有非常大的优势。这也是为什么近些年来权益类期权取得了如此迅猛发展的一大原因。我们这里只是简单介绍了三类期权的基本概念。其实，期权在所有的衍生品家族中，是品种最多、变化最多、应用最灵活的产品，因而也是最吸引人的、创新潜力最大的产品。而权益类期权更是有着无限的应用前景。随着我国逐步推出期权产品，相信读者会对这一点有更进一步的认识。

五 股票收益互换

股票收益互换采用场外协议成交的方式，交易双方（一般为证券公司与投资者）在未来特定时间以名义本金为基础确定与股价挂钩的浮动收益和固定收益，以此计算各自支付义务，通过轧差计算确定承担实际支付义务的主体并进行结算。

从投资者的角度而言，投资者参与股票收益互换交易可以分为两大类：一类是投资者将固定收益交换为与股价表现挂钩的浮动收益，另一类是投资者将持股收益交换为固定收益。

（一）固定收益交换为浮动收益

持有现金或固定收益资产的投资者可以向证券公司支付固定收益，以换取股价挂钩的浮动收益，间接实现客户投资标的证券的目的。相比直接投资权益类证券，收益互换的成交效率更高，减少了客户交易执行的各种建仓成本，能够发挥证券公司的资金和技术优势，为客户缩短了交易时间，并且可以提供灵活多样的收益互换方案，以满足客户风险收益平衡的个性化需求。

1. 通过收益互换满足客户的保本投资需求

为了在本金安全的前提下分享股票上涨收益，投资者可以将现金或固定收益资产期末产生的利息收入支付给证券公司，用于交换证券公司向其支付的与特定股票或指数表现挂钩的上涨收益，在本金安全的前提下分享标的证券未来的上涨收益。

例如，客户与证券公司订立股票收益互换协议，互换交易的名义本金为1 000万元，互换期限为一年。一年后，投资者将1 000万元本金产生的资金利息支付给证券公司，证券公司向投资者支付与沪深300指数挂钩的上涨收益，投资者最多损失掉利息，能够保障本金安全，而证券公司通过交易标的指数进行风险对冲（见图9－1）。

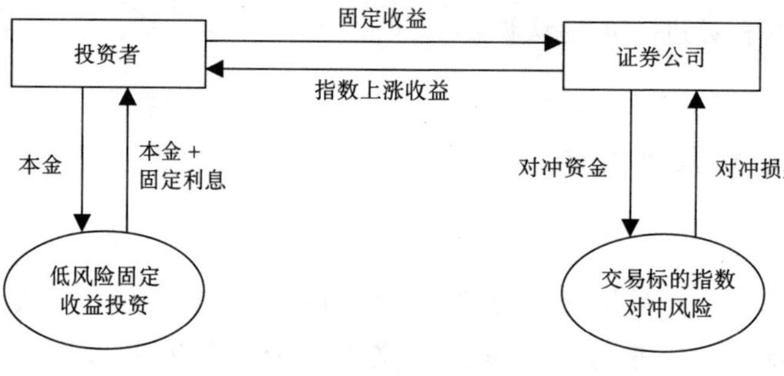

图9－1　保本型投资的收益互换示例

2. 通过收益互换对冲风险

投资者执行股票买入计划时通常面临买入价格波动的风险，通过股票收益互换可以帮助投资者锁定买入成本，对冲买入期间价格波动的风险。

例如，客户半年后具有股份增持计划，希望将股份增持价格锁定在现价水平。为实现这一目标，客户与证券公司订立了股票收益互换协议，互换交易名义本金额为1亿元，互换期限为半年。半年后，若实际股价高于现价，则证券公司向投资者支付差价收益；若实际股价低于现价，则投资者必须向证券公司支付差价补偿。证券公司建立互换头寸的同时，将以现价从市场购入标的股票以对冲风险（见图9－2）。

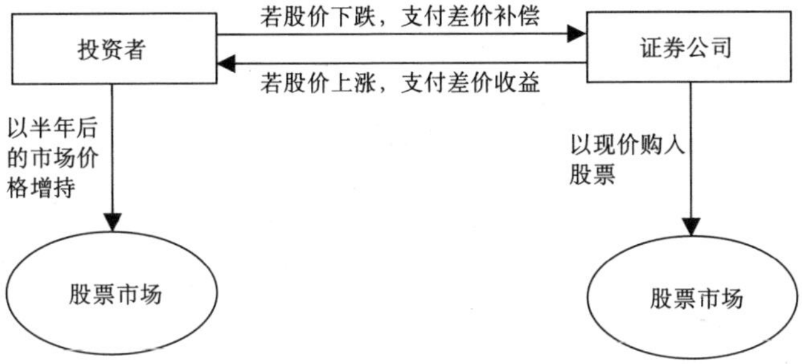

图9－2　对冲风险的收益互换示例

（二）浮动收益交换为固定收益

持有股票现货头寸的投资者因风险对冲、市值管理等需求可与证券公司进行股票现货收益对固定收益的互换。

对于风险对冲需求，投资者可锁定已有的持股收益，将未来股价损益全部支付给证券公司，换取固定收益，实质是将权益类投资转化为固定收益投资。

1. 通过收益互换锁定盈利，转换为固定收益投资

持股投资者账面已经积累了盈利，由于政策限制或其他原因不能及时卖出股票兑现收益，希望锁定目前的盈利，同时将股票头寸转换为固定收益头寸。

为了实现这一目标，客户与证券公司订立股票收益互换协议，互换交易的名义本金额为1亿元，互换期限为半年。半年后，实际股价涨跌收益均由证券公司享有（若股价上涨，投资者向证券公司支付收益；若股价下跌，证券公司向投资者支付补偿），投资者收取固定的利息收入。证券公司通过卖空标的证券进行风险对冲（见图9-3）。

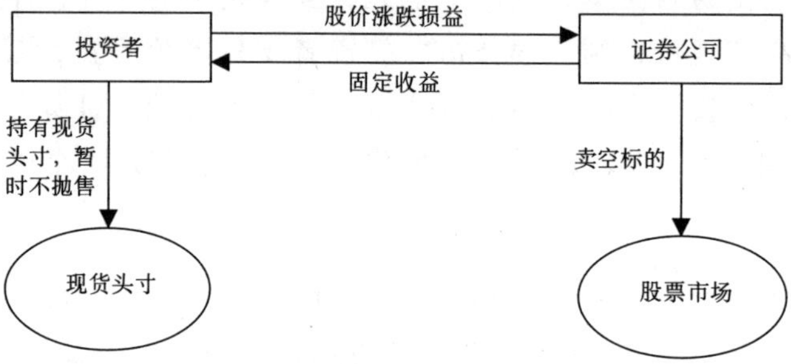

图9-3　锁定持股盈利的收益互换示例

对于市值管理需求，持股投资者可以通过收益互换盘活股份，期初即获得固定收益，期末若股价大幅上涨，投资者向证券公司支付目标价格之上的股价收益，实质是投资者通过让渡一部分未来不确定性的收益以换取期初确定的现金增值收益。

2. 通过收益互换获得持股增值收益

投资者希望持有的股票资产能够产生增值收入，愿意让渡一部分未来不确定的上涨收益，以换取当下确定的固定收益。

为了实现这一目标，客户与证券公司订立股票收益互换协议，互换交易的名义本金额为1亿元，互换期限为半年。证券公司期初即向投资者支付确定的固定收益。半年后，若实际股价涨幅超过约定范围，则超出部分由投资者支付给证券公司，否则，双方无须向对方支付费用。证券公司通过卖空标的证券进行风险对冲（见图9-4）。

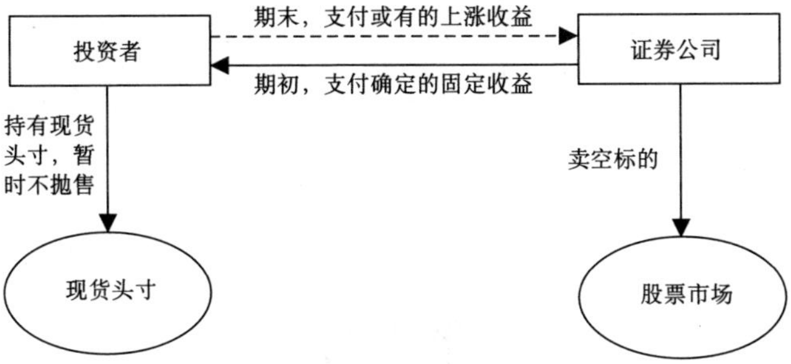

图 9－4　锁定增持价格的收益互换示例

第十章
期货价格分析

第一节 期货行情解读

一 期货行情相关术语

期货交易所和期货资讯机构发布的期货行情提供了期货交易的相关信息。表 10－1 是大连商品交易所的期货行情表，下面对表中相关术语进行解读。

（一）合约

行情表中第一行“豆一、豆二、豆粕、豆油、玉米……”，表示在期货交易所上市交易的期货品种。

行情表中每一个期货合约都用合约代码来标识。合约代码由期货品种交易代码和合约到期月份组成。以 a1505 为例，a1505 代表大连商品交易所 2015 年 5 月到期交割的黄大豆一号期货合约。其中，“a”是黄大豆一号（简称豆一）期货品种的交易代码；“1505”是合约到期月份，指 2015 年 5 月合约到期。

表 10－1　　大连商品交易所期货行情表

豆一	豆二	豆粕	豆油	玉米	玉米淀粉	棕榈油	鸡蛋	纤维板	胶合板	聚乙烯	聚氯乙烯	焦炭	焦煤	铁矿石	聚丙烯	
合约	开盘价	最高价	最低价	最新价	涨跌	买价	买量	卖价	卖量	成交量	持仓量	收盘价	结算价	昨收盘	昨结算	分时图
a1505	4161	4192	4161	4170	-22	4170	16	4173	14	70052	168440	4170	4173	4169	4192	
a1507	4159	4222	4159	4212	-42	4118	2	--	--	6	10	4212	4197	4254	4254	
a1509	4220	4248	4213	4215	-33	4215	18	4218	8	29422	84178	4215	4227	4225	4248	
a1511	--	--	--	--	--	4247	4	4305	1	--	122	4285	4285	4285	4285	
a1601	4276	4295	4265	4265	-31	4265	1	4274	2	826	23744	4265	4273	4276	4296	
a1603	--	--	--	--	--	4294	4	4381	1	--	66	4381	4381	4392	4392	
a1605	4354	4354	4340	4340	-15	4338	3	4385	3	6	480	4340	4348	4355	4355	
a1607	--	--	--	--	--	4317	2	4475	1	--	8	4428	4428	4428	4428	
a1609	4460	4460	4460	4460	107	4364	2	4458	1	20	20	4460	4460	4353	4353	

豆一	豆二	豆粕	豆油	玉米	玉米淀粉	棕榈油	鸡蛋	纤维板	胶合板	聚乙烯	聚氯乙烯	焦炭	焦煤	铁矿石	聚丙烯	18日总计
成交：100332	成交：14	成交：2806518	成交：589804	成交：83266	成交：66954	成交：736392	成交：75306	成交：624	成交：1022	成交：1650546	成交：13562	成交：79048	成交：71142	成交：1308432	成交：1317996	成交：8705756
持仓：277068	持仓：446	持仓：4351286	持仓：1161806	持仓：376166	持仓：61922	持仓：722378	持仓：135206	持仓：1188	持仓：4620	持仓：628554	持仓：41618	持仓：98598	持仓：124562	持仓：809942	持仓：555800	持仓：9351160

行情自动刷新时间间隔为1分钟　报价单位：元/吨 成交量、持仓量单位：手　2015年3月18日 下午 3:17:52

在表 10－1 中的第 1 列为上市交易的“豆一合约”不同交割月份的合约代码。表中显示 2015 年 3 月 18 日，“豆一”期货品种有 9 个不同月份的合约在交易，分别是 a1505、a1507、a1509、a1511、a1601、a1603、a1605、a1607 和 a1609。

（二）开盘价

开盘价是当日某一期货合约交易开始前 5 分钟集合竞价产生的成交价。如集合竞价未产生成交价，则以集合竞价后的第一笔成交价为开盘价。表 10－1 中的第二列是不同月份期货合约的开盘价，其中 a1505 合约的开盘价为 4 161 元/吨。

（三）最高价

最高价是指一定时间内某一期货合约成交价中的最高价格。表 10－1 中的第三列是不同月份期货合约的最高价，其中 a1505 合约的最高价为 4 192 元/吨，是 2015 年 3 月 18 日开盘到行情发布时间内的最高成交价。

（四）最低价

最低价是指一定时间内某一期货合约成交价中的最低价格。表 10－1 中的第四列是不同月份期货合约的最低价，其中 a1505 合约的最低价为 4 161 元/吨，是 2015 年 3 月 18 日开盘到行情发布时间内的最低成交价。

（五）最新价

最新价是指某交易日某一期货合约交易期间的即时成交价格。表 10－1 中的第 5 列是不同月份期货合约的最新价，其中 a1505 合约的最新价为 4 170 元/吨。

（六）涨跌

涨跌是指某交易日某一期货合约交易期间的最新价与上一交易日结算价之差。表 10－1 中的第六列是不同月份期货合约的涨跌，其中 a1505 合约的涨跌为－22 元/吨。其含义是最新价 4 170 元/吨与上一交易日结算价（昨结算）4 192 元/吨的差价为下跌 22 元/吨。

（七）买价

买价是指当日买方申报买入但未成交的即时最高申报价格。表 10－1 中的第七列是不同月份期货合约的买价，其中 a1505 合约当日买方申报买入的即时最高价格为 4 170 元/吨。

（八）买量

买量是指某一期货合约“买价”对应的下单数量，单位为“手”。表 10－1 中的第八列是不同月份期货合约的买量，其中 a1505 合约当前买价对应的申请买入数量为 16 手。

（九）卖价

卖价是指当日卖方申报卖出但未成交的即时最低申报价格。表 10－1 中的第九列是不同月份期货合约的卖价，其中 a1505 合约当日卖方申报卖出的即时最低价格为 4 173 元/吨。

（十）卖量

卖量是指某一期货合约“卖价”对应的下单数量，单位为“手”。

表 10－1 中的第十列是不同月份期货合约的卖量，其中 a1505 合约当前卖价对应的申请卖出数量为 14 手。

（十一）成交量

成交量是某一期货合约当日成交的双边累计数量，单位为“手”。表 10－1 中的第十一列是不同月份期货合约的成交量，其中 a1505 合约的成交量为 70 052 手。目前，国内三家商品期货交易所的成交量和持仓量数据均按双边计算，中国金融期货交易所的成交量和持仓量数据按单边计算。

（十二）持仓量

持仓量，也称空盘量或未平仓合约量，是指期货交易者所持有的未平仓合约的双边累计数量。表 10－1 中的第十二列是不同月份期货合约的持仓量，其中 a1505 合约的持仓量为 168 440 手。

（十三）收盘价

收盘价是指某一期货合约当日最后一笔成交价格。表 10－1 中的第十三列是不同月份期货合约的收盘价，其中 a1505 合约的收盘价为 4 170 元/吨。

（十四）结算价

结算价是指某一期货合约当日成交价格按成交量的加权平均价。当日无成交的，用上一交易日的结算价作为当日结算价。结算价是当日未平仓合约盈亏结算和确定下一交易日涨跌停板幅度的依据。表 10－1 中的第十四列是不同月份期货合约的结算价，其中 a1505 合约的结算价为 4 173 元/吨。

（十五）昨收盘

昨收盘是“昨日收盘价”的简写，指某一期货合约在上一交易日的收盘价。表 10－1 中的第十五列是不同期货合约的昨收盘，其中 a1505 合约的上一交易日收盘价为 4 169 元/吨。

（十六）昨结算

昨结算是“昨日结算价”的简写，指某一期货合约在上一交易日的结算价。表 10 - 1 中的第十六列是不同期货合约的昨结算，其中 a1505 合约的上一交易日结算价为 4 192 元/吨。

（十七）其他

在期货行情表的下方，对同一品种不同到期月份期货合约的成交量和持仓量进行了加总。例如，9 个不同到期月份豆一期货合约的成交量合计为 100 332 手，持仓量合计为 277 068 手。同时，豆一、豆二、豆粕、豆油、玉米、玉米淀粉、棕榈油、鸡蛋、纤维板等 16 个期货品种的成交量和持仓量总计分别为 8 705 756 手和 9 351 160 手。

二　常见期货行情图

常见的期货行情图有分时图、Tick 图、K 线图等。

（一）分时图

分时图是指在某一交易日内，按照时间顺序将对应的期货成交价格进行连线所构成的行情图。图 10 - 1 为沪铜 1506 合约的分时行情图，图中标注曲线即为分时图曲线。

（二）Tick 图

Tick 图，也称闪电图，理论上是按照时间顺序将期货合约的每一笔成交价格依次标注出来并连线形成。在价格成交频率较高时，根据行情推送和更新频率确定，比如国内期货行情每 500 毫秒推送一次，Tick 图就是每 500 毫秒推送的最新价按时间顺序的连线。Tick 图可以标示出一段时间内所有成交价格及其变动幅度。图 10 - 2 为沪铜 1506 合约的 Tick 图，图中标注曲线即为其 Tick 图曲线。

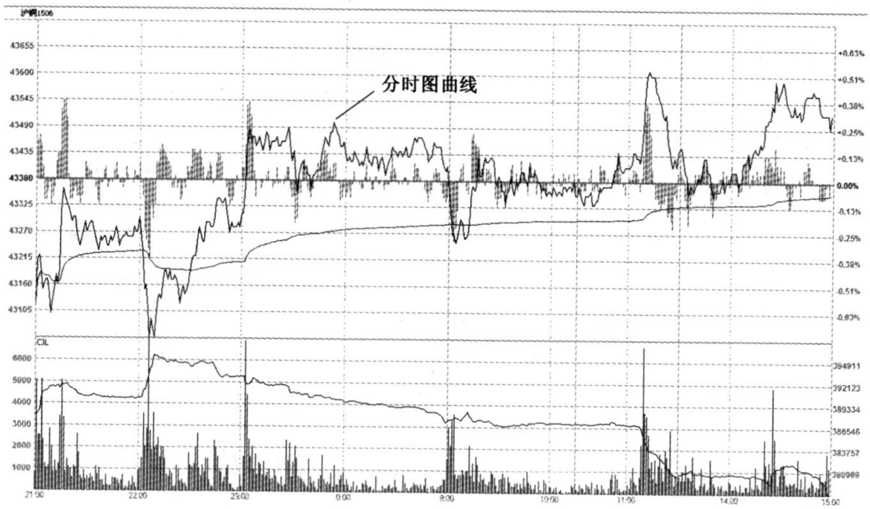

图 10－1　沪铜 1506 合约分时图

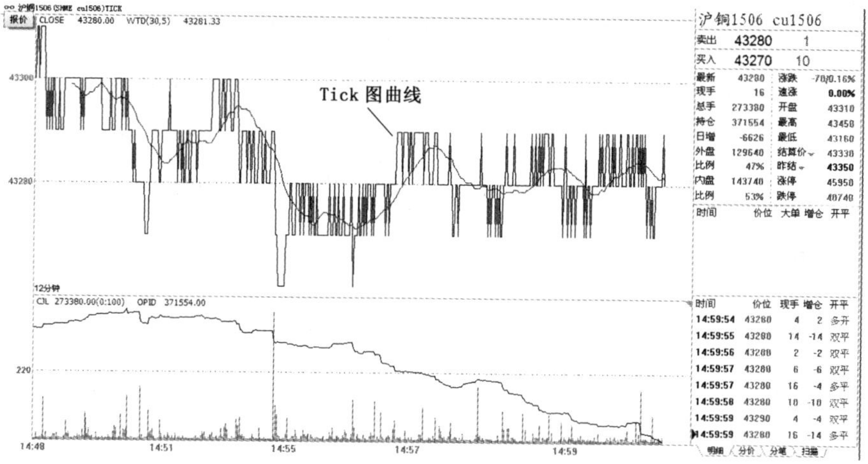

图 10－2　沪铜 1506 合约 Tick 图

（三）K 线图

K 线图（Candle Stick Charts），也称蜡烛图、烛线图、阴阳线图等。蜡烛图起源于日本 18 世纪德川幕府时代（1603～1867 年）的米市交易，用来记录米价每天的涨跌。因其标画方法具有独到之处，人们把它引入股票市场价格走势的分析中，并广泛应用于期货、外汇，期权等市场。

图 10－3 为沪铜 1506 合约的日 K 线图，横轴代表时间，纵轴代表价格。

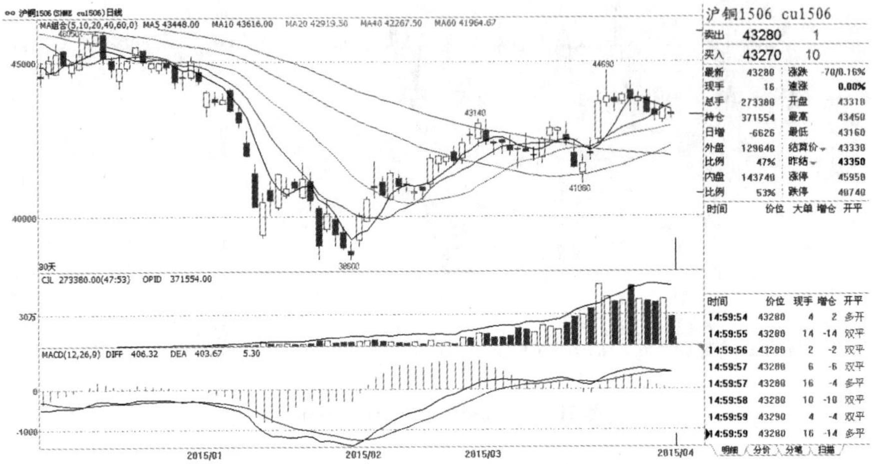

图 10－3　沪铜 1506 合约日 K 线图

K 线图中的每一根 K 线标示了某一交易时间段中的开盘价、收盘价、最高价和最低价。根据单根 K 线所代表的时间长短不同，可以画出不同周期的 K 线图，如 5 分钟 K 线、15 分钟 K 线、30 分钟 K 线、60 分钟 K 线、日 K 线、周 K 线、月 K 线等。

第二节　基本面分析

基本面分析是用一国乃至全球的整体经济数据等来分析市场的趋势和规律。对于商品期货而言，其基本面分析主要是关注影响期货价格变化的宏观因素、产业因素和行业因素等。金融期货基本面分析与商品期货基本面分析较为相似，但更侧重分析宏观经济变量、货币政策、财政政策等因素的影响。本节将从商品期货基本面分析入手，介绍和解读期货市场基本面分析方法，然后简要介绍金融期货的基本面分析方法。

一 基本面分析的含义

对于商品期货而言，基本面分析是指从宏观分析出发，对期货品种对应现货市场供求及其影响因素进行分析，从而分析和预测期货价格和走势的方法。

基本面分析方法以供求分析为基础，研究价格变动的内在因素和根本原因，侧重于分析和预测价格变动的中长期趋势。基本分析首先是对宏观经济因素、经济周期、经济政策进行分析，然后对市场的供求状况进行研判，并对价格走势做出预测。商品期货中，产业链的变化也是一个重要的影响因素，而来自于经济因素之外的一些偶发因素也会对市场造成冲击。

二 商品基本面分析

（一）宏观经济分析

1. 宏观经济数据

一国整体经济运行情况可以通过宏观经济指标来反映。投资者可以从宏观经济数据和相关经济指标的分析入手，包括 GDP、经济增长率、CPI、PMI、失业率、货币供应量、利率、汇率等相关数据，寻找宏观经济、大宗商品价格和其他相关因素的内在规律，分析和预测期货价格。经济数据的变化，揭示了一国宏观经济所处的状况，进而大宗商品的价格会做出相应反应。

2. 经济周期

经济周期一般由复苏、繁荣、衰退和萧条四个阶段构成。在经济周期性波动的不同阶段，大宗商品的供求和价格具有不同的特征，进而影响期货价格。

一般，复苏阶段开始时是前一周期的最低点，产出和价格均处于最低水平，随着经济的复苏，生产的恢复和需求的增长，价格也开始逐步回升。繁荣阶段是经济周期的高峰阶段，由于投资需求和消费需求的不断扩张超过了产出的增长，刺激价格迅速上涨到较高水平。衰退阶段出现在经济周期高峰过去后，经济开始滑坡，由于需求的萎缩，供给大大超过需求，价格迅速下跌。萧条阶段是经济周期的谷底，供给和需求均处于较低水平，商品价格停止下跌，处于低水平上。在整个经济周期演化过程中，商品价格波动略滞后于经济波动。

在进行期货价格分析时，首先要明确所处经济周期的阶段，进而分析该阶段大宗商品供求关系以及对价格的影响。此外还应关注宏观政策的逆周期取向对大宗商品价格的影响。通常，经济繁荣，期货市场交投活跃，大宗商品价格趋于上升；而经济衰退，期货市场也趋于低迷。

3. 经济政策

当宏观经济出现波动，政府的有关部门会采取一定的经济政策来熨平。常见的经济政策主要有货币政策、财政政策、国际收支政策、产业政策等。

（1）货币政策。货币政策是世界各国普遍采用的经济政策。货币政策工具主要有法定准备金率、再贴现率和公开市场业务操作。核心是对货币供应量的管理。货币供应量是一国在某一时点上的货币存量，它由包括中央银行在内的金融机构和现金货币两部分构成。通过对货币供应量的调整，影响利率，进而传导到实体经济和金融市场。通常，为了刺激经济增长、增加就业，中央银行实行宽松的货币政策，增加流通中的货币量，市场利率降低，通货膨胀预期增强，一般商品物价水平随之上升；反之，为了抑制通货膨胀，中央银行要实行紧缩的货币政策，减少流通中的货币量，市场利率提高，通货膨胀预期减弱，一般商品物价水平随之下降。

（2）财政政策。财政政策也是一国对宏观经济进行调控的重要手段。财政政策主要是调节财政收入与支出，直接影响生产供给和市场需求状况。财政政策工具包括税收与政府支出，如政府购买和转移支付等。在经济繁荣的时候，往往采取紧缩的财政政策以使过热的经济降温，使大宗商品市场走弱；而经济萧条时则采取宽松的财政政策以刺激经济恢复，使大宗商品市场的外部环境得以改善。

（3）国际收支政策。随着经济全球化的发展，国际贸易和国际投资的范围和规模不断扩大。国际收支的变化改变了外汇储备水平，造成汇率波动，而汇率反过来又对国际贸易和国际投资有着直接影响。当本币升值时，本币的国际购买力增强，有利于对外投资。同时，以外币表示的本国商品的价格上升，以本币表示的外国商品的价格下降，这将有利于进口而不利于出口。当本币贬值时，外币的国际购买力增强，有利于吸引外商直接投资。同时，以外币表示的本国商品的价格下降，以本币表示的外国商品的价格上升，这将有利于出口而不利于进口。特别是世界主要货币汇率的变化，对期货市场有着显著的影响。例如，目前国际大宗商品大多以美元计价，美元贬值将直接导致大宗商品价格普遍上涨。

（4）产业政策。产业政策也是常用的经济政策之一。产业政策往往有特定的产业指向，即扶持或抑制哪些产业发展。例如，为了应对2008年国际金融危机，中国出台的十大产业振兴规划，明确了政府鼓励发展的产业，提出了相应的政策措施。产业政策主要通过财政政策和货币政策实现其目标。

（二）产业链分析

产业链分析，是指从期货品种的上下游产业入手，研究产业链各环节及相关因素对商品供求和价格影响及传导，从而分析和预测期货价格。

以铜的产业链为例。广义的铜产业分为铜矿开采、冶炼、加工和消费四个环节。其中，铜矿开采属于产业链上游，由于铜资源稀缺，铜矿开采获得了大部分的行业利润；冶炼环节属于产业链的中游，一般只赚取一定幅度的粗炼与精炼费用；中下游加工企业的生产主要根据消费企业的需求而定，消费环节主要包括电子元器件、机械制造、通信电缆、建材行业和空调行业，各个产品的利润视具体种类而定。从狭义上讲，铜产业仅包括铜冶炼的生产环节，它的上游包括铜矿开采，下游包括铜的加工、消费环节。

要研究铜价影响因素，可从铜产业链入手，进行深度挖掘，找出铜价波动的内在驱动因素。

（三）供求分析

1. 供给及其构成

供给是指在一定时间和地点，在不同价格水平下卖方愿意并能够提供的产品数量。本期供给量由期初存量、本期产量和本期进口量构成。影响供给的因素有商品自身的价格、生产成本（要素价格）、生产的技术水平、相关商品的价格、生产者对未来的预期、政府的政策以及其他相关因素等。

（1）期初库存量。期初库存量也就是上一期的期末结存量。期初库存量的多少，直接影响本期的供给。库存充足，将制约价格上涨；库存较少，则难以抑制价格上涨。对于耐储藏的农产品、金属产品和能源化工产品，分析期初库存量非常重要。

（2）当期国内生产量。不同产品的产量受到不同因素的影响。例如，农产品的产量与天气状况密切相关，矿产品的产量会因新矿的发现和开采增加而增加。因此，需要对产品产量的影响因素进行具体分析。

（3）当期进口量。进口量是本国市场销售的国外产品的数量。进口量主要受国内市场供求状况、内销和外销价格比、关税和非关税壁垒、汇率等因素影响。进口是国外生产者对本国的供给，若国内需求旺盛，进口量增加；反之，则进口量减少。

2. 需求及其构成

需求是指在一定的时间和地点，在不同价格水平下买方愿意并有能力购买的产品数量。本期需求量由国内消费量、出口量和期末结存量构成。一般，影响某种商品需求的因素主要包括商品自身的价格、替代品和互补品的价格、消费者对商品价格的预期、消费者的收入水平、消费者的偏好、政府的消费政策等。

（1）当期国内消费量。国内消费量包括居民消费量和政府消费量，主要受消费者人数、消费者的收入水平或购买能力、消费结构、相关产品价格等因素影响。

（2）当期出口量。出口量是指本国生产的产品销往国外市场的数量。出口量主要受国际市场供求状况、内销和外销价格比、关税和非关税壁垒、汇率等因素影响。出口是国外市场对本国产品的需求，若总产量既定，出口量增加则国内市场供给量减少，出口量减少则国内市场供给量增加。

（3）期末结存量。期末结存量如同蓄水池，当本期产品供大于求时，期末结存量增加；当供不应求时，期末结存量减少。期末结存量的变动，可反映本期的产品供求状况，并对下期的产品供求状况产生影响。

3. 均衡价格

均衡是现代经济学的基本概念，市场供给力量与需求力量正好相等时所形成的价格便是均衡价格。图 10－4 表示了供求均衡和均衡价格。在 P_1 的价格上，供给量大于需求量，出现过剩。过剩将使价格下跌，从而刺激需求量增加，供给量减少。在 P_2 的价格上，需求量大于供给量，出现短缺。短缺将使价格上涨，从而刺激供给量增加，需求量减少。显然，只有在供给曲线与需求曲线的交叉点上，供给量和需求量才停止调整，市场价格稳定在 P_0 的水平上。在均衡的价格水平上，市场不存在过剩和短缺，均衡数量为 Q_0。

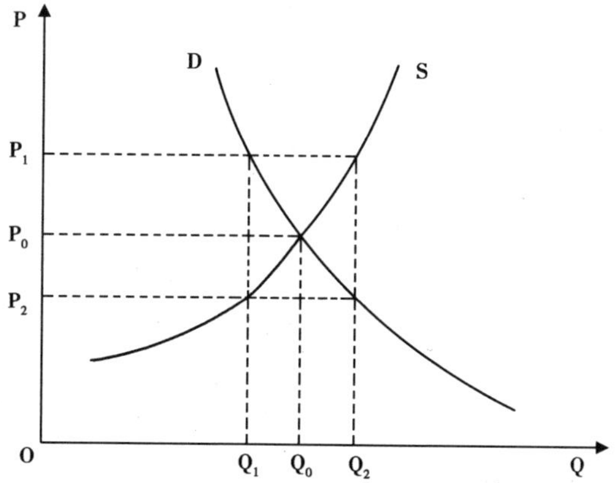

图 10－4　均衡价格的决定

4. 供求分析——平衡表法

供求平衡表分析是一种常见的供求分析方法。

一些重要的大宗商品都有专业的统计机构进行数据整理和跟踪，这些机构既有官方的，也有非官方的。官方统计机构，如美国农业部，定期公布各种农产品的数据报告；非官方统计机构，如国际橡胶研究组织，定期向会员提供全球橡胶的统计研究报告。在这些研究机构的各种统计报告中，供求平衡表（Balance Table）备受市场关注。

供求平衡表列出了大量的供给与需求方面的重要数据，如上期结转库存、当期生产量、进口量、消费量、出口量、当期结转库存等。除此之外，供求平衡表还列出了前期的对照值及未来的预测值。

平衡表清晰地罗列了各种影响需求与供给因素的变动情况，尤其是对那些易储存的大宗商品，供求平衡表能够反映统计期末的结转库存，而库存数量对价格影响很大。这些数据便于分析师判断和预测未来价格的走势。表 10 - 2 是美国农业部公布的美国国内大豆供求平衡表，基本反映了大豆供求基本面的信息。

表 10 - 2　　　　美国大豆供求平衡表

项　目	2004/2005年	2005/2006年	2006/2007年	2007/2008年	2008/2009年	2009/2010年	2010/2011年	2011/2012年	2012/2013年	2013/2014年	2014/2015年		
—	—										12 月	1 月	变化
期初库存	38.6	47.46	53.11	62.96	51.42	42.68	60.76	70.36	54.22	57.15	66.58	66.16	-0.42
产量	215.95	220.54	237.44	221.21	211.95	260.84	263.9	239.57	268.77	283.74	312.81	314.37	1.56
进口量	63.73	64.04	69.16	78.12	77.38	86.73	88.73	93.46	95.89	110.51	112.77	112.99	0.22
总供给	318.28	332.04	359.71	362.29	340.75	390.25	413.39	403.39	418.88	451.4	492.16	493.52	1.36
压榨量	175.74	185.21	195.9	201.87	193.22	209.54	221.36	228.16	230.19	240.32	251.87	252.53	0.66
国内需总量	205.41	215.33	225.52	229.74	221.34	238.3	251.63	257.65	261.2	272.4	286.07	286.25	0.18
出口	64.65	63.93	71.5	79.59	76.84	92.59	91.66	92.16	100.53	112.83	116.22	116.49	0.27
总需求	270.06	279.26	297.02	309.33	298.18	330.89	343.29	349.81	361.74	285.23	402.29	402.74	0.45
结转库存	48.23	52.79	62.69	52.96	42.57	59.34	70.11	54.09	57.6	66.16	89.87	90.78	0.91
库存消费比（%）	17.86	18.90	21.11	17.12	14.28	17.93	20.42	15.46	15.92	17.17	22.34	22.54	0.20

注：除库存消费比以外，其他项目单位均为百万吨。

（四）其他影响因素

1. 政治因素

期货市场对国家、地区和世界政治局势变化的反应非常敏感。罢工、大选、政变、内战、国际冲突等，都会导致供求状况发生变化进而影响期货价格。例如，2001 年“9·11”恐怖袭击事件在美国发生，投资者纷纷抛售美元，购入黄金保值，使得世界黄金期货价格暴涨。同时，铜、铝等有色金属期货价格和石油期货价格也暴涨，而美元则大幅下跌。

2. 自然因素

自然因素主要是气候条件、地理变化和自然灾害等。具体来讲，包括地震、洪涝、干旱、严寒、虫灾、台风等因素。期货交易所上市的粮食、金属、能源等商品，其生产和消费与自然条件密切相关。自然条件的变化也会对运输和仓储造成影响，从而间接影响生产和消费。尤其是自然因素对农产品的影响大、制约性强。当自然条件不利时，农作物的产量受到影响，从而使供给趋紧，刺激期货价格上涨；反之，如气候适宜，会使农作物增产，从而增加市场供给，促使期货价格下跌。例如，巴西是咖啡和可可等热带作物的主要供应国，因而巴西灾害性天气的出现，对国际上咖啡和可可的价格影响很大。

3. 国际性行业组织政策

对期货市场产生影响的政策因素，既有来自各国政府的宏观调控政策，也有来自国际性行业组织的经济政策。例如，石油输出国组织（OPEC）经常根据原油市场状况，制定一系列政策，通过削减产量、协调价格等措施控制国际原油市场供求和价格。目前，国际大宗商品，包括石油、糖、可可、咖啡等的供求和价格，均受到相应国际性行业组织影响。

4. 投资和心理因素

心理因素是指投机者对市场的预期。当人们对市场信心十足时，即使没有利好消息，价格也可能上涨；反之，当人们对市场失去信心时，即使没有利空因素，价格也会下跌。当市场处于牛市时，一些微不足道的利好消息都会刺激投机者的做多心理，引起价格上涨，利空消息往往无法扭转价格坚挺的走势；当市场处于熊市时，一些微不足道的利空消息都会刺激投机者的做空心理，引起价格下跌，利好消息往往无法扭转价格疲软的走势。在期货交易中，市场心理变化往往与投机行为交织在一起，相互依赖、相互制约，产生综合效应。过度投机将造成期货价格与实际供求相脱节。

在有些情况下，包括专业咨询机构的文章和观点、基金行为、多空双方资金性因素等对期货价格的波动产生影响，投资者也需要关注。

三 金融期货基本面分析

金融期货主要有外汇期货、利率期货以及股票价格指数期货等，这些金融产品本质上是特殊的商品，其价格变动也受供求因素的影响，其基本面分析与商品期货的基本面分析类似。金融期货更偏重于对一些具有金融属性的指标的分析，如货币供应量、利率、汇率等，以及对应的货币政策和财政政策的分析。这些指标有着很强的相互依存性，随着一国经济状况及其政策的改变，它们之间具有传导性。

随着金融深化和虚拟经济的发展，利率在现代市场经济中的地位和作用日益重要。利率的高低不仅影响一般商品价格水平，而且直接影响资产的价格。金融资产价格取决于资产的未来收益与利率之比。理论上，利率上升，金融资产价格下降；利率下降，金融资产价格提高。一般来说，如果经济数据疲软，表明经济下滑压力大，中央银行通过宽松的货币政策增加货币供应量，带来流动性，从而促使利率下跌，物价水平上升，汇率下跌，金融市场价格趋于上升；反之，如果经济数据向好，出现通货膨胀的势头，中央银行的货币政策则偏向于趋紧，进而影响利率和汇率，金融市场价格趋于下跌。金融期货对这些宏观经济指标比较敏感，在对金融期货进行基本面分析时应加以关注。

第三节 技术分析

期货市场和股票市场技术分析的基本原理和基本工具的使用有很大的共同性，但由于期货市场在做空机制、期货合约到期日因素、持仓量指标等方面的特殊性，期货市场技术分析有别于股票市场技术分析。在应用层面，通常，期货市场技术分析方法的有效性高于股票市场。

一 技术分析概述

（一）什么是技术分析方法

期货市场技术分析方法是通过对市场行为本身的分析来预测价格的变动方向，即主要是对期货市场的日常交易状况，包括价格、交易量与持仓量等数据，按照时间顺序绘制成图形、图表，或者形成指标系统，然后针对这些图形、图表或指标系统进行分析，预测期货价格未来走势。

（二）三大市场假设

技术分析法的理论基础是基于以下三项市场假设：

1. 市场行为反映一切信息

这是技术分析的基础。技术分析法认为，投资者的交易行为，已充分考虑了影响市场价格的各项因素。因此，只要研究期货市场交易行为及其表现“价格、交易量与持仓量”就可了解目前的市场状况，无须关心背后的影响因素。

2. 价格呈趋势变动

这是技术分析最根本、最核心观点。“趋势”概念是技术分析的核心，趋势的运行将会继续，直到有反转的现象产生为止。事实上价格虽上下波动，但终究是朝一定的方向演进，技术分析法借助利用图形或指标分析，以期确定当前价格趋势及发现反转的信号，以掌握时机进行交易并获利。

3. 历史会重演

这是从人的心理因素方面考虑的。期货投资的目的是博弈和追求利润，不论是昨天、今天或明天，这个动机都不会改变。因此，在这种心理状态下，投资者的交易行为将趋于一定的模式，从而导致历史重演，但历史不会简单地重复。所以过去价格的变动方式，在未来可能不断发生，值得投资者研究，并且利用统计分析的方法，从中发现一些有规律的图形，整理一套有效的操作原则。

（三）技术分析的主要理论

1. 道氏理论

道氏理论是技术分析的基础，创始人是美国人查尔斯·亨利·道（Charles H. Dow）。为了反映市场总体趋势，他与爱德华·琼斯创立了著名的道·琼斯平均指数。道氏理论认为：

（1）市场价格指数可解释和反映市场的大部分行为。

（2）市场波动的三种趋势。道氏理论认为价格波动尽管表现形式不同，但最终可将它们分为三种趋势，即主要趋势、次要趋势和短暂趋势。道氏理论认为，主要趋势通常持续一年以上甚至更长时间，而次要趋势代表主要趋势中的调整，时间持续三个星期到三个月。短暂趋势通常在三个星期以内，是次要趋势中的短期波动。趋势的反转点是确定投资的关键。

（3）交易量在确定趋势中的作用。交易量应能验证趋势。交易量提供的信息有助于解决一些令人困惑的市场行为。

（4）收盘价是最重要的价格。道氏理论认为，所有价格中，收盘价代表多空双方在一个交易日结束时的平衡点，因而最重要，甚至认为只需用收盘价作为当天价格的代表，别的价格可以忽略。

2. 波浪理论

波浪理论的全称是艾略特波浪理论，是以其创始人 R. N. Elliott 的名字命名的。波浪理论认为：

（1）价格上涨、下跌现象是不断重复的，而且价格涨跌规律具有周期性特征，像水的波浪一样，循环往复。

（2）价格运行的大的周期可以细分出小的周期，小的周期又可以再细分成更小的周期；价格周期无论时间长短，都是以一种运动模式进行。

（3）一个完整的价格周期要经过 8 个过程，上升周期由 5 个上升过程（上升浪）和 3 个下降调整过程（调整浪）组成，下跌周期有 5 个下跌过程（下跌浪）和 3 个上升调整过程（调整浪）组成，一个周期结束之后，才会进入下一个周期。

从图 10－5 可以看出，前面是 5 浪结构，即 1～5 浪，是上升周期；后面是 3 浪结构，即 a～c 浪，是调整浪。

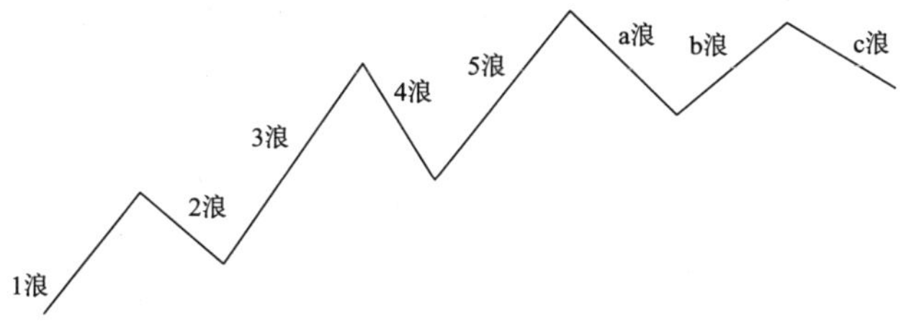

图 10－5　波浪理论示意图

波浪理论在应用中主要考虑三个方面：价格运行所形成的形态、价格形态中高点和低点所处的相对位置、完成价格形态所经历的时间，即所谓的“形态、比例和时间”。其中，价格形态是最重要的，是波浪理论赖以生存的基础。波浪理论中的各个波浪在波动长度上有一定的规律性，即通过其比例和时间，可以分析计算价格未来波动的支撑和压力位置。

3. 江恩理论

威廉·江恩（Willian D. Gann）是20世纪最著名的投资专家之一，在股票和商品期货市场的投资业绩骄人，平均成功率曾经高达88%。

江恩认为股票、期货市场也存在自然规则，市场的价格运行趋势不是杂乱无章的，而是可以预测的。江恩通过对数学、几何学、宗教、天文学的综合运用建立了一套独特分析方法和预测市场的理论，称为江恩理论。

江恩理论包括江恩时间法则、江恩价格法则和江恩线等诸多内容。投资者可通过构造圆形图预测价格运行的时间周期，用方形图预测具体的价格点位，用角度线预测价格的支撑位和阻挡位，而江恩轮中轮则将时间和价位相结合进行预测。

4. 循环周期理论

循环周期理论认为，无论什么样的价格波动，都不会向一个方向永远走下去。价格的波动过程必然产生局部的高点和低点，这些高点和低点的出现，在时间上有一定的规律。因而投资者利用价格波动的周期性，选择低点做多和高点做空获利。

5. 相反理论

相反理论认为，当绝大多数投资者看法一致时，他们通常是错误的。那么，投资者的正确选择应当是，首先确定大多数投资者的交易行为，然后反其道而行之。

投资者若想获得较大的投资收益，一定要同大多数人的交易行为不一致。相反理论在操作上的具体体现是，在投资者爆满的时候出场，在投资者稀落的时候入场。

6. 随机漫步理论

随机漫步理论认为，市场的波动是随机的，就好像一个在广场上行走的人一样，价格的下一走势完全没有规律可循。由于价格受到多方面因素影响，哪怕是一个看起来微不足道的小事都有可能对市场产生巨大的影响。因此市场价格的未来趋势是无法预测的。在信息是公开和完全的情况下，市场价格本身已经反映了其内在价值。

二　K线分析

K线是将一段时间（如1分钟、3分钟、日、周、月等）的开盘价（第一笔成交价）、收盘价（最后一笔成交价）、最高价、最低价，用图形的方式表示出来。K线最上方的一条细线称为上影线，中间的一条粗线称为实体，下面的一条细线称为下影线，见图10－6。

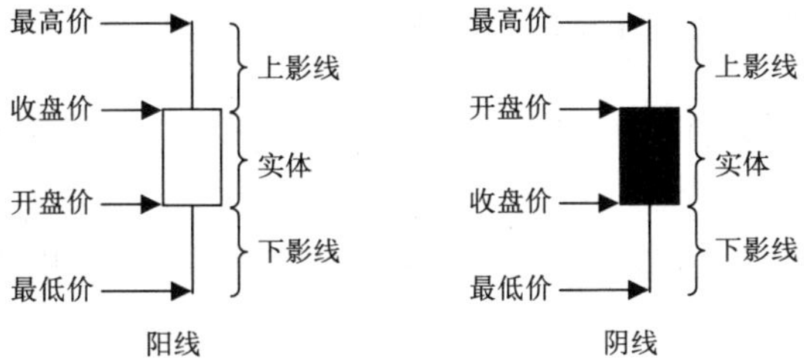

图10－6　K线的两种常见形状

当收盘价高于开盘价，K线为阳线，中部的实体一般用空白或红色表示。其中，上影线的长度表示最高价和收盘价之间的价差，实体的长短代表收盘价与开盘价之间的价差，下影线的长度则代表开盘价和最低价之间的差距。

当收盘价低于开盘价，K线为阴线，中部的实体一般用绿色或黑色表示。其中，上影线的长度表示最高价和开盘价之间的价差，实体的长短代表开盘价与收盘价之间的价差，下影线的长度则代表收盘价和最低价之间的差距。

无论是一根、两根、三根还是多根K线的组合，都是对多空双方交易博弈的描述，由它们的组合得到的结论都是相对的。对具体进行期货交易的投资者而言，其结论只是起一种建议作用。

在应用时，有时候会发现运用不同种类的组合得到不同的结论。一般说来，多根K线组合得到的结果的预测价值和可靠性会较高。有时应用一根K线组合分析得到下一交易日会下跌的结论，但实际上价格并没有下跌，而是出现了与事实相反的结果，此时建议使用根数更多的K线组合进行分析。

三 价格趋势

价格趋势，是指价格运行的方向。但价格运行轨迹一般不会朝任何方向直来直去，而是曲折的，具有明显的峰和谷。价格运行的方向，正是由这些波峰和波谷依次上升、下降或者横向延伸形成的，即上升趋势、下降趋势和水平趋势。

（一）趋势的方向（见图10－7）

（1）由一系列相继上升的波峰和波谷形成的价格走势称为上升趋势；

（2）由一系列相继下降的波峰和波谷形成的价格走势称为下降趋势；

（3）由一系列水平运动的波峰和波谷形成的价格走势称为水平趋势（也称“无趋势”）。

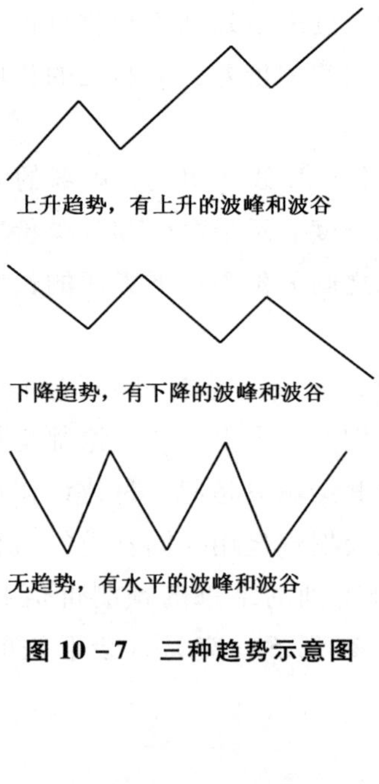

图10－7 三种趋势示意图

（二）趋势的级别

趋势按时间长短、波动大小可分为不同级别的主要趋势、次要趋势（中级趋势）和短暂趋势（见图 10－8）。其中，1～4 为主要上升趋势，2～3 为中级下降趋势，A～B 为短期上升趋势，B～C 为短期下降趋势。整段趋势也是一个更大趋势中的组成部分。

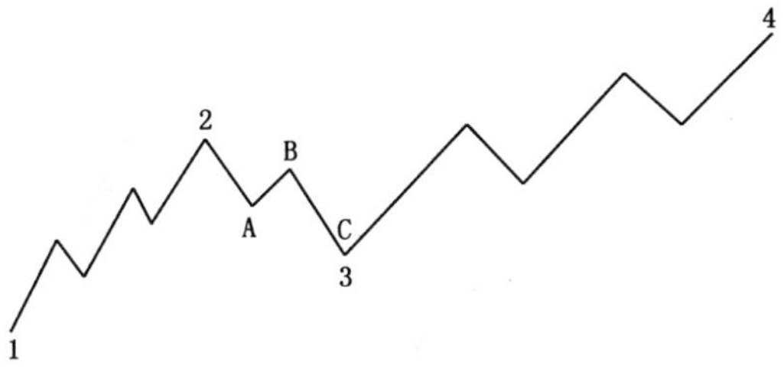

图 10－8 三种级别的趋势

（三）支撑线和压力线

一般把波谷，或者向上反弹点称为支撑，用某个价格水平或者图表上某个区域来表示。这种支撑水平也可称为支撑线。在其下方，买方力量支撑卖方形成的压力（见图 10－9）。价格在这里停止下跌，向上反弹。

一般把波峰或者向下回调点称为压力，也用某个价格水平或者图表区域来表示。这种压力水平也称为压力线。在其上方，卖方力量阻挡了买方的推进，价格由上升转为下跌。

支撑线和压力线的作用是阻止或暂时阻止市场价格向一个方向继续运动。同时，支撑线和压力线又有彻底阻止市场价格按原方向变动可能。

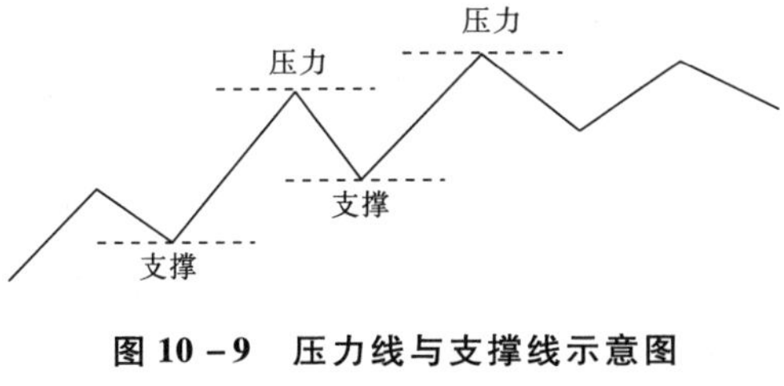

图 10－9 压力线与支撑线示意图

（四）趋势线和轨道线

1. 趋势线

趋势线是衡量价格波动方向的，由趋势线的方向可以明确地看出市场价格的趋势。

在上升趋势中，将两个低点连成一条直线，就得到上升趋势线（见图10－10）。

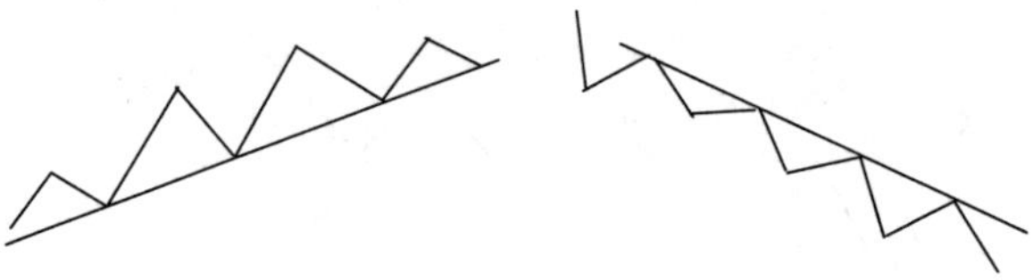

图10－10　上升趋势与下降趋势示意图

在下降趋势中，将两个高点连成一条直线，就得到下降趋势线。

趋势线的作用表现在两方面：（1）对价格今后的变动起约束作用。一旦某个趋势如其趋势线所表示，具备了一定的坡度或推进速度后，通常将保持同样的坡度。（2）趋势线被突破后，表明市场价格下一步的走势将要反转。

2. 轨道线

轨道线又称通道线或管道线，是基于趋势线的一种方法。在已经得到了上升（下降）趋势线后，通过第一个峰（谷）可以做出这条趋势线的平行线，这条平行线就是轨道线（见图10－11）。

两条平行线组成一个轨道，即上升和下降轨道。轨道的作用是限制市场价格的变动范围。对上面的或下面的直线的突破将意味着有一个大的变化。

与突破趋势线不同，对轨道线的突破并不是趋势反向的开始，而是趋势加速的开始。

轨道线的另一个作用是发出趋势转向的警报。通常，可以利用轨道线来辨别趋势减弱的信号。如果价格无力触及轨道线，也许就是趋势即将有变的警讯，趋势线被突破的可能性增加。

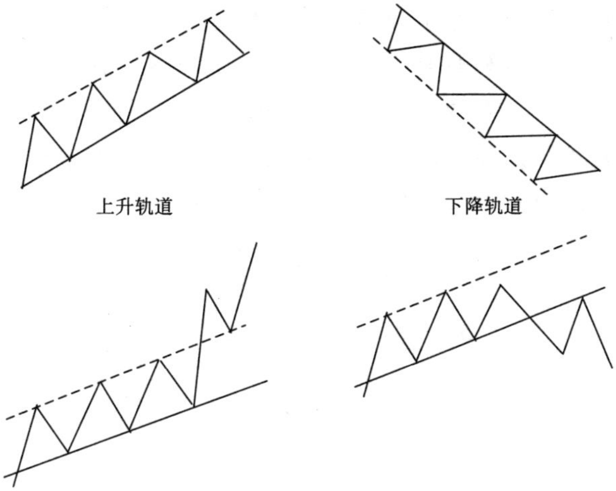

图 10－11 轨道示意图

四 价格形态

价格形态分析是以原始数据（价格、成交量、持仓量和时间）构成的形态为对象来分析和预测市场价格变化的方向和趋势。价格形态分析通过研究价格曲线的各种形态，发现价格运行的方向。价格运动主要有打破平衡的突破或反转情形和保持平衡的持续情形两大类，因而在价格分析中常常把价格形态分成反转形态和持续形态两大类型。

（一）反转形态

反转形态意味着趋势正发生着重要反转。反转形态指市场价格趋势逆转所形成的图形，亦即市场价格由涨势转为跌势，或由跌势转为涨势的信号。典型的反转形态有头肩形、双重顶（M 头）、双重底（W 底）、三重顶、三重底，圆弧顶、圆弧底、V 形形态等。

1. 头肩顶和头肩底形态

头肩顶和头肩底是价格形态中常见的和可靠的反转形态，如图 10－12。在这种形态中，一般会出现三个局部的高点和低点。头肩顶中，中间的高点比另外两个高点都高，称之为头，左右两个相对较低的高点分别称之为左肩和右肩。头肩底中，中间的低点比另外两个低点都低，称之为头，而左右两个相对较高的低点则为左肩和右肩。在头肩顶中的支撑线为颈线，而头肩底的压力线为颈线。颈线被有效突破，反转形态确认，预示原有趋势将逆转。

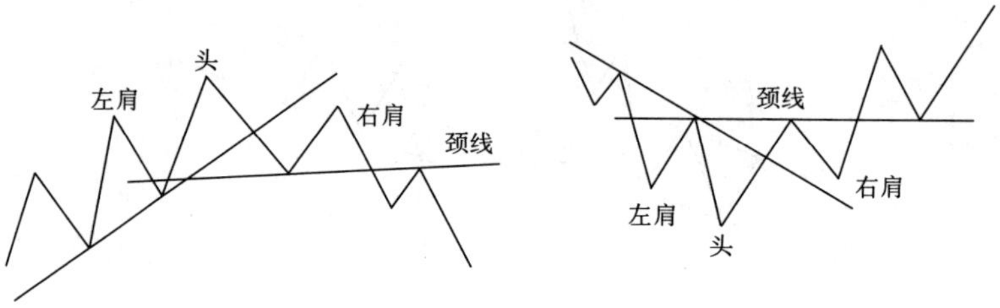

图 10-12　头肩顶和头肩底示意图

2. 双重顶和双重底

双重顶和双重底，也称为 M 头或者 W 底，是市场中较为常见的反转形态。双重顶（底）反转突破形态主要的功能是测算功能。一旦该形态得到确认，从突破点 D 算起，价格将至少变动与形态高度相等的距离。

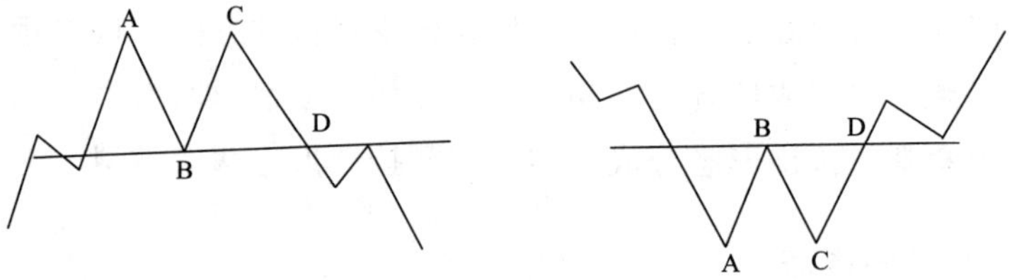

图 10-13　双重顶和双重底示意图

3. 圆弧底和圆弧顶

如图 10-14，圆弧顶的形态中，市场价格呈弧形上升。价格虽不断升高，但每一个高点升不了多少就回落，先是新高点较前点高，后是回升点略低于前点，这样把短期高点连接起来，就形成一圆形顶。在成交量方面也会有一个圆形状。圆弧底则相反。圆弧顶和圆弧底提示市场出现反转，给投资者提供了很好的买入和卖出的机会。

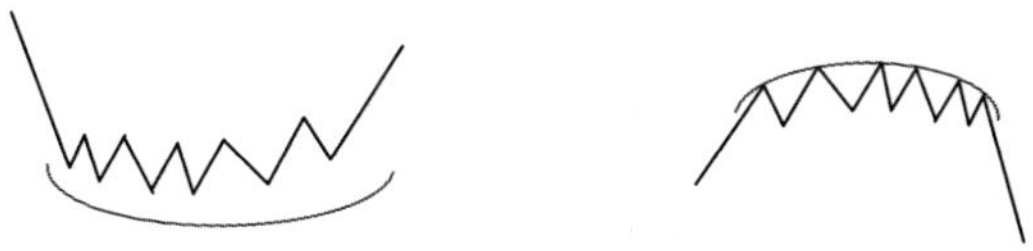

图 10－14 圆顶和圆底示意图

4. V 形

V 形作为一种反转形态，往往在市场的剧烈波动中毫无征兆地出现（见图 10－15）。

图 10－15 V 形示意图

（二）持续形态

持续形态表明市场将维持现有的趋势继续前进。比较典型的持续形态有三角形态、楔形形态、旗形形态和矩形形态。

1. 三角形形态

三角形形态，是指价格趋势的高点连线和低点连线相交叉后，形成一个三角形的形态。该形态的成交量呈现出递减态势，而在形态完成时，伴随着有效突破成交量相应放大。三角形形态有对称三角形、上升三角形和下降三角形等。

（1）对称三角形。如图 10－16，对称三角形有两条收敛的直线，上面的顶线向下倾斜，为压力线，下面的底线向上倾斜，起到支撑作用。两条直线的交点为顶点。对称三角形突破的位置一般在基线到顶点 1/2 至 3/4 处。突破后，价格会继续原有的行进趋势。

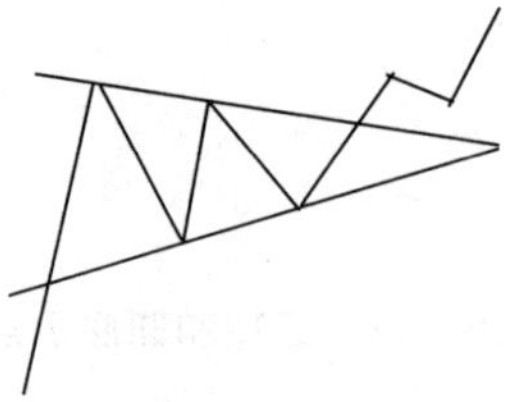

图 10－16　对称三角形形态示意图

（2）上升三角形。上升三角形有一条上升的底线和一条水平的顶线，通常以向上突破作为这个持续过程终止的标志（见图 10－17）。

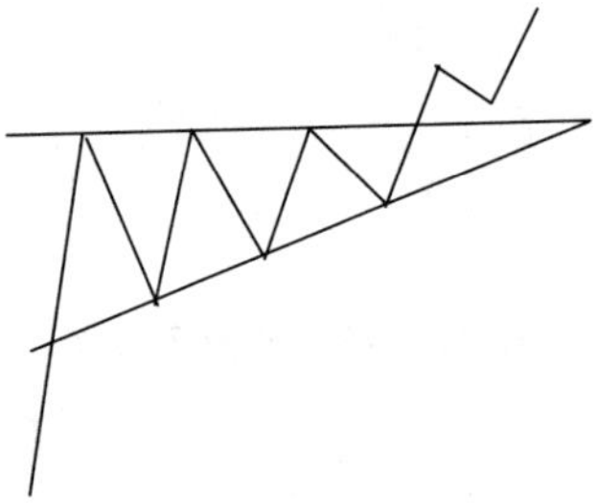

图 10－17　上升三角形示意图

（3）下降三角形。下降三角形与上升三角形正好相反，有一条下降的顶线和一条水平的底线（见图 10－18），是看跌的形态。

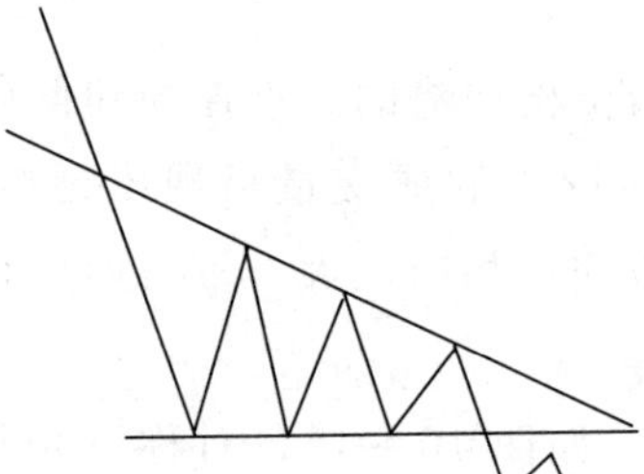

图 10－18　下降三角形示意图

2. 楔形形态

楔形形态也是一种典型的持续形态。其价格介于两条收敛的直线中变动。与三角形不同处在于两条界线同时上倾或下斜。成交量变化和三角形一样向顶端递减，在有效突破时有所放大。楔形又分为上升楔形和下降楔形（见图 10－19）。

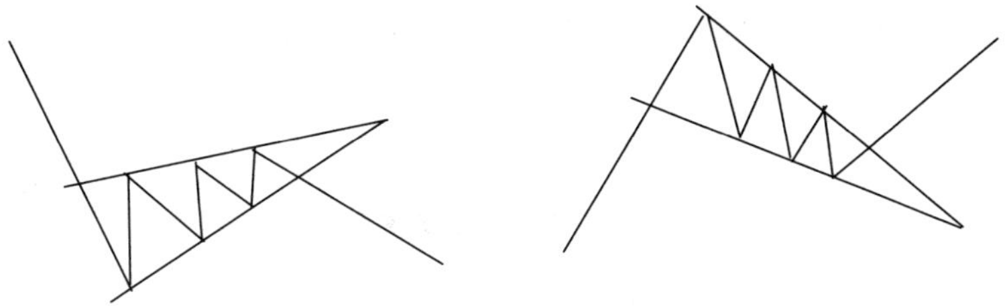

图 10－19　上升楔形和下降楔形示意图

3. 旗形形态

旗形形态又可分作上升旗形和下降旗形。旗形形态为向上倾斜或者向下倾斜的平行四边形（见图 10－20）。上下两条平行线起到压力和支撑作用。在旗形形态形成之前，市场波动往往较为剧烈，而旗形形态则是一个暂时休整的过程。当两条平行线的某一条被突破，旗形形态完成，市场按原有趋势继续前进。成交量在旗形形成过程中，是显著地渐次递减的，并以成交量的放大印证了形态的完成。

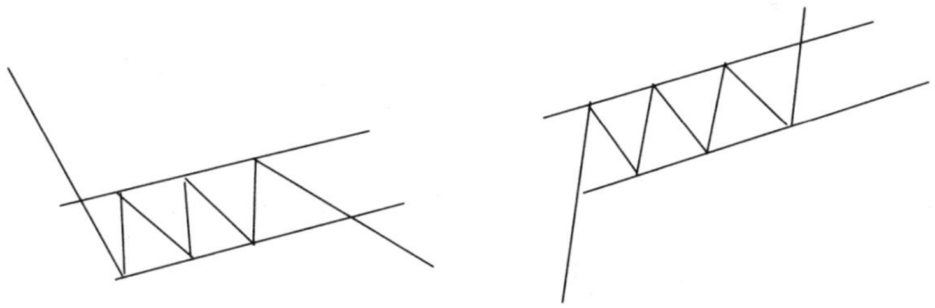

图 10－20　上升旗形和下降旗形示意图

4. 矩形形态

矩形形态也是一种典型的整理形态。市场价格在两条水平线之间上下波动。大多数情况下，矩形只是中继形态，不会在顶部和底部出现，即上升途中会向上突破，下降途中会向下突破（见图 10－21）。

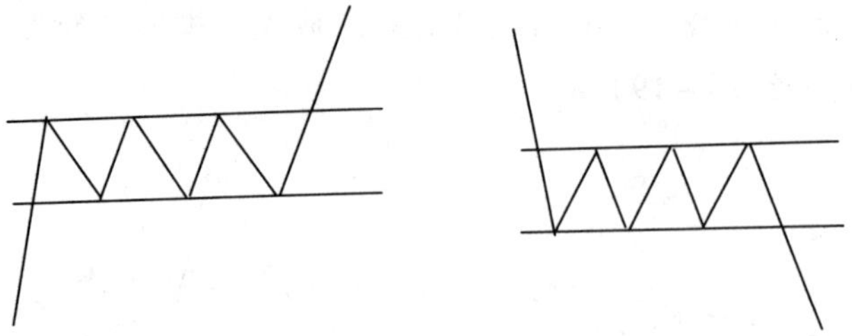

图 10－21　矩形示意图

五　技术指标分析

技术指标分析，是指在期货价格、成交量和持仓量数据的基础上，按一定的计算方法设计出特定的技术指标，产生指标数值和图表，并以此来分析和预测未来价格的变化。

常见的技术指标有移动平均线（MA）、平滑异同移动平均线（MACD）、威廉指标（WR）、随机指标（KD）、相对强弱指标（RSI）等。指标的类型很多，每种技术指标都有自己的适应范围和适用环境。

（一）移动平均线

移动平均线简称 MA，是将包括当天在内的最近一段时间的收盘价相加，再除以天数 n，得到当天价格的平均数，并以此绘制的曲线。

移动平均线具有追踪趋势、助涨助跌性和支撑压力性的特征。在投资分析中，投资者往往可以根据背离、交叉、支撑和压力等分析方式，判断买入和卖出信号。

（二）平滑异同移动平均线（MACD）

平滑异同移动平均线（MACD）由正负差（DIF）和异同平均数（DEA）两部分组成，DIF 是快速平滑移动平均线与慢速平滑移动平均线的差。快速和慢速是指价格平滑时采用的时间参数不同。快速是短期的，慢速是长期的。DEA 是 DIF 的移动平均，也是连续数日的 DIF 的算术平均。投资者可以根据 DEA 和 DIF 的具体数值判断市场处于多头还是空头，也可以根据它们的走向与价格走向相背离来采取行动。底部背离是买进信号，顶部背离是卖出信号。

（三）威廉指标（WMS%）

WMS%指标表示当天的收盘价在过去的某段时间的全部价格变动范围内所处的相对位置。把某段时间范围的最高价减去当日收市价，再除以这段时间的全部价格范围，就得到当日的威廉指标。该指标介于0～100%。如果收盘价越接近于最高价，则该指标越接近于0；反之，收盘价越接近于最低价，该指标越接近于100%。威廉指标表示的是市场处于超买还是超卖状态。当WMS%高于80%，说明市场价格处于超卖状态，有可能见底反弹；当WMS%低于20%，说明市场价格处于超买状态，有可能见顶下跌。

威廉指标也可以通过其形态以及背离原则来对市场进行分析。

（四）随机指标（KD）

随机指标是用于分析中、短期市场价格走势的工具。随机指标的目的在于，提示收盘价在过去一段时间内价格区间中的相对位置。首先计算未成熟随机值，即RSV值。RSV＝100×（收盘价－n日内最低价）/（n日内最高价－n日内最低价）。对RSV进行平滑，计算3日移动平均数，得到K指标。再对K指标进行平滑，计算3日移动平均数，得到D指标。

在应用方面，可以从取值方面考虑。KD的取值范围在0～100%之间，将其划分为几个区域：超买区、超卖区、徘徊区。通常，80%以上为超买区，20%为超卖区，其余为徘徊区。

也可从KD指标曲线的形态方面考虑，利用形态、支撑线、压力线等进行分析。KD指标的交叉可以提供买卖信号。K上穿D线为买入信号；反之为卖出信号，而KD与市场价格的背离也是买卖信号。

（五）相对强弱指标（RSI）

RSI以一特定时期内市场价格的变动情况推测价格未来的变动方向，并根据市场价格涨跌幅度显示市场的强弱。

强弱指标的取值在 0 与 100 之间。强弱指标保持高于 50 表示为强势市场；反之低于 50 表示为弱势市场。指标上升到达 80 时，表示市场已有超买现象，如果一旦继续上升，超过 90 以上时，则表示已到严重超买的警戒区，市场价格已形成头部，极可能在短期内反转回调。

强弱指标下降至 20 时，表示市场有超卖现象，如果一旦继续下降至 10 以下时则表示已到严重超卖区域，市场价格极可能有止跌回升的机会。

投资者也可以利用相对强弱指标与价格背离来确定买入和卖出信号。

六　量价分析

期货市场量价分析，是指在研究期货盘面价格的变化和交易量、持仓量的增减变化三者关系的基础上，分析判断未来期货价格走势。

（一）交易行为与持仓量

第一，只有当新的买入者和卖出者同时入市时，持仓量增加。

第二，当买卖双方有一方做平仓交易时（即换手），持仓量不变。

第三，当买卖双方均为原交易者，双方均为平仓时，持仓量减少。

如表 10－3 所示，如果买卖（多空）双方均建立了新头寸，则持仓量增加。如果双方均是平仓了结原有头寸，则持仓量减少。如果一方开立新的交易头寸，而另一方平仓了结原有交易头寸，也就是换手，则持仓量不变，这包括多头换手和空头换手两种情况。

表 10－3　　交易行为与持仓量变化

	买方	卖方	持仓量的变化
1	多头开仓	空头开仓	增加（双开仓）
2	多头开仓	多头平仓	不变（多头换手）
3	空头平仓	空头开仓	不变（空头换手）
4	空头平仓	多头平仓	减少（双平仓）

（二）交易量与价格形态

期货合约的交易量反映的是合约成交的活跃程度和买卖双方博弈的激烈程度，经常用于验证价格形态。

在反转形态中，头肩顶成立的预兆之一是，在头部形成过程中，当价格冲到新高点时交易量较少，而在随后的跌向颈线时交易量却较大；在双重顶和三重顶中，在价格上冲到每个后继的峰时，交易量较少，而在随后的回落过程中，交易量较大。一般，所有价格形态在完结（突破点）时，只要这个突破信号是成立的，那么它就应当伴随较大的交易量。

（三）持仓量分析

持仓量是从期货合约开始交易起计算的未平仓合约数量，持仓量增加，表明资金流入期货市场；反之，则说明资金正流出期货市场。分析持仓量的变化可推测资金在期货市场的流向和主力资金的交易行为，有助于投资者判断下一步价格波动的方向。

以美国为例，美国商品期货交易委员会（CFTC）每周五公布截至本周二的上一周的持仓结构报告，主要分为非商业持仓、商业持仓以及非报告持仓三部分。非商业持仓主要指基金等大机构的投机仓位，商业持仓主要指套期保值的商业仓位，而非报告持仓为散户投机持仓。一般认为，基金是市场价格行情的推动力量，其净多、净空的变化对价格波动有很大影响。

后　记

《期货及衍生品基础》是在原《期货市场教程》的基础上，根据市场发展变化以及期货从业人员资格考试的需要，由中国期货业协会主持编写的教材。

本书编写组由胡俞越教授担任组长，胡俞越、刘晓雪、杨艳军、高扬、邵永同、刘宏、阎石、马刚、王德河、黄映红负责各章的编写，中国期货业协会非会员理事、人才培养专业委员会主任委员李强同志全程参与指导本书的编写工作。

本书的编写得到了中国期货业协会有关领导的高度重视，王明伟会长对本书的编写工作提出了宝贵的指导意见。党剑副会长具体领导本书的编写工作，协会考试认证部负责本书编写的组织协调工作。在教材的编辑出版过程中，中国财政经济出版社做了大量工作。

在此，我们对所有参与本书编写工作的领导、专家、编写人员以及业内同仁表示真挚的谢意。

中国期货业协会

2017 年 12 月